著作支持基金项目

湖南省自然科学基金面上项目（2023JJ300

湖南省社会科学基金一般项目（21YBA265）

长沙市自然科学基金面上项目（Kq2208242）

新型城镇化
与产业演进协调发展

理论与实践

魏　敏◎著

中国财经出版传媒集团

经济科学出版社

Economic Science Press

·北 京·

图书在版编目（CIP）数据

新型城镇化与产业演进协调发展：理论与实践/魏敏著． -- 北京：经济科学出版社，2024.4
ISBN 978 - 7 - 5218 - 5770 - 2

Ⅰ.①新… Ⅱ.①魏… Ⅲ.①城市化 - 发展 - 研究 - 中国 Ⅳ.①F299.21

中国国家版本馆 CIP 数据核字（2024）第 067922 号

责任编辑：撖晓宇
责任校对：孙　晨
责任印制：范　艳

新型城镇化与产业演进协调发展：理论与实践
魏　敏　著
经济科学出版社出版、发行　新华书店经销
社址：北京市海淀区阜成路甲 28 号　邮编：100142
总编部电话：010 - 88191217　发行部电话：010 - 88191522
网址：www. esp. com. cn
电子邮箱：esp@ esp. com. cn
天猫网店：经济科学出版社旗舰店
网址：http://jjkxcbs. tmall. com
北京季蜂印刷有限公司印装
710 × 1000　16 开　19.75 印张　330000 字
2024 年 4 月第 1 版　2024 年 4 月第 1 次印刷
ISBN 978 - 7 - 5218 - 5770 - 2　定价：76.00 元
（图书出现印装问题，本社负责调换。电话：010 - 88191545）
（版权所有　侵权必究　打击盗版　举报热线：010 - 88191661
QQ：2242791300　营销中心电话：010 - 88191537
电子邮箱：dbts@ esp. com. cn）

前　言

　　新型城镇化与产业结构演进是区域经济增长过程中的重要内容，也是资源要素合理配置的必然路径。两者之间存在着相互作用、相互影响、相互促进的密切关系，当两者处于和谐互动、协调发展时，则有利于区域资源要素合理配置和经济的可持续发展，否则会给区域经济社会发展造成一系列矛盾，出现区域发展不平衡不充分等问题。21 世纪以来，中国新型城镇化与产业结构演进取得了较快发展，但是仍然存在一些影响两者协调发展的因素和问题，不利于经济的可持续发展，更不利于区域协调发展和实现社会共同富裕。分析两者互动与协调的状态及空间演化特征，剖析发展中存在的问题与影响因素，解析实现两者协调发展的机制与路径，探析其和谐互动、协调发展的政策，必将具有重要的理论价值和实践价值。

　　本书在梳理相关文献基础上，综合运用经济理论、系统理论、协同学理论和可持续发展理论，构建向量自回归模型、FMOLS 回归模型、分位数回归模型、距离协调度模型和离差系数协调度模型，综合层次分析法、熵值法和主成分分析法等计量分析方法，从静动态层面和纵横向视角对中国新型城镇化与产业结构演进协调发展情况进行了较为全面深入的研究。

　　全书共分为十二章：第一章，绪论，阐述了研究背景、研究问题、研究目的意义；界定了新型城镇化、产业结构演进与协调发展内涵；介绍了研究思路、技术路线、研究内容、研究方法、研究重点与研究创新之处。第二章，国内外研究检视，梳理了国内外对城镇化与产业结构演进互动关系研究、互动机理研究、协调关系研究、评价方法研究；分析了现有研究存在的不足之处；针对现有研究之不足，确立了本书研究的逻辑思路。第三章，相关理论透视，梳理了新型城镇化、产业结构演进、协调发展等方面的相关理论基础，为建立新型城镇化与产业结构演进的协调发展理论框架与分析框架提供科学指导。第四章，新型城镇化与产业结构演进的互动影响机理，分析了新型城镇化与产业结构演进的系统结构；提炼了新型城镇化与产业结构演进协调发展理论模型；阐述了新型城镇化与三次产业演进的双向互动机制、双向互动作用路径。第五章，国外城镇化与产业结构演进协调发展经验，考察了发达国家、发展中国家的城镇化与产业结构演进互动发展的历程，分析了欧洲国家、美洲国家、东亚国家的典型发展模式，总结提炼了国外发展经验与启示。第六章，新型城镇化与产业结构演进的互动关系实证，分析了中国新型城镇化与产业结构演进的时序关联性、静态关联性与态关联性。第七章，新型城镇化与产业结构演进的综合评价指标构建。采用频度统计法、专家咨询法和主成分分析法，构建了新型城镇化综合评价体系和产业结构演进水平综合评价体系；综合运用熵值法、层次分析法和线性加权法，构建了对各层次评价体系的综合赋权方法。第八章，新型城镇化与产业结构演进的综合发展水平评价，通过构建综合发展水平评价模型，从纵横向视角，对中国各省及四大区域新型城镇化和产业结构演进两系统内部、两系统及复合系统发展水平进行了测度与评价。第九章，新型城镇化与产业结构演进的协调发展度评价。通过构建距离协调度评价模型、离差系数协调度评价模型和协调发展度评价模型，从纵横向视角，对中国各省及四大区域新型城镇化与产业结构演进两系统内部及复合系统协调度和协调发展度进行了测度与评价。第十章，新型城镇化与产业结构演进的协调发展影响因素，分析了新型城镇化与产业结构演进的互动影响因素，通过构建 FMOLS 回归模型和分位数回归模型，实证分析了新型城镇化与产业结构演进协调发展的影响因素。第十一章，新型城镇化与产业结构演进的协调发展政策建议，在实证研究基础上，针对中国新型城镇化与产业结构演进协调发展中存在的问题，提出了解决相关问题的政策建议。

本书强调理论与实践相结合，不仅具有有力的理论支撑，更有贴近现实的翔实案例，突出了全面性和实用性，对中国新型城镇化与产业结构演进的高质量发展、可持续协调发展具有重要的指导和启示意义，同时，对政府相关部门的决策者、城镇化相关产业的管理者、研究领域相关的科研工作者、教育领域相关的学者等具有重要参考价值。

值得说明的是，本书的研究由于经历时间较长，收集材料的渠道多、范围广、跨度大，同时，限于作者研究能力水平以及有些资料获取比较困难等原因，本研究可能存在一些错误和不足之处，敬请批评指正。

魏 敏

2024 年 3 月

目　　录

第一章

绪　论

从世界经济社会发展的趋势看，城镇化建设和产业结构演进是各国推动经济发展的两个重要抓手，如何加快推进城镇化的持续健康发展，如何加快促进产业结构演进的不断优化升级，如何实现城镇化与产业结构演进在相互促进中协调发展，将是各国在发展过程中必须高度重视并妥善解决的重大命题。

第一节　研究背景与研究问题

一、研究背景

（一）发达国家城镇化与产业结构演进协调发展促进了经济持续发展

美国著名经济学家约瑟夫·斯蒂格利茨曾表示："21世纪影响世界经济有两件大事，一是美国的新科技革命，二是中国的城镇化。"城镇化与产业结构演进是经济增长的特征与驱动力，两者之间存在相互促进和相互影响的关系。城镇化发展推动产业结构演进的优化升级，产业结构演进促进城镇化规模和水平的提高。在市场经济条件下，当城镇化与产业结构演进处于协调发展状态时，则能够促进资源快速流动与合理配置，推动区域经济持续发展；反之，将会影响经济的快速发展。

从发达国家的经济发展历程看，其城镇化与产业结构演进实现了和谐发展，有力地促进了经济持续发展。在城镇化方面，据世界银行公布数据

（2011 年）①，发达国家的城镇化水平平均已达到 80.50%，如阿根廷为 92.5%，日本为 91.3%，澳大利亚为 89.2%，法国为 85.8%，韩国 83.2%，美国为 82.4%，英国为 82.3%，德国为 75.1%。在产业发展方面，美国、英国、德国、法国、日本等发达国家的城镇化率与工业化率的比值约在 3.4 ~ 3.5 区间（中国 2019 年为 1.89），美国经济学家钱纳里（Chenery H. B., 1988；1989）研究发现，一国经济发展水平与城镇化率和工业化率的比值密切相关，且当国家经济进入可持续高质量发展阶段，其城镇化率与工业化率的比值呈现上升态势。

（二）发展中国家城镇化与产业结构演进不协调制约了经济社会发展

从发展中国家的经济发展历程看，由于受到多种因素制约，其城镇化与产业结构演进出现了不协调的一些严重问题。如墨西哥出现了城镇化超前工业化的"过度城镇化"（Over-urbanization）现象，城镇规模的迅速扩张导致其基础设施严重不足，造成了环境恶劣、失业严重、犯罪率高、农村耕地资源面积缩减等一系列社会问题。如印度则出现了城镇化落后于工业化的"滞后城市化"（Under-urbanization）现象，成为阻碍社会劳动生产率提高的因素，影响了经济的可持续发展，导致城镇就业压力出现持续增加，贫困化和贫富差距日益严重。

（三）中国经济高质量发展需要新型城镇化与产业结构演进协同驱动

从中国 21 世纪以来的经济发展历程看，中国新型城镇化和产业结构演进都得到了快速发展。国民经济保持了高速增长态势，2000 ~ 2019 年 GDP 平均增长速度为 12.81%；经济实力得到了不断提高，GDP 总量由 2000 年的 100 280.1 亿元提高到 2019 年的 990 865.1 亿元，增长了 8.88 倍，并成为仅次于美国的世界第二大经济总量国家。在经济快速增长基础上，中国三次产业结构得到了不断改善，2000 ~ 2011 年为"二、三、一"，2012 ~ 2019 年发展到"三、二、一"，这表明产业结构已经演进到工业化中后期。与此同时，中国新型城镇化也得到了快速发展，2000 年的镇化率仅为 36.22%，2019 年提高到了 60.60%，年均增长速度为 2.75%（见图 1 - 1）。总体而言，21 世纪以来，中国新型城镇化和产业结构演进水平得到了明显提升。

---

① 新玉言：《国外城镇化比较研究与经验启示》，国家行政学院出版社 2014 年版。

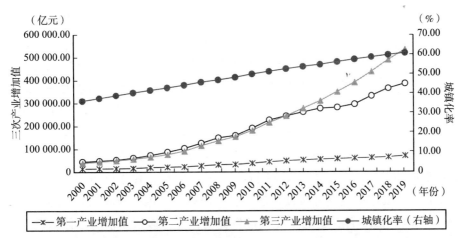

图 1-1　2000~2019 年中国新型城镇化与产业结构演进时序变化趋势

资料来源：根据《中国统计年鉴 2020》数据整理。

21 世纪以来，虽然中国经济发展取得了巨大成就，但是也存在一些明显问题。从新型城镇化看，虽然城镇化率在快速提升，但同发达国家相比，中国城镇化质量和水平仍然偏低，农村还存在大量剩余劳动力；"半城镇化"现象比较明显，大多数人口流动属于非家庭式的"钟摆式"和"候鸟式"异地转移，农民工不能彻底转化为市民身份；城镇生态环境与交通环境恶化，出现了大气雾霾、交通拥堵现象，导致生活质量下降；土地资源失控，地价和房价过高，生产成本上升，生产条件恶化；区域间发展不均衡，各地城镇化发展速度和水平存在较大差异。这些问题制约了消费需求结构升级、生产要素质量改善和城镇空间集聚效应发挥，影响了产业结构的升级，也影响了区域经济增长。从产业结构演进看，第二、三产业占 GDP 比重仍然偏低；第一产业中的劳动生产率和农业现代化水平较低；第二产业中高端新兴产业发展比较滞后，核心技术竞争优势不足，不能为城镇提供更多更好的高端就业岗位，低端高耗能产业对城镇资源和环境造成了严重影响，影响了经济质量提升和产业结构升级；第三产业长期依靠低成本优势竞争，新兴业态发展相对滞后[①]。

中国政府高度重视城镇化发展和产业结构调整，自党的十六大以来，制定了一系列政策措施。2003 年 10 月，党的十六大报告提出，要"加快城镇

---

① 辜胜阻：《新型城镇化与经济转型》，科学出版社 2014 年版。

化进程，走中国特色新型工业化道路"。2007 年 10 月，党的十七大报告提出，要"走中国特色城镇化道路，推进产业结构优化升级"。新型城镇化雏形由此产生。2012 年 11 月，党的十八大报告提出，要"走中国特色新型工业化、信息化、城镇化、农业现代化道路"，推动"四化"同步发展。2014 年 3 月，中共中央、国务院印发《国家新型城镇化规划（2014～2020 年）》①，提出要强化城镇产业就业支撑，调整优化产业布局与结构，促进城镇经济转型升级。2015 年 10 月，党的十八届五中全会提出，要推动京津冀城市群协同发展，优化城市群空间布局和产业结构，探索城市与产业协调发展新模式。要牢固树立并贯彻落实创新、协调、绿色、开放、共享的新发展理念。2017 年 10 月，党的十九大报告提出，要"以城市群为主体构建大中小城市和小城镇协调发展的城镇格局"。

二、研究问题

当前中国宏观经济发展正面临着非常复杂的新常态背景，面对日益增长的环境压力和外部竞争力，如何提升新型城镇化对资源要素和技术创新活动的集聚功能，如何促进产业结构的优化升级，这是破解新型城镇化与产业结构演进不协调的矛盾，推动经济走出新常态而高质量发展的关键途径。为此，本书将对以下问题进行深入探讨。

（一）中国新型城镇化与产业结构演进是否关联

面对当前经济发展的新常态，中国新型城镇化与产业结构演进是否存在关联互动关系，怎么促进两者的互动发展，这是值得高度关注的一个研究命题。现代经济增长不仅表现为经济总量的增加，而且伴随着总量的增加会出现明显的结构变动。经济增长的结构性变动主要表现在两个方面：一是伴随着经济增长会出现产业结构升级，二是伴随着经济增长会出现城镇化发展②。城镇化发展则是城乡结构的深层次调整，产业结构升级是产业结构演进的必然结果。城镇化发展与产业结构演进不仅是现代经济增长的两个最重要的结构转变，而且两者之间存在内在的相互作用、相互影响的关系。当两者处于

---

① 国家发展和改革委员会：《国家新型城镇化规划（2014～2020 年）》，人民出版社 2014 年版。
② 张连城：《中国经济增长路径与经济周期研究》，中国经济出版社 2012 年版。

和谐互动时，城镇化发展推动产业结构演进的优化升级，产业结构演进促进城镇的数量、规模和水平的提高。目前关于这些方面的研究文献和成果并不多见，本书拟深度探讨新型城镇化与产业结构演进互动关系的内在机理与实现路径，测度评价中国新型城镇化与产业结构演进是否存在关联关系，是否处于互动发展，并分析影响互动发展的原因。

（二）中国新型城镇化与产业结构演进发展水平如何

改革开放以来，虽然中国的经济发展取得了重大的成就，但是经济增长中存在的"大而不强、快而不优"的质量问题非常明显。究其原因主要是经济结构的不合理，特别是受到了城镇化和产业结构水平的制约。从城镇化情况来看，由于中国人口数量庞大和二元结构特征典型，虽然城镇化率在较快提升，但是城镇化水平总体比较落后，"候鸟式"人口流动、"半城镇化"现象等非常明显，不利于经济增长和产业结构的调整；近些年来，受到地价和房价快速上涨的影响，土地城镇化明显快于人口城镇化，在推高了城镇化成本同时也给经济增长带来了风险和挑战。从产业结构情况看，中国第一产业中还存在着大量的剩余劳动力需要转移，而第二、三产业则面临着巨大的就业压力；中国由于缺少核心技术，且自主创新能力较弱，制造业长期依靠低成本优势竞争，产品低科技含量和低附加值的问题一直没有根本改变，这影响了中国经济增长的质量。如何科学测度新型城镇化与产业结构演进的综合发展水平，现有大量文献进行了研究，但是还没有形成一套统一的标准测度评价体系。本书拟尝试建立一套全面性、系统性和可操作性较强的综合发展水平测度体系，提高测度结果的科学性和准确性。同时分析影响新型城镇化与产业结构演进的水平提高的深层次原因，为区域政府破解新型城镇化发展与产业结构演进升级面临的困难提供政策指导。

（三）中国新型城镇化与产业结构演进是否协调

改革开放以来，中国经济在经过多年的高速增长之后，目前已进入中高速增长的"新常态"阶段，面临着稳定经济增长与调整经济结构的重要任务。城镇化与产业结构演进的协调发展，对于"稳增长"和"调结构"具有重要作用。城镇化是城乡之间经济与社会结构的深层次调整，它不仅是产业结构演进和升级的空间载体，也是一个国家或地区工业化中后期阶段经济增长的重要动力。产业结构调整是经济结构调整的核心，对于推动城镇化发展，带动经济结构转变具有重要作用。诺贝尔经济学奖得主斯蒂格利茨曾将美国的高科技和中国的城市化看作推动世界经济增长的两大动力。中国政府高度重视城镇化发展与产业结构调整。当城镇化与产业结构演进处于协调发展时，则能够促进区域资源的合理配置和国民经济的持续健康发展；否则，将会给经济发展造成严重的困难和问题。目前，尽管有不少文献研究了新型城镇化与产业结构的协调问题，但是尚未取得一致的研究结果。本书拟采用多种计量方法科学测度并评价新型城镇化与产业结构演进两子系统内部、复合系统的协调度及协调发展度，同时分析影响协调发展的原因，为提出有针对性的政策措施提供科学依据。

（四）新型城镇化与产业结构演进是否存在区域差异

目前，中国新型城镇化发展与产业结构演进的背景，远比世界其他国家所面临的情况和问题更为复杂和艰难。首先，中国是世界上人口最多的国家，存在明显的二元结构特征，伴随着新型城镇化与产业结构演进发展，将会出现数以亿计的农村剩余人口在城乡间转移和跨地区流动，给经济和社会发展带来了前所未有的机遇和挑战。其次，中国正处在经济社会的转型时期。如何测度评价新型城镇化与产业结构演进发展水平、协调度及协调发展度的区域差异？如何测度影响新型城镇化与产业结构演进协调发展因素？现有文献虽然有研究，但是测度方法不完善，测度结果不全面。本书拟从纵向和横向立体分析视角，运用多种方法进行综合测度，分析区域间存在的差异及产生差异的深层次原因。

（五）促进新型城镇化与产业结构演进协调发展有何对策

新型城镇化与产业结构演进存在相互影响、相互促进的互动关系。如何促进两者从互动发展向协调发展转化？如何促进两者从"失调—协调—高级协调"良性循环？关键是针对不同区域应该采用差异化的对策。中国地域辽阔，各省区位条件、资源要素及经济发展基础各异，从而使各地区新型城镇化与产业结构演进的发展条件、发展速度、发展水平及协调水平均存在较大差异。针对不同地区影响新型城镇化与产业结构演进协调发展的问题，应该制定有针对性的差异化政策措施。因此，本书拟通过上述问题的研究，分析中国新型城镇化与产业结构演进协调发展存在的问题，最后有针对性提出系列政策措施。

第二节 研究目的与研究意义

一、研究目的

（一）验证中国新型城镇化与产业结构演进之间是否存在互动关系

新型城镇化与产业结构演进是一个复杂系统中的两个子系统，子系统内部又由一系列更小的子系统组成。各子系统之间只有通过"双向互动—有序互动—和谐互动"不断演进，才能使二者达到协调发展，和谐互动是协调发展的前提。因此，需要分析二者内部是否存在互动机理、互动作用及其影响因素，同时，需要采用计量方法验证二者之间是否存在互动关系。

（二）测度并分析中国新型城镇化与产业结构演进的协调发展状况

在市场经济条件下，城镇化与产业结构演进的协调发展能够促进资源的合理配置，有利于区域经济的持续发展；反之，如果二者关系不协调，将会影响经济的快速发展，并带来一些社会问题与矛盾。因此，需要从纵向、横向视角，采用协调评价模型对中国新型城镇化与产业结构演进子系统内部及子系统间发展度、协调度和协调发展度状况进行全面测度与评价。

（三）提出解决中国新型城镇化与产业结构演进协调发展中存在问题的政策措施

通过全面测度与评价中国新型城镇化与产业结构演进的协调发展度状况，提取和归纳存在不协调的一些现实问题，找准影响两者协调发展的因素，结合中国各省的实际情况，为地方政府尽快有效解决相关问题提出一些针对性的政策和措施，最终达到促进区域经济持续健康发展的目的。

二、研究意义

（一）理论意义

从研究的理论意义看，主要表现在三个方面：

第一，构建了新型城镇化与产业结构演进协调发展理论框架，比较全面地界定了二者协调发展内涵。虽然关于二者相互关系的研究较多，但是关于二者协调发展的研究不多见，尤其缺乏对二者协调发展内涵的全面界定。本书从理论角度提炼了新型城镇化与产业结构演进复合系统协调发展的理论内涵：基本条件是子系统间双向互动；实现过程是子系统间有序发展；必要前提是子系统间和谐互动；表现形态是子系统间"失调—协调—高级协调"良性循环。

第二，提炼了新型城镇化与产业结构演进的互动机理，建立了二者互动机制模型。尽管研究产业结构演进对城镇化作用的较多，但是研究二者双向互动关系的较少，尤其没有区分"互动"和"双向互动""和谐互动"的关系。实际上，各国或地区各自发展条件和实际情况存在较大差异，因此，二者的互动机制可能存在"和谐互动"和"非和谐互动"两种情况。本书认为只有"和谐互动"才能带来新型城镇化与产业结构演进协调发展，"非和谐互动"则会造成二者失调状况。二者互动关系实际上是从"双向互动—有序互动—和谐互动"的演进过程。

第三，丰富了新型城镇化与产业结构演进协调发展的评价方法。针对现有研究评价方法的不足，构建了一套全面性、系统性、可测性较强的综合评价指标体系；设计了对评价指标采用主客观相结合的综合赋权方法；构建了协调发展评价模型，从纵向和横向视角，采用多种协调度模型对中国新型城镇化与产业结构演进两子系统内部、复合系统的发展水平、协调度和协调发展度进行了全面测度评价。构建 FMOLS 回归模型和分位数回归模型，深度分析了新型城镇化与产业结构演进协调发展影响因素。

（二）现实意义

从现实意义上分析，主要体现在以下几个方面：

第一，有利于促进新型城镇化的高质量发展。产业结构演进是城镇化发展的动力，产业结构演进的理想目标是产业结构优化升级，加快资源要素在不同产业之间的合理流动和优化配置则是实现这一目标的基础和前提，显然，这一过程中资源和要素的流动集聚必须有城镇化的持续发展作为空间载体。目前，中国三次产业间结构及其内部结构仍然存在一些明显问题：第二、三产业占 GDP 比重仍然偏低；第一产业中的劳动生产率和农业现代化水平较低；第二产业中高端新兴产业发展比较滞后，核心技术竞争优势不足，不能为城镇提供更多更好的高端就业岗位，低端高耗能产业对城镇资源和环境造成了严重问题，影响了经济质量提升和产业结构升级；第三产业长期依靠低成本优势竞争，新兴业态发展相对滞后。只有有效处理这些问题，才能在实现产业结构优化升级基础上，更好地促进新型城镇化的高质量发展。

第二，有利于促进产业结构演进的优化升级。城镇化的本质是第二、三产业向城镇集聚发展和人口从农村向城镇转移的过程。目前，中国新型城镇化仍然存在一些问题：城镇化发展水平偏低，农村仍然存在大量剩余劳动力，造成了较大就业压力；"半城镇化"现象比较明显，农民工不能彻底转化为市民身份；城镇生态环境与交通环境问题明显，许多城镇出现了雾霾、交通拥堵现象；区域间发展不均衡，各地城镇化发展速度和水平存在较大差异。这些问题制约了消费需求结构升级、生产要素质量改善和城镇空间集聚效应发挥，影响了产业结构的升级，也影响了区域经济增长。针对这些问题，只有通过研究提出针对性的解决措施，指导区域政府有效解决这些问题，才能更好地促进中国新型城镇化的高质量发展，进而推动产业结构演进的升级。

第三，有利于促进区域经济高质量发展。新型城镇化与产业结构演进协调发展的目的就是实现区域经济的协调发展，其实质表现则是加快实现生产资源和要素在产业之间和城乡之间的合理流动和优化配置。如：新型城镇化发展会通过集聚效应促进大量农民转变为市民，通过收入效应提高其收入水平，通过改变其消费习惯拉动消费需求扩大。产业结构演进升级会通过提高第一产业劳动生产率，促进农民收入和消费水平增长；更会促进第二产业技术进步和生产规模发展，使投资需求扩大，并推动对外贸易发展；此外，也会使第三产业中的人口急剧增加，使消费需求的总量、结构和质量得到快速提升。因此，处理好新型城镇化与产业结构演进的协调关系，有利于推进国家或区域经济的高质量发展。

第三节 相关概念辨析

一、新型城镇化

（一）新型城镇化概念起源

"新型城镇化"一词是从"城市化""城镇化"两个词的基础上逐渐演化而来的一个新词，它是中国在经济社会发展过程中提出的一个具有中国特色的独特概念。"城市化"最早出现于 20 世纪西方国家，在英语中被翻译为"urbanization"，1867 年西班牙工程师赛达（A. Serda）在其著作《城市化的基本理论》（*The Theory of Urbanization*）中最早提出了城市化（urbanization）的概念。随着世界城市化进程的不断加快，全球范围内对城市化研究逐渐风行。中国和日本学者对"urbanization"的翻译通常有两个版本："城市化""城镇化"，学者们的翻译意思都非常相近。"城镇化"概念的出现晚于"城市化"概念，辜胜阻于 1991 年在《非农化与城镇化研究》中首先提出了"城镇化"概念，后来这一概念得到了许多学者的认同，并在学术界形成了较大影响。

从严格意义而言，"城镇化"与"城市化"存在细微区别：一是两者所依托的主体不同，"城镇化"依托的是一般规模比较小、功能不够完善的"城镇"，而"城市化"依托的是一般规模较大、功能比较完善的"城市"；二是两者使用范围不同，"城市化"是世界通用词，"城镇化"是中国词，它是中国在一定时期内控制大中城市发展的政策，体现了中国特色的城市化道路。然而，从本质上而言，城镇化与城市化并没有根本性区别：从词索源看，无论"城镇"还是"城市"都是与农村相对立的概念，都强调人口结构中农业人口为主导转变为非农人口为主导，经济发展由农业主导转化为非农产业主导；从人口规模看，中国的"城镇"基本相当于西方国家的一个"城市"；从国家政策看，中国对"城镇化"和"城市化"并没有进行严格的区分。因此，如果严格区分"城镇"与"城市"含义并不利于实践工作和国际比较，本书中"城镇化"含义似同于"城市化"。

新型城镇化概念的提出和形成，学术界存在不同看法。新型城镇化概念最早出现于2007年3月的报告《走高效生态的新型农业现代化道路》，习近平指出"发展高效生态农业，必须按照新型工业化、新型城镇化和新型农业现代化整体推进的思路，把工业与农业、城市与农村作为一个整体来谋划"。[①]

新型城镇化概念出现于正式文件是2012年11月，党的十八大报告提出，要"坚持走中国特色新型工业化、信息化、城镇化、农业现代化道路，推动信息化与工业化融合、工业化与城镇化良性互动、城镇化和农业现代化相互协调，促进工业化、信息化、城镇化、农业现代化同步发展"。从而使"新型城镇化"不仅上升到国家发展的战略，而且也成为了一个具有中国特色城市化道路的新概念。从此，新型城镇化一词已大量出现于中共中央和国务院正式文件之中。2015年10月，党的十八届五中全会提出，要"推动京津冀城市群协同发展，优化城市群空间布局和产业结构"。2017年10月，党的十九大报告提出，要"以城市群为主体构建大中小城市和小城镇协调发展的城镇格局"。

综上可见，从"城市化"到"城镇化"再到中国特色的"新型城镇化"，既显示了城镇化地位和作用的逐渐提升，也显示了新型城镇化内涵的演进与发展，更显示了中国城镇化发展理论与实践的不断深化。

（二）新型城镇化内涵与特征

"新型城镇化"概念受到了学术界的广泛关注，许多学者从不同视角对其内涵进行了阐述。总结而言，主要有以下五种观点：

第一，新型城镇化的核心是以人为本，注重城镇内涵发展、质量提升，追求经济发展、社会发展和生态发展相统一，体现经济发展水平提高、公共服务设施完善、居民幸福指数提升、居住生态环境改善等[②]。

第二，新型城镇化的基础是工业化，新的城镇化道路就是要实现新的工业化，通过新型工业的就业吸纳能力把从农村转移到城市的大量人口吸引到

---

① 习近平. 走高效生态的新型农业现代化道路 [N]. 人民日报，2007-03-21 (9).

② 蓝庆新、刘昭洁、彭一然：《中国新型城镇化质量评价指标体系构建及评价方法——基于2003~2014年31个省市的空间差异研究》，载于《南方经济》2017年第1期。

新的工业化领域[1][2]。

第三，新型城镇化是传统城镇化演进的升级版，在新的城镇建设中应融入新的理念，依靠科技进步和产业结构优化升级，实现城镇化集约、绿色、低碳、智慧发展[3]。

第四，新型城镇化内涵包括人口结构的优化，产业结构的升级和城镇功能的提升。首先应该让新增城镇人口融入到新的产业领域，实现城镇人口持续增加；其次必须加快制造业和服务业创新发展，通过产业升级为城镇注入新的动能；最后必须提升城镇为人口和产业集聚发展的服务功能[4]。

第五，新型城镇化应该具有可持续性，保持城镇化与工业化、信息化和农业现代化协同发展；体现城乡一体、产城融合、资源集约、环境友好、社会和谐，实现大中小城市、小城镇和新农村协调发展[5][6][7]。

综合以上分析，新型城镇化内涵就是坚持以人为本的理念，以新型工业化和服务业现代化为动力，以内涵发展、质量提升为前提，以追求经济效益、社会效益、生态效益相统一为目标，依靠科技进步和产业结构优化升级，实施集约高效、绿色生态、低碳低能、智能智慧可持续发展新模式，促进新型工业化、信息化、城镇化、农业现代化同步发展，推进城市群、大中小城市、小城镇和新农村协调发展，实现资源集约、环境友好、功能完善、社会和谐、产城融合、城乡一体的中国特色城镇化新道路。

通过对学术界各种观点的综合梳理，本书认为新型城镇化的"新型"就在于其具有与传统城镇化不同的四个鲜明新特征：

第一，坚持以人为本的原则。新型城镇化理念就是以最终实现全体居民无差异化发展和共享城镇现代化成果为目标，实现由片面追求经济发展向关注民生、注重生态、提升居民生活质量转变，实现发展经济与改善居民环境

---

① 吴殿廷、杨春志、钱宏伟：《中国新型城镇化战略及其推进策略》，东南大学出版社 2014 年版。
② 吴俣：《旅游产业与新型城镇化发展质量耦合协调关系研究》，东北财经大学博士学位论文，2017 年。
③ 王素斋：《科学发展观视域下中国新型城镇化发展模式研究》，南开大学博士学位论文，2014 年。
④ 岳文梅：《中国新型城镇化发展研究》，武汉大学博士学位论文，2013 年。
⑤ 廖永伦：《基于农村就地城镇化视角的小城镇发展研究》，清华大学博士学位论文，2018 年。
⑥ 罗松华：《基于以人为本中国新型城镇化道路研究》，武汉大学博士学位论文，2014 年。
⑦ 王冬年、盛静、王欢：《新型城镇化质量评价指标体系构建及实证研究——以河北省为例》，载于《经济与管理》2016 年第 5 期。

同步发展。

第二，坚持城乡一体化发展。新型城镇化坚持城乡统筹，注重推进城镇化和工业化、农业现代化紧密结合，以工促农、以城带乡，实现城乡一体化发展。

第三，坚持城产融合发展。新型城镇化必须保证产业能够为大量转移的农村人口提供稳定的就业岗位，因此城镇必须建设配套的产业开发区，以产兴城，以城促产，推进城产协调发展。

第四，坚持可持续性发展。新型城镇化不是盲目追求规模扩张，而是注重城镇功能和质量提升，坚持走集约高效、绿色环保的可持续发展道路。

（三）新型城镇化与传统城镇化区别

综上分析，新型城镇化与传统城镇化相比有着本质区别，主要体现在发展理念、发展模式、发展动力、城镇体系、城乡关系、城产关系等方面（见表 1-1）。

表 1-1 　　　　　　　　　　新型城镇化与传统城镇化的区别

类型	传统城镇化	新型城镇化
发展理念	以物为本，以产业非农化、土地非农化和规模扩张为目标，追求 GDP 和地方财政收入的增长；重数量、规模和速度发展	以人为本，以提高居民生活质量、人的全面发展和幸福指数成为城镇化的最终目标；追求经济效益、社会效益和生态效益；重质量、效益和功能全面发展
发展模式	高能耗、高排放、高污染的粗放型发展模式	资源节约、低碳排放、环境友好的集约型发展模式
发展动力	过度依赖外向型、粗放型传统工业化	科技含量高、附加值高新型工业化；劳动密集型的新兴服务业、大数据产业
城镇体系	强调优先发展大城市或中小城镇	强调大中小城市、小城镇和新农村协调发展；强调发展特色城市、城市群带
城乡关系	重城轻乡，优先发展城镇，城乡分离，城乡二元结构差距较大	城乡统筹协调发展，城乡一体化，城乡二元结构差距缩小
城产关系	城产分离、力争互促；发展不协调、不可持续	城产融合、和谐互动；发展协调、可持续

二、产业结构演进

产业结构演进是指在经济发展过程中产业之间比例结构合理化和产业内部技术结构高级化的一个动态演变过程。一般而言，产业结构演进包括五层内涵：

第一，产业结构演进是一个阶段性、有序性的动态过程。产业结构演进的动态过程具有两个明显的特征：一是产业结构演进的阶段性。产业结构在某一段时间内以某一类产业为主导，在另一段时间内可能演化为另一类产业为主导。二是产业结构演进的时序性。产业结构演进的各个阶段具有一定的逻辑序列，并不是混乱、随意的。从具体原因看，需求层次变化的顺序性、技术水平提高的逻辑性都使产业结构演进呈现出先后有序的规律。

第二，产业结构演进包括技术结构高级化、数量比例合理化。产业结构演进包含两层内容：一是产业内部的技术结构向更高水平的发展，即产业结构向高级化的演进；二是产业结构高级化所引起的产业间技术经济联系调整进而带来的产业数量比例关系变化。产业结构演进本质就是通过一些比例关系表现出来的从"高级化—合理化—更高级化"的螺旋式动态演进过程。

第三，产业结构演进的方向是向更加高级的水平发展。产业结构演进的方向是确定的，即向着高级化方向发展。产业结构高级化实质是指产业内部技术水平不断提高、生产要素构成逐步高级化、产业关联逐渐紧密化，其具体表现为生产资源集约化、技术数字化、加工智能化、附加值高度化、服务信息化。通过产业结构的高级化，可以带来产业部门效益的快速增长。

第四，产业结构演进的表现形式是主导产业的循序更替。主导产业的循序更替与产业结构高级化密切相关，显示出产业结构的演进发展方向，主导产业持续的高速发展必然影响产业的数量比例关系。主导产业之所以具有特殊的重要地位，就是因为其具有较强的回顾效应、旁侧效应和向前效应。当主导产业带动经济发展的使命一旦完成，就会发生主导产业的更迭，而高速扩张产业的有序更替，将使产业结构迈向更高级的阶段。

纵观全球经济发展历程，主导产业的更迭比较全面地反映了产业结构的演进过程，其更替主要经历了 6 个阶段：第一阶段，以农业为主导；第二阶段，以轻工业为主导；第三阶段，以基础工业为重心的重工业为主导；第四阶段，以高加工度工业为重心的重工业为主导；第五阶段，以第三产业尤其是现代服务业为主导；第六阶段，以信息产业和人工智能产业为主导[①]。

第五，产业结构演进的内在动力是技术进步与技术产业化。技术进步是推动产业结构演进的内在动力，主导产业的发展之所以能够带动国家或地区经济增长，引领产业结构演进并向高级化发展，关键是其具有较强的吸收新技术能力和高技术进步速度、高关联度、高技术渗透能力，降低物资能源消耗，提高加工程度，提高附加值。由此可见，技术进步对推动产业结构演进发挥了动力机制作用。而高新技术产业化则是将高新技术迅速孵化后所形成的新产业。技术含量高的产业会得到快速增长，而技术含量低的传统产业则逐渐萎缩。目前，以信息技术、大数据技术、人工智能技术、新材料技术、新能源技术、微电子技术、激光技术、航天技术、生物技术、海洋技术等为中心的高新技术产业群，正在全球范围内引领产业结构演进并广泛影响着经济的发展。由此可见，高新技术产业化正是产业结构演进升级的新引擎。

三、协调发展

协调发展理论是由诺加德（Norgaard）[②] 最早提出的，他认为通过反馈环在社会系统与生态系统之间可以实现和谐一致、良性循环的协调发展。随着时间演变，协调发展的概念外延得到了迅速拓展，涉及经济、社会和环境等诸多领域。而这里所指的"发展"是指系统内部子系统或者组成要素在一定约束条件下从小到大、从简单到复杂、从低级到高级、从无序到有序的一种演化过程。而这里所指的"协调"则是指系统内部子系统或者组成要素之间

---

① 易善策：《产业结构演进与城镇化》，社会科学文献出版社 2013 年版。

② Norgaard R. R. , *Economic Indivators of Resource Scarity：a Critical Essary*, New York：Journal of Environment Economics and Management, 1990, pp. 19 – 25.

的一种相互关系。通常，这种相互关系会伴随着系统或要素的演化而变化。任何系统或要素都是处于不断的变化发展之中，但是在发展过程中其内部却并不一定是协调的。因此，协调发展是协调和发展的高度综合，是在发展的过程中协调，在协调的基础上发展。

协调发展实质上是协调与发展的交集，是指系统内部各子系统或各要素之间在配合得当、和谐一致、良性循环的基础上实现从简单到复杂、从低级到高级、从无序到有序的总体演化过程。协调发展不允许任何一个子系统或要素使整体或综合发展受影响，追求的是在整体提高基础上的个体共同发展、结构优化和全局优化的理想状态。协调发展是一个具有开放性、层次性和没有终极性的动态概念，协调发展是实现可持续发展的最基本手段，可持续发展是协调发展的最高理念。

为科学合理地评价系统或要素间的协调发展状况，在本书中，采用"协调度"度量系统或要素间的协调状况，采用"协调发展度"度量系统或要素间的动态协调发展状况。协调度是对系统协同效应的度量，它表明系统之间或系统内部各子系统或各要素之间相互作用、彼此影响、和谐一致的程度。因此，协调度既反映系统之间或系统内部各子系统或各要素之间的和谐匹配状态，也反映各系统的发展度与发展速度的一致性。但是，由于系统或要素交错、动态和不平衡的特性，协调度在某些情况下很难反映出系统或要素间相互作用的整体功效与协同效应，当两系统协调度相同时，有可能是高水平协调，也有可能是低水平协调。因此，需要采用协调发展度来度量系统或要素间相互作用的整体功效与协同效应。

协调发展度是对系统或要素之间的协调状况（即协调度）以及其所处的总体发展程度或水平（即发展度）的综合度量，它表明在协调的有益约束和规定下，系统或要素之间总体协调发展程度或水平的高低。因此，协调发展度反映了两个或多个系统之间的综合发展度与协调度的统一，既反映各系统之间的综合发展水平，也反映各系统间的协调程度。协调发展度与协调度相比，稳定性更高，适用范围更广，可用于不同地区之间、同一地区不同时期协调发展状况的定量评价。

第四节　研究思路与技术路线

一、研究思路

本书遵循"提出问题—分析问题—解决问题"的一般著作研究思路，为了达到研究的预期目标，尽量减少研究的弯路，形成较高水平的研究成果，具体思路设计如下：

第一步，提出问题。主要体现在第一章至第三章，研究逻辑思路如下：

第一，采用规范分析方法，阐述本书的研究背景、目的与意义、相关概念、思路与技术路线、内容与方法、研究难点与创新之处，分析本书研究什么问题、为什么要研究、怎样开展研究及研究创新价值等问题（第一章）。

第二，采用文献分析、演绎分析和规范分析方法，通过文献检索，检视国内外文献对城镇化与产业结构演进的互动关系、互动机理、协调关系、评价方法等相关研究现状。总结现有研究存在的不足或有待深入研究之处，在此基础之上，提出本书拟开展探索的领域，形成本书研究的逻辑起点和基本思路（第二章）。

第三，梳理新型城镇化、产业结构演进、协调发展等方面的相关理论基础，为建立新型城镇化与产业结构演进的协调发展理论框架与分析框架提供科学指导（第三章）。

第二步，分析问题。主要体现在第四章至第十章，其研究的逻辑思路如下：

第一，从经济理论、系统理论、协同理论和可持续理论出发，基于协调发展理论框架中"互动状态"决定"协调状态"的理念，采用规范分析和定性分析方法，从理论层面分析新型城镇化与产业结构演进的互动理论框架、互动影响因素、互动发展机制和互动发展路径（第四章）。

第二，从国际视角，考察了发达国家、发展中国家的城镇化与产业结构演进互动发展的历程，分析了欧洲国家、美洲国家、东亚国家的典型发展模式，总结提炼了国外城镇化与产业结构演进的互动发展经验与启示（第五章）。

第三，为进一步验证新型城镇化与产业结构演进的互动关系，采用皮尔逊相关系数模型、向量自回归模型（VAR）等定量分析方法，分析中国新型城镇化与产业结构演进的时序关联性、静态关联性和动态关联性，并探索新型城镇化与产业结构演进的互动关系规律，发现互动发展中存在的问题（第六章）。

第四，为科学测度与评价新型城镇化与产业结构演进的协调关系，采用演绎分析法、频度统计法、专家咨询法、主成分分析法筛选指标，构建新型城镇化与产业结构演进的综合评价指标体系，并采用层次分析法、熵值法、主成分分析法、线性加权法和乘法合成法等方法，合理设计对评价指标体系的综合赋权方法（第七章）。

第五，构建发展水平模型和综合发展水平评价模型，采用定量分析方法，从纵向和横向视角，测度评价中国新型城镇化和产业结构演进的内部子系统、两系统及复合系统发展水平，从定量分析中查找二者发展存在的问题（第八章）。

第六，为提高测度的科学性和精准性，通过构建协调度模型和协调发展度模型，采用定量分析方法，从纵向和横向视角，测度评价中国新型城镇化与产业结构演进的两系统内部及复合系统的协调度和协调发展度。从定量分析中归纳二者发展存在的一些现实问题（第九章）。

第七，分析新型城镇化与产业结构演进的互动影响因素，构建 FMOLS 回归模型和分位数回归模型，进一步实证分析新型城镇化与产业结构演进协调发展的影响因素（第十章）。

第三步，解决问题。主要体现在第十一章至第十二章，其研究的逻辑思路如下：首先，在前面几章的理论研究与定量研究基础上，采用规范分析方法，针对中国新型城镇化与产业结构演进协调发展存在的现实问题，有针对性地提出对策建议（第十一章）。其次，采用归纳分析方法，总结研究的主要结论、研究不足及未来研究展望（第十二章）。

二、技 术 路 线

本书的研究技术路线如下（见图 1 - 2）。

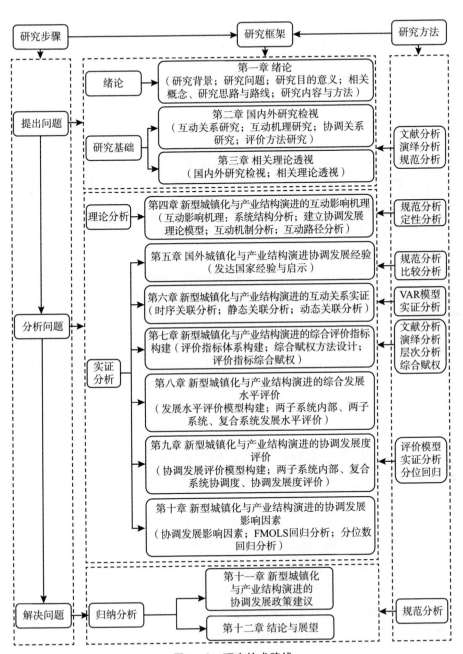

图 1-2　研究技术路线

第五节 研究内容与研究方法

一、研究内容

本书以中国新型城镇化与产业结构演进的协调发展为研究对象，通过对相关概念界定、文献梳理和理论回顾，建立研究分析框架，从理论上提炼了二者的互动机理，在此基础上对中国新型城镇化与产业结构演进的互动关系进行了计量分析；同时，通过构建新型城镇化与产业结构演进协调发展综合评价指标体系，对中国新型城镇化与产业结构演进的发展水平、协调度及协调发展度进行了测度与评价；最后，以理论和实证研究为基础提出了促进中国新型城镇化与产业结构演进协调发展的对策建议。其中涉及的主要研究内容如下：

第一章，绪论。阐述了研究选题背景与研究问题；分析了研究的目的与意义；界定了新型城镇化、产业结构演进和协调发展内涵，分析了新型城镇化与城镇化、城市化的关系，明确了新型城镇化与传统城镇化的区别；介绍了研究的思路与技术路线；概述了研究内容与研究方法；提出了本书的研究重点与主要创新点。

第二章，国内外研究检视。梳理了国内外对城镇化与产业结构演进互动关系研究、互动机理研究、协调关系研究、评价方法研究；分析了现有研究存在的不足之处；针对现有研究之不足，确立了本书研究的逻辑思路。

第三章，相关理论透视。梳理了新型城镇化、产业结构演进、协调发展等方面的相关理论基础，为建立新型城镇化与产业结构演进的协调发展理论框架与分析框架提供科学指导。

第四章，新型城镇化与产业结构演进的互动影响机理。首先，在新型城镇化与产业结构演进相关理论基础上，分析了新型城镇化与产业结构演进的系统结构；其次，提炼了新型城镇化与产业结构演进协调发展理论模型；最后，阐述了新型城镇化与三次产业演进的双向互动机制和双向互动作用路径。

第五章，国外城镇化与产业结构演进协调发展经验。从国际视角，考察了发达国家、发展中国家的城镇化与产业结构演进互动发展的历程，分析了欧洲国家、美洲国家、东亚国家的典型发展模式，总结提炼了其城镇化与产业结构演进的互动发展经验与启示。

第六章，新型城镇化与产业结构演进的互动关系实证。首先，采用定性分析方法，分析中国新型城镇化与产业结构演进的时序关联性；其次，运用皮尔逊相关系数模型分析二者的静态关联性；最后，采用向量自回归模型分析二者的动态关联性。

第七章，新型城镇化与产业结构演进的综合评价指标构建。首先，对已有评价指标体系进行了梳理和评述；其次，介绍了评价指标体系构建的原则；再次，采用频度统计法、专家咨询法和主成分分析法筛选指标，选取7个一级指标33个二级指标，构建了较为全面的反映新型城镇化水平的综合评价指标体系，并对各指标进行了具体解释；选取3个一级指标9个二级指标，构建了反映产业结构演进水平的综合评价指标体系，同样对各指标进行了具体解释；最后，介绍了评价指标综合赋权的思路，在此基础上，构建了熵值法、层次分析法和线性加权法对二级评价指标进行主客观综合赋权的方法，采用主成分分析法和乘法合成法对一级评价指标进行综合赋权的方法。

第八章，新型城镇化与产业结构演进的综合发展水平评价。首先，构建了发展水平和综合发展水平评价模型，并设计了发展水平等级的划分评价标准；其次，在前述研究基础上，从纵向视角，对中国新型城镇化与产业结构演进两系统内部子系统、两系统及复合系统发展水平进行了测度与评价；最后，从横向视角，采用同样方法对四大区域新型城镇化和产业结构演进两系统内部、两系统及复合系统发展水平进行了测度与评价。

第九章，新型城镇化与产业结构演进的协调发展度评价。首先，通过对现有协调度评价模型的梳理和评述，构建了距离协调度评价模型、离差系数协调度评价模型和协调发展度评价模型，并设计了协调度与协调发展度等级划分评价标准；其次，从纵向视角，采用距离协调度模型和协调发展度模型，对中国新型城镇化与产业结构演进两系统内部协调度和协调发展度进行了测度与评价；采用离差系数协调度模型和协调发展度模型，对中国新型城镇化与产业结构演进复合系统协调度和协调发展度进行了测度与评价；最后，从横向视角，采用同样方法对中国四大区域新型城镇化与产业结构演进两系统内部及复合系统协调度和协调发展度进行了测度与评价。

第十章，新型城镇化与产业结构演进的协调发展影响因素。分析新型城镇化与产业结构演进的互动影响因素，构建 FMOLS 回归模型和分位数回归模型，进一步实证分析新型城镇化与产业结构演进协调发展的影响因素。

第十一章，新型城镇化与产业结构演进的协调发展政策建议。在前面几章研究的基础上，针对中国新型城镇化与产业结构演进协调发展中存在的问题，从建立可持续协调发展机制、引导新型城镇化健康发展、加快产业结构演进升级三个层面提出解决相关问题的政策建议。

第十二章，结论与展望。对整个研究进行归纳和总结，提炼出主要研究结论；总结尚存在的不足之处；并对后续进一步研究的方向提出展望。

二、研究方法

本书在研究过程中主要采用了以下几种研究方法：

第一，文献分析与演绎分析。本书在新型城镇化与产业结构演进综合评价指标体系构建中，虽然参考了大量文献成果，但是，并不是简单地根据统计频次高低筛选指标，而是将已有研究进行优化组合。首先归纳提炼二者的评价维度，其次对每个维度的不同方面对指标进行频次统计、专家咨询，采用层次分析法筛选，最后归纳得到相应的指标体系。这样可以有效避免因单纯根据频次大小遴选指标而漏掉某些重要维度的缺陷。

第二，定性分析与定量分析。本书对新型城镇化与产业结构演进的相关概念界定、分析框架、互动机理等方面进行定性分析，并在此基础上，采用层次分析法、主成分分析法、熵值法等计量方法，对新型城镇化与产业结构演进的互动关系和协调关系进行了定量分析。

第三，静态分析与动态分析。本书采用计量模型对中国新型城镇化与产业结构演进的关联性进行了静态和动态分析。在此基础上，从纵向视角，采用时间序列数据对中国新型城镇化与产业结构演进的协调性演变趋势进行了分析，从横向视角，采用面板数据对中国各省新型城镇化与产业结构演进的协调性区域差异进行了比较分析。

第四，规范分析与实证分析。本书首先对新型城镇化与产业结构演进的协调发展内涵、二者的互动关系和协调关系进行了规范分析。在此基础上，采用向量自回归模型对中国新型城镇化与产业结构演进的互动关系进行了实证分析；采用距离协调度模型、离差系数协调度模型和协调发展度模型，对中国新型城镇化与产业结构演进协调发展状况进行了实证分析；构建 FMOLS

回归模型和分位数回归模型，分析新型城镇化与产业结构演进协调发展的影响因素。

第六节　研究难点与创新之处

一、研究难点

第一，如何科学设计评价指标体系。选择的指标不全面、不科学或不具有可操作性，都会导致实证测度的结果出现偏差，从而使结果与实际不吻合。现有研究还没有一套比较完善的评价指标体系可以借鉴，尤其是对新型城镇化的评价。因此，指标体系的构建显得非常重要，同时也是开展研究的一个最大的难点。

第二，如何精准计算评价指标的权重。如果需要准确地测度新型城镇化与产业结构演进的协调发展的动态情况，就必须选择大量的指标体系，这给准确计算各评价指标的权重带来了较大的困难。同时，计算方法太简单、过于偏重客观或过于偏重主观，都会导致测量结果不准确。

第三，如何科学构建协调发展度模型。评价模型的设计科学与否会直接影响测度结果的精确度，需要分析各种评价方法的机理及其适用性，比较各种评价方法对实现评价目标的符合性，最终才能构建出更合理的协调发展度模型，这也是本书的一个难点。

第四，如何获取大量指标的原始数据。新型城镇化和产业结构演进协调发展的评价，涉及许多方面，构建的指标体系也是非常复杂，数量也较多，而且每一个指标的原始数据不是都可以简单直接获取的，许多数据都需要经过一定方法的计算才可以得出。此外，各省统计口径不一致，导致一些数据难以查找，这给评价指标的原始数据值获取带来了较大困难。

二、创新之处

关于新型城镇化与产业结构演进协调发展的问题是一个带有中国特色的复杂命题，目前国内外的相关研究特别少，在现有研究基础上，本书从以下几个方面尝试了一些探索性研究。

首先，从定性、定量两方面系统揭示了新型城镇化与产业结构演进互动关系和协调关系。分析发现学术界多从单向视角分析产业变迁对城镇化的影响，而关于城镇化与产业结构演进双向影响关系尤其是协调关系的研究较少。通过以系统理论、协同理论和经济理论为指导，提炼了二者协调发展理论内涵：协调发展的基本条件是彼此双向互动；实现过程是各自有序互动；必要前提是彼此和谐互动；表现形态是"失调—协调—高级协调"良性循环。在此基础上，构建了一个较为全面的理论研究框架。同时通过以集聚效应为契合点，深入研究二者的双向互动机理，构建了二者双向互动的机制模型。通过引入皮尔逊相关系数模型和向量自回归模型，从时序视角、静态视角和动态视角分别对二者的关联性进行计量分析，发现中国新型城镇化与产业结构演进存在长期稳定互动关系；新型城镇化推动了三次产业的发展，三次产业演进又促进了新型城镇化发展；新型城镇化对产业结构演进具有滞后持久影响，产业结构演进对新型城镇化具有显著持久影响。

其次，以系统性、时代性理念构建了新型城镇化与产业结构演进综合评价指标体系及综合赋权方法。鉴于现有研究对新型城镇化评价指标体系构建多侧重于传统城镇化内涵，对产业结构演进评价指标体系构建多采用传统国际标准结构，不能全面客观地反映对复杂系统协调发展程度的评价。本书基于新型城镇化内涵，采用主成分分析法筛选指标，选取7个一级指标33个二级指标，构建了新型城镇化综合评价指标体系；基于产业结构演进内涵，选取3个一级指标9个二级指标，构建了产业结构演进综合评价指标体系。鉴于现有研究多采用单一方法对评价指标赋权的不足，设计了采用熵值法、层次分析法和线性加权法对二级评价指标进行主客观综合赋权，采用主成分分析法和乘法合成法对一级评价指标进行综合赋权。

最后，从纵向、横向视角实证了中国新型城镇化与产业结构演进两子系统内部、复合系统发展水平、协调度、协调发展度及影响因素。鉴于现有研究多采用一种常用的评价模型评价系统间的协调关系，缺乏在评价模型构建与应用方面的创新，本书构建了系统内部协调度评价模型、复合系统协调度评价模型、协调发展度评价模型、FMOLS回归模型和分位数回归模型。

纵向实证发现：2001~2019年中国新型城镇化与产业结构演进两子系统内部、两子系统及复合系统发展水平普遍较高，产业结构演进综合水平超前，新型城镇化综合水平明显滞后。新型城镇化子系统内部协调度、协调发展度已达到良好协调等级；产业结构演进子系统内部协调度、协调发展度已达到优质协调等级；新型城镇化与产业结构演进复合系统协调度、协调发展度已达到优质协调等级。

横向实证发现：2001~2019年四大区域新型城镇化与产业结构演进两子系统内部、复合系统的发展水平、协调度和协调发展度均存在明显区域差异性，呈现由东部向中部再向西部和东北部递减趋势。实证同时发现，中国新型城镇化与产业结构演进两子系统内部仍然存在一些问题：四大区域新型城镇化系统内部人口城镇化、环境城镇化、统筹城镇化普遍滞后，空间城镇化普遍超前人口城镇化；产业结构演进系统内部农业现代化、工业现代化普遍滞后。

FMOLS回归发现：对新型城镇化与产业结构演进协调发展具有较大影响的因素主要有消费水平、技术进步、政府作用、要素供给、投资水平、生态水平、开放水平7个因素，其中消费水平、生态水平、投资水平、要素供给与协调发展均呈显著正相关，其他因素与协调发展均呈显著负相关。分位数回归发现：消费水平、生态水平、投资水平、要素供给对新型城镇化与产业结构演进协调发展具有显著正向影响；政府作用、开放水平、技术进步对协调发展均具有弱负向影响，并且呈现由负向向正向影响转换的趋势。

第二章

国内外研究检视

本章为国内外现有研究检视，第一节梳理回顾了国内外关于城镇化与产业结构形态互动关系的研究；第二节梳理回顾了国内外关于城镇化与产业结构演进互动机理研究；第三节梳理回顾了国内外关于城镇化与产业结构演进协调关系研究；第四节梳理回顾了国内外关于城镇化与产业结构演进评价方法研究，并对现有研究进行了述评，形成了本章研究的逻辑起点和基本思路。

第一节　城镇化与产业结构形态互动关系

关于城镇化与产业结构演进互动关系，学术界最早从劳动力就业结构演变视角出发，对城镇化与产业结构演进关系进行了较为全面的研究，建立了二者互动关系理论模型（见图2-1），提出产业结构演进是城镇化发展的根本动力，城镇化发展是产业结构演进的必然结果。

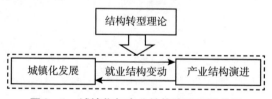

图2-1　城镇化与产业结构演进互动关系

一、城镇化与第一产业间互动关系

国内外学者从不同视角关注了城镇化与第一产业之间的关系。这方面的

研究主要包括以下几种观点:

第一种观点,从关联性视角分析了城镇化与第一产业之间关系。冯·杜能①最早提出了农业区位理论,他把都市外围按距离市区远近划成自由式农业圈、林业圈、谷物式农业圈、谷草式农业圈、三圃式农业圈、畜牧业圈6个环带,认为不同的环带对应的产业是不同的。钱陈等②研究指出,在经济发展不同阶段,城镇化水平的上升会导致农业人均产出水平和农业产出比重下降或趋缓。

第二种观点,从劳动力转移视角分析了城镇化与第一产业之间的关系。西蒙·库兹涅茨(Kuznets)③ 最早提出城镇化对农业发展具有积极影响,认为城镇化通过带动农村人口向城市转移,使大量居民收入普遍提高,由此产生对农产品需求的增长;同时农产品从农村运到城市,又会带动物流运输等农业服务业的发展。List④ 提出了"农业残缺状态论",发现农村剩余产品和劳动力推动城镇化进程的结论。

第三种观点,从产值或就业视角分析了城镇化与第一产业之间的关系。国外学者最早研究了城镇化与第一产业之间存在的密切相互关系。史密斯(Smith)⑤ 较早提出只有先加快农产品的生产发展,扩大农产品的剩余总量,才有可能推进市的发展。刘易斯(Lewis)⑥ 提出,农业的进步与发展是城镇化的基础,工业化是城镇化的发展动力。国内学者段炳德⑦、杨钧等⑧实证指出,城镇化水平与第一产业增加值比重呈现线性负相关关系,与第二产业增加值比重呈现倒"U"形或者"M"形的结构关系,而与第三产业增加值

---

① [德]约翰·冯·杜能著,吴衡康译:《孤立国同农业和国民经济的关系》,商务印书馆1997年版。

② 钱陈、史晋川:《城市化、结构变动与农业发展——基于城乡两部门的动态一般均衡分析》,载于《经济学(季刊)》2007年第1期。

③ Kuznets S., *Economic Growth of Nations*: *Total Output and Production Structure*, Cambridge: Harvard University Press, 1971, pp. 654 – 657.

④ List F., *The National System of Political Economy*, Beijing: Commercial Press, 2020, pp. 97 – 253.

⑤ Smith A., *The Wealth of Nations*, the Great Britain: Harriman House, 2007, pp. 359 – 538.

⑥ Lewis W. A., "Economic Development with Unlimited Supplies of Labor", *Manchester School of Economics and Social Studies*, vol. 22, no. 2 (may 1954), pp. 141 – 145.

⑦ 段炳德:《城镇化与产业结构变迁的相互影响:特征事实与发展逻辑》,载于《理论学刊》2017年第4期。

⑧ 杨钧、罗能生:《新型城镇化对农村产业结构调整的影响研究》,载于《中国软科学》2017年第11期。

比重呈现正向线性相关关系。

二、城镇化与第二产业间互动关系

许多学者发现城镇化与工业化存在着内在强互动关系，这方面的研究主要包括以下几种观点：

第一种观点，劳动力转移推动了城镇化与第二产业互动发展。穆马和沙特尔（Moomaw and Shatter）[1] 研究了城镇化与三次产业关系，认为工业中的劳动力增长会促进城镇化的发展，而农业中的人口增长则会明显阻碍城镇化发展。伯提内莉（Bertinelli）[2] 认为产业结构的调整又会刺激劳动力由第一产业向二、三产业进一步转移，反向促进城镇化发展。贾亚苏里亚（Jayasuriya）[3] 通过分析 71 个国家的经济数据，发现城镇化发展速度越快，当地人口、技术集聚的效益会带动生产效率的提高，从而促进第二、三产业对应服务的增加。国内学者傅莹[4]研究发现，城镇化率与三次产业结构之间具有长期的、稳定的关系，在城镇化进程中大量农村剩余劳动力来到城市，推动了第二产业的发展，提高了第三产业的比重，进而促进了产业结构调整与优化。村上直树（Naoki Murakami）[5] 利用日本各州第二次世界大战后的数据，采用回归模型，对工业结构变化与城市化之间的关系进行了经验分析。结果表明，在日本经济快速增长时期，工业化吸引了人口流入，制造业份额较高的工业区吸引移民最多，这种效应促进了城镇化；进入经济停滞时期，在工业升级的地区移民活跃，城镇发展较快。

第二种观点，产值或就业结构变化驱动了城镇化与第二产业的互动发展。钱纳里和塞尔昆（Chenery H. and Syrquin M.）[6] 通过分析多个国家的城镇化

---

① Moomaw R. L. , Shatter A. M. , "Urbanization and economic development： A bias toward large cities", *Journal of Urbanization*, vol. 40, no. 1 (July 1996), pp： 13 – 37.

② Bertinelli L. , "Urbanisation, Urban Concentration and Economic Development", *Urban Studies*, vol. 44, no. 13 (December 2007), pp： 2499 – 2510.

③ Jayasuriya R. , Wodon Q. , "Measuring and explaining the impact of productive efficiency on economic development", *The World Bank Economic Review*, vol. 19, no. 1 (January 2005), pp： 121 – 140.

④ 傅莹：《中国城市化与经济增长》，华中科技大学博士学位论文，2011 年。

⑤ Naoki Murakami, "Changes in Japanese industrial structure and urbanization： evidence from prefectural dat", *Journal of the Asia Pacific Economy*, vol. 20, no. 3 (July 2015), pp： 85 – 403.

⑥ Chenery H. , Syrquin M. , *The patterns of Development*： 1950 – 1970, London： Qxoford University press, 1975, p： 234.

与工业化之间的关系，提出了城镇化率与工业化率比较的"世界发展模型"，指出城镇化与工业化的发展是一个由紧密到松弛的过程，当城镇化率与工业化率都达到13%左右时，城镇化的发展速度会明显超过工业化的发展（见表2-1）。

表2-1 城镇化与工业化水平比较的世界模型

人均GDP（美元/人）	城镇化率（%）	工业化率（%）	人均GDP（美元/人）	城镇化率（%）	工业化率（%）
≤100	12.8	12.5	500	52.7	29.4
200	22	14.9	800	60.1	33.1
300	36.2	21.5	1 000	63.4	34.7
400	43.9	25.1	>1 000	65.8	37.9

资料来源：Chenery H. Syrquin M. *The patterns of Development*：1950 - 1970 ［M］. London：Qxoford University press，1975.

斯科特（Allen J. Scott）[①] 指出，城镇化进程的逐渐深化、资源要素的优化配置，会使第一产业产值逐渐下降，第二产业产值发展到一定阶段后增长会趋缓或停滞，第三产业产值则会快速增长，由此城镇化的动力机制由工业化转向高服务化。夏翃[②]实证发现，城镇化水平与三次产业的产值结构和从业人员结构存在长期稳定的比例关系，三次产业的产值结构和从业人员结构的改变都会引起城镇化水平的变化。孙晓华等[③]实证发现，中国城镇化与三次产业的产值结构和就业结构存在长期稳定均衡关系；城镇化率与三次产业的就业比重存在着单向因果关系。

第三种观点，关联作用引发了城镇化与第二产业互动发展。许成安等[④]指出在工业化初期，主导产业为劳动密集型工业，对城镇化产生直接和较大带动作用；当工业化进入中期，主导产业转变为资本密集型和技术密集型产

① ［美］艾伦·J. 斯科特著，董树宝、张宁译：《城市文化经济学》，中国人民大学出版社2010年版。

② 夏翃：《中国城市化与经济发展关系研究》，首都经济贸易大学博士学位论文，2008年。

③ 孙晓华、柴玲玲：《产业结构与城市化互动关系的实证检验》，载于《大连理工大学学报》（社会科学版）2012年第2期。

④ 许成安、曾媛：《外部资本利用与我国的城市化发展》，载于《经济学动态》2006年第7期。

业，制造业吸纳就业人数趋缓；当工业化进入后期，对城镇化进程的主导作用由工业转为服务业，城镇化与第三产业存在很强的相关关系。刘秉镰等[1]、谷慧玲[2]指出，城镇化带动了工业化发展，生产要素在城市集聚，能够提高企业集聚发展的生产效率，降低生产成本与交易费用；随着大量人口向城市集聚，会迅速引发居民对制造产品与服务产品需求增长。陈可嘉等[3]实证发现，城镇化对产业结构的作用十分明显，对第一产业具有优化作用，对第二产业具有提升作用，对第三产业具有带动作用；而产业结构演变也会影响城镇化发展，产业结构调整需要以城镇化为依托，并对城镇化发展起积极促进作用。陈春林[4]指出，工业化初期的集聚效应能很大程度地直接带动城镇化率的提高，工业化发展到中后期，工业化对城镇化的直接贡献逐渐弱化，而工业化通过带动非农产业尤其是第三产业的发展而间接作用于城镇化率的效应不断强化。戴永安等[5]、黄亚捷[6]、徐传谌等[7]认为城镇化与产业结构演进之间存在长期的均衡影响关系。

第四种观点，有些学者认为目前中国的城镇化滞后于工业化。简新华等[8]、陈立俊等[9]、黄祖辉等[10]分析指出，目前中国城镇化滞后于工业化，也滞后于同等发展水平国家，因为工业产值比重的上升并没有引起就业结构比

---

① 刘秉镰、王家庭：《中国工业化与城市化的协调发展研究——以珠江三角洲为范例》，载于《南开经济研究》2004 年第 1 期。

② 谷慧玲：《工业集聚和城市化互动发展的国际经验及借鉴》，载于《宏观经济管理》2012 年第 7 期。

③ 陈可嘉、臧永生、李成：《福建省产业结构演进对城市化的动态影响》，载于《城市问题》2012 年第 12 期。

④ 陈春林：《人力资本驱动与中国城镇化发展研究》，复旦大学博士学位论文，2014 年。

⑤ 戴永安、陈才：《东北地区城市化与产业结构演进的互动机制研究》，载于《东北大学学报》（社会科学版）2010 年第 6 期。

⑥ 黄亚捷：《城镇化水平对产业结构调整影响研究》，载于《广东社会科学》2015 年第 6 期。

⑦ 徐传谌、王鹏、崔悦、齐文浩：《城镇化水平、产业结构与经济增长 – 基于中国 2000～2015 年数据的实证研究》，载于《经济问题》2017 年第 6 期。

⑧ 简新华、黄锟：《中国城镇化水平和速度的实证分析与前景预测》，载于《经济研究》2010 年第 3 期。

⑨ 陈立俊、王克强：《中国城市化发展与产业结构关系的实证分析》，载于《中国人口·资源与环境》2010 年第 3 期。

⑩ 黄祖辉、邵峰、朋文欢：《推进工业化、城镇化和农业现代化协调发展》，载于《中国工业经济》2013 年第 1 期。

重上升，也没有带动城镇化的变动。李晓华[①]研究发现，中国城镇化率低于非农产业就业比重，非农产业就业比重又低于非农产业占 GNP 的比重；部分地区存在城镇化与工业化不协调、土地城镇化超前于产业发展等问题。宋加山等[②]指出中国城镇化处于中高速发展阶段，工业化正处于工业化后期阶段，城镇化发展滞后于工业化发展。

第五种观点，有些学者认为目前中国城镇化超前于工业化。陈玉爽等[③]以吉林省为例，分析发现东北地区城镇化偏差的实质在于工业化的偏差和就业结构的相对滞后。曹广忠等[④]实证发现：中国城镇化与产业结构逐步协调；第三产业对城镇化的驱动作用已超过第二产业，但第二产业仍是中西部地区城镇化的核心驱动力；乡村工业化短期内对城镇化有延滞影响，但对城镇化的平稳推进和大中小城市协调发展具有长期效应。

第六种观点，有些学者认为工业化对城镇化产生了负面影响。不少学者认为工业演进排放的有害废水、废气和固态废渣严重污染了城镇的水质环境、空气环境和地质环境，影响了城镇发展的质量，对城镇的健康发展产生了一定阻碍作用。刘香萍（Liu X. P.）等[⑤]以中国 12 个城市为例，采用面板校正标准误差（PCSE）法和最小二乘法（FGLS），研究了产业结构演进对城镇空气污染关系，实证发现，产业结构演进与城镇空气污染关系呈倒"U"型，从工业化初期至中期，城镇空气污染迅速增加，到工业化后期污染逐步降低。唐懋功（Tang M. G.）等[⑥]研究了产业结构演进、城市化、城市生态效率之间的关系，实证发现，产业结构演进对城市化产生正向积极影响，对城市生态

① 李晓华：《中国城镇化与工业化的协调关系研究：基于国际比较的视角》，载于《中国社会科学院研究生院学报》2016 年第 1 期。

② 宋加山、张鹏飞、邢娇娇、张勇：《产城融合视角下我国新型城镇化与新型工业化互动发展研究》，载于《科技进步与对策》2016 年第 17 期。

③ 陈玉爽、张昕彤：《吉林省城镇化与工业化的耦合分析》，载于《经济视角》2016 年第 4 期。

④ 曹广忠、刘涛：《中国省区城镇化的核心驱动力演变与过程模型》，载于《中国软科学》2010 年第 9 期。

⑤ Xiangping Liu, Bin Zou, Huihui Feng, Ning Liu, Honghui Zhang, "Anthropogenic factors of PM2.5 distributions in China's major urban agglomerations: A spatial-temporal analysis", *Journal of Cleaner Production*, vol. 264, no. 4（August 2020），pp：1 – 16.

⑥ Maogang Tang, Zhen Li, Fengxia Hu, Baijun Wu, "How does land urbanization promote urban eco-efficiency? The mediating effect of industrial structure advancement", *Journal of Cleaner Production*, vol. 272, no. 9（November 2020），pp：1 – 10.

影响成 U 型曲线。但是也有个别学者的观点恰好相反。雷玉桃等①实证表明，新型城镇化会加剧雾霾污染，产业结构能够通过合理化和高级化两条路径缓解雾霾污染；新型城镇化与产业结构的相互影响对放大减霾效果有积极作用。

三、城镇化与第三产业间互动关系

诸多学者从不同视角研究了城镇化与第三产业之间的关系。这方面的研究主要包括以下几种观点：

第一种观点，从关联性视角分析了城镇化与第三产业之间的关系。莫伊尔（Moir）② 通过考察 75 个国家的数据，发现在国家经济发展处于较低水平阶段，城镇化发展与第二产业发展的关系最为密切；而当经济发展到较高水平阶段，城镇化与第三产业之间的关系最为紧密。梅西纳（Messina）③ 采用计量方法分析，发现城镇化程度、政府规模等因素与第三产业中的服务业规模具有显著正向关系。赫梅林（Hermelin）④ 研究指出，城镇化为第三产业的生产活动与分布发展提供了重要区域，而第三产业部门的增加与发展又会推动城市区域的经济增长。

国内学者江小涓等⑤、黄宇慧⑥、冉建宇等⑦、王晓红等⑧实证发现：城镇化水平与第三产业比重具有长期的均衡关系。马鹏等⑨指出，城镇化对第

① 雷玉桃、郑梦琳、孙菁靖：《新型城镇化、产业结构调整与雾霾治理－基于 112 个环保重点城市的双重视角》，载于《工业技术经济》2019 年第 12 期。

② Moir H.，"Relationships between Urbanization Levels and the Industrial Structure of the Labor Force"，*Economic Development and Cultural Change*，vol. 25，no. 1（October 1976），pp：123 –135.

③ Messina J.，"Institutions and service employment a panel study for OECD countries"，*Labour*，vol. 19，no. 2（December 2005），pp：343 –372.

④ Hermelin B.，"The urbanization and suburbanization of the service economy"，*Human Geography*，vol. 89，no. 1（January 2007），pp：59 –74.

⑤ 江小涓、李辉：《服务业与中国经济：相关性和加快增长的潜力》，载于《经济研究》2004 年第 1 期。

⑥ 黄宇慧：《我国城市化水平与经济发展关系的计量分析》，载于《财经问题研究》2006 年第 3 期。

⑦ 冉建宇、张建升：《中国城市化与服务业的协调发展研究》，载于《经济与管理》2011 年第 7 期。

⑧ 王晓红、胡艳君：《城市化与现代服务业发展关系的实证研究》，载于《生态经济》2015 年第 6 期。

⑨ 马鹏、李文秀、方文超：《城市化、集聚效应与第三产业发展》，载于《财经科学》2010 年第 8 期。

三产业发展的影响十分显著，但由于服务行业都具有各自不同特征，城镇化对第三产业内部各行业发展的影响会受到不同行业类型和城镇化发展阶段等因素影响。曾淑婉等[1]、王为东等[2]、陈健[3]实证分析发现，中国各省份生产性服务业的专业化发展对现阶段城镇化进程起到了显著的促进作用，但是在不同区域存在明显差异性。杨艳琳等[4]、张自然等[5]根据多国相关数据分析，发现城镇化与服务业之间存在显著的正相关关系，且城镇化对服务业的促进作用要大于服务业对城镇化的促进作用。杨主泉[6]、蔡刚等[7]实证发现，中国新型城镇化与旅游产业发展存在相互影响的协调关系。

第二种观点，从人口集聚视角分析了城镇化与第三产业之间的关系。辛克尔曼（Singelmann）[8]指出，城镇化集聚效应的发挥，将大量农村人口带入第三产业，推动了第三产业的快速发展，使一个国家的经济由制造型转向服务型。荒木义马（Yoshima Araki）[9]指出，第三产业从业人员与城市人口规模存在密切关系，城镇化促进了第三产业从业人员的增加。贝尔蒂内利和邹本腾（Bertinelli L. and Benteng Z.）[10]指出城镇化率上升到一定的临界值后，则会加速当地人力资本的集聚，进而推动当地经济的增长。

第三种观点，从产值或就业视角分析了城镇化与第三产业之间的关系。

① 曾淑婉、赵晶晶：《城市化对服务业发展的影响机理及其实证研究——基于中国省际数据的动态面板分析》，载于《中央财经大学学报》2012年第6期。
② 王为东、陈丽珍、陈健：《生产性服务业集聚效应对我国城市化进程的影响研究——基于省级面板数据的实证分析》，载于《生态经济》2013年第9期。
③ 陈健：《生产性服务业与我国城市化发展研究》，载于《统计与决策》2015年第2期。
④ 杨艳琳、张恒：《全球视角下服务业与城市化互动关系研究——基于22个国家1960~2013年面板数据的实证分析》，载于《中国人口·资源与环境》2015年第11期。
⑤ 张自然、魏晓妹：《城市化水平与产业结构演化的国际比较》，载于《北京工商大学学报》（社会科学版）2015年第2期。
⑥ 杨主泉：《旅游业与新型城镇化协同发展机理研究》，载于《社会科学家》2018年第10期。
⑦ 蔡刚、蔡平：《旅游产业与新型城镇化协调发展的实证分析》，载于《统计与决策》2018年第12期。
⑧ Singelmann J., "The Sectoral Transformation of the labor force in seven industrialized countries, 1920-1970", *The American Journal of Sociology*, vol. 83, no. 5 (May 1978), pp: 1224-1234.
⑨ Yoshima Araki, Katsuhiro Haraguchi, Yumiko Arap, Takusei Umenap, "Socioeconomic factors and dental caries in developing countries a cross-national study", *Soc. Sci Med*, vol. 44, no. 2 (January 1997), pp: 269-272.
⑩ Bertinelli L., Benteng Z., "Does Urbanization Foster Human Capital Accumulation", *The Journal of Developing Areas*, vol. 41, no. 2 (April 2008), pp: 171-182.

吴振球等①实证指出，城镇化率的增长率与第三产业增长率短期内为负相关、长期为正相关。洪叶颖（Hong Y. Y.）②研究了人口城市化与经济增长、产业转型间关系，实证结果表明，经济增长是城镇化水平的驱动力，而城镇化水平不是经济增长的原因；城镇化与第三产业就业之间的格兰杰因果关系不显著；产业结构升级的调整是为了促进城镇化进程，城镇化水平不取决于产业结构。王垚等③实证指出，城市最优规模水平随着产业结构的不同而变化，工业比重高的城市最优规模水平低于服务业占据主导地位的城市。

第四种观点，有些学者认为发展第三产业并不是推进城镇化的最佳途径。于斌斌等④利用动态空间面板模型，分析了产业结构和空间结构对城镇化效率的影响效应。研究发现，与产业间结构的服务化调整相比，产业内各行业生产率增长才是城镇化效率提升的主要来源。

第二节 城镇化与产业结构演进互动机理

通过文献检索，发现国内外学者对城镇化与产业结构演进互动发展的影响因素、城镇化与产业集聚互动关系及城镇化与产业结构演进互动机制等方面进行了广泛研究，且取得了一些有价值的成果。

一、城镇化与产业结构演进影响因素

城镇化与产业结构的互动发展，受到许多因素的影响。其中，人力资本、技术进步、国际贸易、政府政策等具有非常重要的作用。

从人力资本视角，国内外诸多学者分析了劳动力转移对城镇化与产业结

---

① 吴振球、谢香、钟宁波：《基于 VAR 中国城市化、工业化对第三产业发展影响的实证研究》，载于《中央财经大学学报》2011 年第 4 期。

② Yeying Hong, "Study on the Relationship between Population Urbanization and Economic Growth, Industrial Structure: Taking Bijie City as an Example", 2016 International Seminar on Education, Innovation and Economic Management, *Atlantis Press*, vol. 6, no. 75（November 2016）, pp: 111 – 114.

③ 王垚、年猛、王春华：《产业结构、最优规模与中国城市化路径选择》，载于《经济学（季刊）》2017 年第 2 期。

④ 于斌斌、申晨：《产业结构、空间结构与城镇化效率》，载于《统计研究》2020 年 2 期。

构互动发展的影响。卢卡斯（Lucas Robert E. ）等[1]最早提出了劳动力要素的流动会引发区域聚集，指出在促进城市集聚与经济增长过程中，人力资本积累发挥了最关键的作用。布莱克和亨德森（Black and Henderson J. V. ）[2]研究发现，城市聚集效应的发挥受到人力资本状况会影响，进而影响到城镇化与产业结构的互动发展。同时发现，在市场开放的经济环境中，国际贸易和国际投资也是影响城镇化与产业结构互动发展的重要因素。坦普尔（Temple）[3]实证发现，劳动力资源会在不同产业部门之间出现重新配置，这种现象在发达国家产业发展过程中最为普遍。曹向阳（Xiangyang Cao）等[4]分析了中国东西部城市与经济发展两极分化的原因，实证发现，资源环境、政策体系、投资、科技创新、区位和开放性是引起区域城市发展与产业结构演进不均衡的关键因素。国内学者马兴杰等[5]认为城镇化通过对物质资本、人力资本、劳动力和经济结构等经济要素起作用，从而和产业结构演进建立了长期均衡关系。何立春[6]指出在城镇化进程中，农村劳动力向城市迁移，提高了劳动生产率，带动了投资、消费需求以及信息产业和服务业的发展，进而推动了产业结构的升级。吴雪玲等[7]认为城市人口集聚能力、经济密度、空间集聚能力和城镇体系水平是影响产业结构演变的主要因素。

从技术进步视角，更多学者分析了技术进步对城镇化与产业结构互动发展的影响。莫伊尔（Moir H. ，1976）分析指出，发展中国家由于具有明显后发优势，在工业化进程中拥有比较先进的技术水平和自动化生产装备，导致第二产业中的制造业对劳动力的吸纳能力出现下降趋势，引发大量的劳动力

① Lucas，Robert E. ，"On the Mechanics of Economic Development"，*Journal of Monetary Economics*，vol. 22，no. 1 （July l988），pp：3 – 42.

② Black，Duncan and Henderson J. V. ，"A Theory of Urban Growth"，*Journal of Political Economy*，vol. 107，no. 2 （April 1999），pp：252 – 284.

③ Temple，Jonathan，"Structural Change and Europe's Golden Age"，*CEPR Discussion Papers*，vol. 20，no. 1 （May 2001），pp：1 – 519.

④ Xiangyang Cao，Bingzhong Zhou，Yishao Shi，Xiaowen Pei，"The Unbalanced Analysis of Economic Urbanization – A Case Study of Typical Cities in China"，*ISPRS International Journal of Geo – Information*，vol. 13，no. 9 （March 2020），pp：1 – 15.

⑤ 马兴杰、陈通：《城市化影响经济增长作用机制研究》，载于《现代管理科学》2009 年第 2 期。

⑥ 何立春：《新型城镇化、战略性新兴产业与经济发展》，载于《财经问题研究》2015 年第 5 期。

⑦ 吴雪玲、邓伟、谢芳婷、张继飞、杨勇：《四川省产业结构演变的城市化响应研究》，载于《地理科学》2013 年第 9 期。

转移到第三产业。村田（Murata）[1] 研究指出，在工业化进程中，技术进步带来了第一产业劳动生产率提高，导致第一产业部门产生剩余劳动力，并逐渐向第二、三产业转移，使城镇化得到了较快发展。

国内学者蓝庆新等[2]实证发现，新型城镇化与产业结构升级存在显著的空间相关性，新型城镇化对产业结构演变具有强烈的空间冲击效应，能够显著提升产业发展层次；城镇的金融支撑、科技发展、市场化程度等因素对产业结构升级具有显著正向影响效应；资本流动因素因受引资质量和结构性偏倚影响，其对产业结构升级的影响效应不明显。李春生[3]指出，技术进步能够推动企业生产流程、生产方式及产品质量的不断改进，也能引发企业管理模式的变革与创新，使企业生产和运营成本得到降低，使第二、三产业的生产效率迅速提高，最终使第二、三产业在国民经济中所占比重上升；与此同时，第二、三产业发展又会加速城市产业的集聚、扩散和转移，使城镇化、城市群得到迅速发展。王垚等（2017）分析指出，城市最优规模水平会受到知识技术水平、市场消费潜力、资本积累实力等多方面因素的影响，因此服务业比重高的城市最优规模水平一般高于工业比重高的城市。

从政府政策视角，也有学者分析了政府政策对城镇化与产业结构互动发展的影响。戴维斯和亨德森（Davis and Henderson）[4] 研究发现，国家或区域政府实施的一些经济政策对城镇化与产业结构演进会产生明显影响作用，如财政政策、价格政策、投资政策、贸易政策等经济政策会首先直接影响产业结构的演变，然后间接影响到城镇化的发展。法尔哈娜等（Farhana K. M. et al.）[5] 研究发现，发展中国家由于处于全球产业链的底端，往往采取粗放生产方式追求经济发展，导致城镇化率达到一定程度后，城市会陷入"中等收入陷阱"，最终影响产业结构的优化升级。

---

① Murata Y., "Rural-urban interdependence and industrialization", *Journal of Development Economics*, vol. 68, no. 1（June 2002），pp：1 – 34.

② 蓝庆新、陈超凡：《新型城镇化推动产业结构升级了吗？——基于中国省级面板数据的空间计量研究》，载于《财经研究》2013 年第 12 期。

③ 李春生：《我国产业结构演进与城镇化协调发展研究》，首都经济贸易大学博士学位论文，2016 年。

④ Davis J. C., Henderson J. V., "Evidence on the political economy of the urbanization process", *Journal of Urban Economics*, vol. 53, no. 1（June 2003），pp：98 – 125.

⑤ Farhana K. M., Rahman S. A., Rahman M., "Factors of migrationin urban Bangladesh：An empirical study of poor migrants in Rajshahi city", *Bandladeshe Journal of Sociology*, vol. 9, no. 1（January 2012），pp：63 – 86.

　　国内学者马子量等①利用计量模型分析，发现西部地区城市用地规模扩张对城镇化的正向间接效应最强，基础设施投入的正向间接效应和对外开放程度的正向直接效应并不显著，但其负向间接效应显著。杨曦②认为城镇化所产生的经济效应与产业结构演进存在正相关关系，而且随着政策调整城市的规模下降而降低，农民工市民化的经济效应与政策调整城市的规模特征相关。马国勇等③研究指出，城镇化影响程度最大的因素是投资强度，经济开放程度和基础设施对产业聚集有显著影响，东北和西部地区的资源禀赋影响系数、政府政策影响系数大于中部和东部，产业结构对不同区域城镇化的影响具有异质性。郑立文等④实证发现，东北地区因近年来人才大量外流、城市新区与母城市群互动不足、土地利用率偏低等因素影响，抑制了城镇化与产业结构耦合效应的释放。

　　从国际经贸视角，还有学者研究了国际贸易与国际投资对城镇化与产业结构互动发展的影响。马库森和韦纳布尔斯（Markusen J. R. and Venables A. J.）⑤研究指出，由于产业关联效应的作用，出口贸易可以促进发展中国家的产业结构演变；在产业结构演变过程中，大批企业为获取集聚效应而逐渐迁移到城市，进而促进了城镇化发展。潘丽娟和周阳（Pan L. J. and Zhou Y.）⑥研究指出，外商直接投资通常选择资本技术型和外贸加工型产业，对产业结构演变会产生直接影响，进而对城镇化发展产生明显影响。莫雷诺（Moreno L.）⑦分析指出，政府对外开放政策对城镇化与产业结构演变会产生重要影响，外商直接投资能够促进投资地资本技术型和外贸加工型产业的

　　① 马子量、郭志仪、马丁丑：《西部地区省域城市化动力机制研究》，载于《中国人口·资源与环境》2014 年第 6 期。

　　② 杨曦：《城市规模与城镇化、农民工市民化的经济效应——基于城市生产率与宜居度差异的定量分析》，载于《经济学》（季刊）2017 年第 4 期。

　　③ 马国勇、蔡玲松：《城镇化与产业集聚交互作用机理研究》，载于《哈尔滨工业大学学报》（社会科学版）2019 年第 5 期。

　　④ 郑立文、黄俊宇：《东北地区新型城镇化与产业结构耦合效应研究》，载于《税务与经济》2019 年第 5 期。

　　⑤ Markusen J. R.，Venables A. J.，"Foreign direct investment as a catalyst for industrial development：The challenge to Japan"，*European Economic Review*，vol. 43，no. 2（June 1999），pp：335 – 356.

　　⑥ Pan L. J.，Zhou Y.，"International factor mobility，environmental pollution and skilled-unskilled wage inequality in developing countries"，*Economic Modelling*，vol. 33，no. 7（July 2013），pp：826 – 831.

　　⑦ Moreno L.，"The urban process under financialised capitalism"，*City：Analysis of Urban Trends，Culture，Theory，Policy，Action*，vol. 18，no. 11（May 2014），pp：244 – 268.

快速发展，并吸纳农业人口向城市企业转移，进而推进了城镇化进程。

国内学者欧阳峣等①指出城镇化通过投资规模、投资结构、投资导向和产业整合等方面的作用促进产业结构调整与优化。王芳等②指出新型城镇化通过影响地区经济发展水平、物质资本、外商投资、对外开放程度等因素推动产业结构升级，产业结构升级则通过作用于人力资本、技术进步、金融支撑、市场要素等因素带动新型城镇化发展。

二、城镇化与产业集聚发展互动关系

在城市集聚经济研究兴起后，国内外许多学者从集聚经济效应视角出发，深入研究了城镇化与产业结构演进的互动发展关系（见图2-2）。主要观点如下：

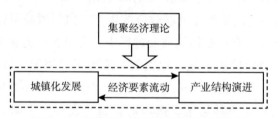

图2-2 城镇化与产业结构演进互动关系

第一，产业集聚直接推动了城镇化发展。马歇尔（Marshall A.）③在其出版的名著《经济学原理》中首次提出了集聚经济的概念，分析了城镇化发展与产业集聚的关系，并提到了"地方性工业"的概念。贝里（Berry B. J.）④运用95个国家的经济变量进行实证，发现城镇化与经济增长存在明显正向关系，其中人口、经济、技术等要素集聚与城镇化的关系最为密切。

① 欧阳峣、生延超：《城市化水平与产业结构调整的内在互动机制》，载于《广州大学学报：社会科学版》2006年第5期。

② 王芳、田明华：《秦国伟. 新型城镇化与产业结构升级耦合、协调和优化》，载于《华东经济管理》2020年第3期。

③ Marshall Alfred, "Principles of Economics", *The Economic Journal*, vol. 5, no. 20 (December 1895), pp: 585-589.

④ Berry B. J., "Internal structure of the city", *Law and Contemporary Problems*, vol. 30, no. 1 (January 1965), pp: 111-119.

兰帕德（Lampard E. E.）① 研究发现，大城市之间存在显著的产业集群现象。霍华德·斯波德克（Spodek H.）② 研究指出，工业化促进了第二、三产业的产值上升，同时通过带动大量企业向城市集聚，形成产业集群，促进了城市数量增加和规模的扩大。巴顿（Barton K. J.）③ 对城市的聚集经济效益进行了比较全面的概括，并将其划分为十大类型，在此基础上又提出了相应的城市功能。戴维斯和亨德森（Davis and Henderson）④ 研究指出，聚集经济是城镇化与产业结构变动关系的重要动力，在一个国家或地区的主导产业由第一产业的农业转变为第二产业的工业和第三产业的现代服务业过程中，大量企业和农业人口为了获得集聚效应和规模效益，会逐渐向城市集聚，从而促进了城镇化的发展。贝尔蒂内利和布莱克（Bertinelli and Black）⑤ 分析了39个国家的面板数据，得出城市聚集与经济增长之间存在较强的正相关性，随着集聚日益发展，最后带动当地第三产业的发展，影响产业结构的调整。

国内学者周维富⑥研究指出，各种制造企业在城市的集聚可以为社会生产更多种类的消费品，企业通过真实收入效应提高了工人的收入水平，这将会吸引更多的农村剩余劳动力进入城市；而大量劳动力的迁入必然引发内地需求市场扩大，进而吸引更多企业向城市集聚；这样工业化和城镇化都会得到发展，并形成不断增强的因果循环累积效应。葛立成⑦指出产业集聚带来的规模经济效应是城镇化发展的基础，对城镇化的推进方式和扩张形态具有重要影响。孙洪哲和刘琦（2011）指出城镇化与产业集聚存在相互影响、相互促进的关系，城镇化为产业集聚提供生产资源要素，并影响产业集聚的规模及内部结构，而在产业集聚同时又加速了城市人口集聚和空间结构转变，进而促进了城镇化发展。

---

① Eric E. Lampard, "The History of cities in the Economically Advanced Areas", *Economic Development and Cultural Change*, vol. 3, no. 2. (January 1955), pp: 81 – 136.

② Howard Spodek, "Studies in Indian urban development. Edwin S. Mills and Charles M. Becker", *Economic Development and Cultural Change*, vol. 36, no. 4 (February 1988), pp: 829 – 834.

③ Barton K. J., *Urban Economics: Theory and Policy*, London: MacmillanPress, 1976, p: 15.

④ Davis J. C., Henderson J. V., "Evidence on the Political economy of the Urbanization Process", *Journal of Urban Economics*, vol. 53, no. 1 (June 2003), pp: 98 – 125.

⑤ Bertinelli Luisito, Black Duncan, "Urbanization and Growth", *Journal of Urban Economics*, vol. 56, no. 1 (June 2004), pp: 80 – 96.

⑥ 周维富:《中国工业化与城市化协调发展论》，中国社会科学院大学博士学位论文，2002年。

⑦ 葛立成:《产业集聚与城市化的地域模式——以浙江省为例》，载于《中国工业经济》2004年第1期。

第二，产业集聚创造了城市的持续发展动能。卢卡斯（Lucas，1998）[1]研究指出，随着城市数量的增加和规模的扩大，城市集聚经济效应愈发明显，企业生产效率迅速提高，生产与交易成本明显降低，进而成为影响产业结构变迁和经济增长的关键因素。恩莱特（Enright M.）[2]研究发现，产业集聚产生的效应有利于集群产业竞争力的提升，从而促进区域工业化与城镇化的互动发展。藤田（Fujita）[3]研究指出，随着城市产业集聚度的提高使得劳动力市场共享、信息外溢效应和信息传播速度加快，从而提高了要素集聚的经济性和创新效率，最终促进了城市产业发展。艾翁索·比利亚尔（Alonso. Villar O.）[4]根据1993~1999年的经济数据，考察分析了西班牙产业集聚情况，发现集聚效应在科技水平越高的产业中越明显。同时发现，劳动力市场、城市信息外溢、工商业服务等是影响产业集聚的重要因素。赫尔梅林（Hermelin B.）[5]和迈克尔斯（Michaels G.）[6]实证研究发现，集聚效应在城镇化进程中能够促进不同产业之间的分工与协作，由此加速了产业逐渐向城市集聚，同时这种协作能够使企业的技术创新能力得到迅速提高，最终促进产业结构优化升级。小井子（Kolko J.）[7]研究指出，随着城镇化水平的提高，集聚效应能够促进现代服务业之间的协同发展，使产业产生显著的集聚经济效应，最终促进产业结构升级。

国内学者认为产业集聚有效保持了产业的竞争力，同时也增强了城市持

---

[1] Lucas, Robert E. , "On the Mechanics of Economic Development", *Journal of Monetary Economics*, vol. 22, no. 1（July l988）, pp: 3 – 42.

[2] Enright M. , *Geographic Concentration and Industrial Organization Unpublished Ph. D. Dissertation*, Harvard: Harvard University, 1990, pp: 23 – 34.

[3] Fujita, "On the Evolution of Hierarchical Urban systems", *European Economic Review*, vol. 43, no. 2（January 1999）, pp: 209 – 251.

[4] Alonso – Villar O. , Chamorro – Rivas J – M, Gonzalez – Cerdeira X, "Agglomeration economies and industrial location: city-level evidence", *Economic Geography*, vol. 4, no. 5（November 2004）, pp: 565 – 582.

[5] Hermelin B, "The urbanization and suburbanization of the service economy: Producer services and specialization in Stockholm", *Geografiska Annaler*, *Series B: Human Geography*, vol. 89, no. 1（January 2007）, pp: 59 – 74.

[6] Michaels G. , Rauch F. , Redding S. J. , "Urbanization and structural transformation", *The Quarterly Journal of Economics*, vol. 127, no. 2（May 2012）, pp: 535 – 586.

[7] Kolko J. , *Urbanization, Agglomeration, and coagglomeration of service industries*, Chicago: University of Chicago Press, 2010, pp: 151 – 180.

续发展竞争力。苏雪串①指出，产业集聚将会形成产业集群，而产业集群内部的协同效应可以使整个产业的竞争力得到提升，这为城镇化推进提供了良好的产业基础。赵淑玲等②指出，产业集聚有效地利用了土地、能源等资源，同时使政府节约了大量公共管理费用，从而有效降低了城镇化竞争成本。郭晓丹等③指出城市由于在专业化与多样性、人力资本积累、知识和信息交流网络、交易效率较高等方面优势，使得城市成为技术创新与扩散的集中地，从而推动产业结构转型升级。吴丰林等④指出，产业集聚效应可以促进企业交易成本下降、生产效率提升及竞争加剧，因此产业集聚一旦形成则能够促进城市经济质量提升，并保障城市具有持久不衰的竞争力；伴随着城市竞争力的不断提升，集聚效应越来越强烈，促使各类资源要素加速向城市集聚，从而保证了城镇化的持续发展动力。

第三，产业集聚改变了城市的空间形态或结构。帕伦和贝瑞（Palen and Berry）⑤ 等认为随着产业集聚大城市发展开始趋缓，而郊区化扩张速度会加快。卡特（Carter）⑥ 研究指出，城市因为具有聚集效应功能使其成为区域创新的活动中心，能够为产业发展注入新的要素与动能，进一步促进人口、资源、企业等向城市集聚；同时，创新活动在城市系统中的梯度转移或扩散，促进了产业的区域转移，带动了中小城市和新农村发展。克鲁格曼（Krugman P. ）⑦ 研究发现，产业加速向某个城市的不断集聚，可能会引起集聚效应逐渐下降，导致出现拥挤成本和技术溢出，有些产业开始趋向周边地区扩散，可能逐渐形成低等级城市，这种扩散过程会持续演进，最终形成了完整

---

① 苏雪串：《产业集群及其对城市化的影响》，载于《经济界》2003 年第 6 期。

② 赵淑玲、曹康：《产业集群与城市化关系问题研究》，载于《河南社会科学》2005 年第 2 期。

③ 郭晓丹、张军、吴利学：《城市规模、生产率优势与资源配置》，载于《管理世界》2019 年第 4 期。

④ 吴丰林、方创琳、赵雅萍：《城市产业集聚动力机制与模式研究的 PAF 模型》，载于《地理研究》2011 年第 1 期。

⑤ Palen J. John, Berry Brian J. L., "Urbanization and Counterurbanization", *Contemporary Sociology*, vol. 7, no. 6 (November 1978), pp: 752.

⑥ Robert A. Carter, "Innovation in urban systems: the interrelationship between urban and national economic development", *Annals of Regional Science*, vol. 22, no. 3 (November1988), pp: 66 – 80.

⑦ Krugman P., "First nature, second nature, and metropolitan location", *Journal of Regional Science*, vol. 33, no. 2 (May 1993), pp: 129 – 144.

的城市体系。唐纳德·戴维斯（Davis D. ）等[1]对这一理论进行了进一步研究，从产业集聚和扩散的视角，分析了城市体系空间结构的变化，指出产业集聚发展同时具有向心力和离心力。

国内学者认为产业集聚既提高了城镇化水平，也影响了城镇化空间形态或结构变化。王世营等[2]以长三角地区城市为例，实证发现产业集聚会显著影响城市空间扩张的速度、结构和方向；高鸿鹰等[3]根据中国部分城市数据，引入最小二乘法，测度产业集聚效率指数，实证发现集聚效率指数对城市规模分布存在正向影响；同时发现城市人口在产业集聚的同时也呈现向部分城市的集聚趋势。

三、城镇化与产业结构演进互动机制

国内外学者通过对人口、技术、资本等经济要素集聚的研究，认为集聚经济效应是城镇化经济与现代产业发展中共同存在的经济机理。

首先，许多学者对城镇化与产业结构演进互动机制模型展开了研究，且取得了一些成果。卡利诺（Carlino）[4]研究指出，城镇化进程会引发多样化需求，需求效应必然会带动技术的创新与发展，进而带动产业的劳动生产率提高，使产业的生产方式由粗放化向集约化方式发展，从而促进产业结构演进升级。克拉克（Clark P. ）[5]研究指出，工业革命是推动城市快速发展的驱动力，工业发展推动了大批小城镇演变为大城市，大城市又发展为特大城市。奎格利（Quigley J. M. ）[6]认为城市规模与企业规模之间并不存在正相关关系，驱动城镇化发展的并不是内部规模经济的作用，而是外部效应、溢出效

———————

① Donald Davis, "The Spatial Economy: Cities, regions, and international trade", *Journal of International Economics*, vol. 57, no. 1 (June 2002), pp: 247–251.

② 王世营、蔡军：《产业集群对中小城市空间形态的影响研究——以长江三角洲地区中小城市为例》，载于《城市规划》2006 年第 7 期。

③ 高鸿鹰、武康平：《集聚效应、集聚效率与城市规模分布变化》，载于《统计研究》2007 年第 3 期。

④ Carlino Gerald A., "Urban Density and the Rate of Invention", *Journal of Urban Economics*, vol. 57, no. 3 (June 2007), pp: 389–419.

⑤ Clark P. *The Cambridge Urban History of Britain* (volume 2), Cambridge: Cambridge University Press, 2008, pp: 360–363.

⑥ Quigley J. M., *Urbanization, Agglomeration and Economic Development*, Urbanization and growth, 2008, pp: 115–132.

应及外部规模经济发挥了关键作用。

国内学者干春晖等[1]研究指出，产业结构的变动伴随着城镇化的变动，城镇化的主要过程就是产业结构从第一产业向第二产业和第三产业转化的过程；城镇化是产业结构调整和升级的依托，产业结构优化升级是城镇化的主要内容。岳文梅[2]指出产业结构演进是城镇化的枢纽动力，农业是城镇化发展前期的基本动力，工业是城镇化发展初期的内在动力，而服务业则是城镇化发展后期的后续动力。牛婷等[3]实证发现，产业结构演变对城镇化影响具有阶段性，从长期看，产业结构合理化和高级化演变对城镇化发展具有明显促进作用，而且产业结构高级化演变是城镇化水平提高的关键原因，但短期内产业结构高级化演变对城镇化水平提升具有负向影响。张洪潮等[4]实证指出，城镇化与产业结构之间持续互动共同促进农村劳动力转移，产业升级带动人口向城镇聚集，实现城镇化健康发展；新型城镇化建设促进了生产要素流动聚集、技术水平提高和创新能力提升，加快了产业聚集与集群的形成与发展，为产业发展和产业结构优化提供了强大的推动力。龚新蜀等[5]实证发现，要素间流动、要素创新及要素聚集的相互作用，进而缩小城乡收入差距，最终促进城镇化和工业化共同发展。于荔苑等[6]采用 VAR 模型实证发现，山东省城镇化与产业结构调整二者间具有双向格兰杰因果关系。

其次，也有许多学者对城镇化与产业结构演进互动影响的强度进行了研究。潘迪（Pandy S. M.）[7]运用计量分析的方法，得出第二产业和第三产业的劳动力结构变化对城镇化的发展具有正向的、显著的影响。李金昌等[8]实

① 干春晖、余典范：《城市化与产业结构战略性调整和升级》，载于《上海财经大学学报》2003 年第 4 期。

② 岳文梅：《中国新型城镇化发展研究》，武汉大学博士学位论文，2013 年。

③ 牛婷、李斌、任保平：《我国城市化与产业结构及其优化的互动关系研究》，载于《统计与决策》2014 年第 1 期。

④ 张洪潮、王丹：《新型城镇化、产业结构调整与农村劳动力再就业》，载于《中国软科学》2016 年第 6 期。

⑤ 龚新蜀、张洪振、王艳、潘明明：《产业结构升级、城镇化与城乡收入差距研究》，载于《软科学》2018 年第 4 期。

⑥ 于荔苑、邢怀振、苏守波：《城乡收入差距、产业结构调整与城镇化关系研究》，载于《经济视角》2019 年第 4 期。

⑦ Pandy S. M. ，"Nature and Determinants of Urbanization in a Developing Economy：The Case of India"，*Economic Development and Cultural Change*，vol. 25，no. 2（January 1997）：265 – 278.

⑧ 李金昌、程开明：《中国城市化与经济增长的动态计量分析》，载于《财经研究》2006 年第 9 期。

证发现，经济增长是城镇化水平提高的格兰杰原因，经济增长对城镇化产生较大的正向冲击效应，而城镇化对经济增长的作用强度不大。陈耀等[1]认为城镇化与产业结构演进的互动关系受政府干预、外资外贸影响。尹虹潘[2]以各省为例，实证发现城镇化对工业化有较大的正向促进作用，反向作用机制不显著；城镇化对农业现代化有较大的正向促进作用，反向作用机制不显著。贺建风等[3]以各省为例、王晓玲等[4]以黑龙江省为例，实证发现产业结构高级化与城镇化之间存在长期稳定的动态均衡关系和单项的因果关系。

最后，还有许多学者对城镇化与产业结构演进互动影响的空间效应展开了研究。丹尼尔斯等（Daniels P. W. et al.）[5]研究指出，伴随着制造产业向城市集聚、适应生产和生活需要，将会在城市空间区域内形成一些专业化的市场，这些市场的发育催生了服务产业的发展。亨德森和贝克尔（Henderson J. V. and Becker R.）[6]实证指出，城市规模大小主要受区域主导产业影响，制造业发达的城市一般规模相对较小，技术研发、金融服务、信息咨询等现代服务产业发达的城市一般规模相对较大。Henderson[7]研究指出，在成熟的城市系统中，经济活动由于分工和专业化发展而更趋分散；标准化的工业生产往往会转移到中小规模城市；大城市由于具有人才、技术、资本集聚等优势，集聚了技术研发、金融服务、信息咨询等现代服务业，也会发展一些非标准化的制造业。

国内学者易善策[8]认为产业结构演变会引发城镇化动力机制、发展模式及地域空间形态等城市体系变化；而城镇化发展必将影响区域的需求、供给

---

① 陈耀、周洪霞：《中国城镇化对经济增长的影响机理及其区域差异——基于省际面板数据的实证分析》，载于《当代经济管理》2014 年第 8 期。

② 尹虹潘：《人口流动、"四化"协同与新型城镇化》，重庆大学博士学位论文，2016 年。

③ 贺建风、吴慧：《科技创新和产业结构升级促进新型城镇化发展了吗?》，载于《当代经济科学》2016 年第 5 期。

④ 王晓玲、董绍增、张亮、赵雪迟：《黑龙江省产业转型升级与新型城镇化良性互动发展研究》，载于《宏观经济管理》2017 年第 1 期。

⑤ Daniels P. W., O'Connor K. B., Hutton T. A., "The planning Response to urban service sector growth: an international comparison", *Growth and Change*, vol. 22, no. 4 (October 1991), pp: 3 - 26.

⑥ Henderson J. V., Becker R., "Political economy of city sizes and formation", *Journal of Urban Economics*, vol. 48, no. 3 (November 2000), pp: 453 - 484.

⑦ Henderson J. V., "The Effects of Urban Concentration on Economic Growth", *NBER Working Paper* (January 2002), No. 7503.

⑧ 善易策：《产业结构演进与城镇化互动发展研究》，武汉大学博士学位论文，2011 年。

及资源要素的空间配置，进而引发区域产业结构有序演变。王坤等[1]分析指出城镇化规模和质量对旅游产业发展具有正向空间溢出效应。孙叶飞等[2]研究发现，目前中国新型城镇化与产业结构变迁的经济增长效应因产城关系的阶段性不匹配而存在"门槛效应"。陈丹妮[3]实证发现，城镇化率与第一产业产值所占 GDP 比重呈现显著负相关，城镇化率与第二产业产值占比呈现明显倒"U"型关系，即在城镇化初期第二产业产值比重呈现上升趋势，当城镇化发展到一定时期后，第二产业产值比重会逐渐下降；城镇化率与第三产业产值比重呈现"U"型关系，即在城镇化初期第三产业产值比重呈现微幅下降趋势，然后再逐步回升。周敏等[4]分析发现，新型城镇化对产业转移和升级均存在显著的双门槛效应。吴穹等[5]利用 2006～2015 年面板数据，构建了新型城镇化与产业结构评价指标体系，采用熵值法给指标赋权，选择空间滞后计量模型，研究了产业结构调整对中国新型城镇化的影响效应。结果表明：产业结构合理化与产业结构高级化对新型城镇化均有显著正向促进作用；产业结构高级化对新型城镇化的边际效应是产业结构合理化的函数。

第三节　城镇化与产业结构演进协调关系

　　通过文献检索，发现国外学者主要从微观视角研究了城镇化与产业结构演进的互动关系，较少涉及"协调发展"问题研究。国内学者研究城镇化与产业结构演进协调关系的文献较多，而且取得了许多有价值的成果，主要集中在以下四个方面。

①　王坤、黄震方、余凤龙、曹芳东：《中国城镇化对旅游经济影响的空间效应——基于空间面板计量模型的研究》，载于《旅游学刊》2016 年第 5 期。

②　孙叶飞、夏青、周敏：《新型城镇化发展与产业结构变迁的经济增长效应》，载于《数量经济技术经济研究》2016 年第 11 期。

③　陈丹妮：《中国城镇化对产业结构演进影响的研究》，武汉大学博士学位论文，2015 年。

④　周敏、丁春杰、高文：《新型城镇化对产业结构调整的影响效应研究》，载于《生态经济》2019 年第 2 期。

⑤　吴穹、仲伟周、张跃胜：《产业结构调整与中国新型城镇化》，载于《城市发展研究》2018 年第 1 期。

一、区域城镇化发展与产业变迁协调关系

从 21 世纪开始，出现了一些学者采用不同评价方法对某一区域城镇化与产业结构协调性的测度分析。小岛礼一（Kojima R.）[1] 采用比较分析法，研究了发展中国家城镇化与工业化之间的关系，得出 1965～1989 年拉美国家的城镇化超前于工业化，东亚国家的城镇化与工业化基本同步，许多发展中国家的城镇化远远超前于工业化发展，其特征属于过度城镇化，农村人口大量流入城市，首位城市过度膨胀。赵文平（Zhao W. P.）[2] 建立综合评价指标体系，运用层次分析法和耦合协调度模型，分析山东省新型城镇化和产业结构的耦合发展趋势。结果表明，2000～2016 年，山东省新型城镇化和产业结构发展水平和耦合协调程度不断提高，阶段特征很明显；生态和先进产业在促进新型城市化与产业结构的耦合与协调发展方面发挥着重要作用。张晓棠等[3]建立综合评价指标体系，采用复相关系数赋权法、耦合协调度模型和灰色预测 GM（1，1）模型，实证结果显示，1978～2008 年陕西城镇化与产业结构耦合状态不断改善，但二者耦合发展尚处于较低水平，城镇化与产业结构在结构、功能、时间、速度上依然存在不同程度的失调现象。王娟等[4]构建综合评价指标体系，采用离差系数协调度模型和熵值赋权法，实证发现 2000～2012 年甘肃省城镇化与产业结构发展处于失调状态，应着重调整产业结构，大力发展第三产业，促进二者协调发展。张卫国等[5]构建综合评价指标体系，引入变异系数协调度模型，综合运用熵权法和变异系数法对指标赋权，实证显示，2005～2012 年重庆市包容性城镇化与产业结构发展水平、协调度及协调发展度不断提高，整体发展水平较低，协调度较高，协调发展度

---

① Reeitsu Kojima, "Introduction: Population Migration and Urbanization in Developing Countries", *The Developing Economies*, vol. 34, no. 4 (December1996), pp: 349 – 369.

② Wenping Zhao, Hui Wang, "The Research of the Coordinated Development of New Urbanization and Industrial Structure in Shandong Province", *Geographical Science Research*, vol. 8, no. 1 (February 2019), pp: 50 – 62.

③ 张晓棠、宋元梁、荆心：《基于模糊评价法的城市化与产业结构耦合研究——以陕西省为例》，载于《经济问题》2010 年第 1 期。

④ 王娟、王建平：《甘肃省城镇化与产业结构耦合的量化分析》，载于《科技管理研究》2015 年第 11 期。

⑤ 张卫国、黄晓兰、郑月龙、汪小钗：《包容性城镇化与产业结构的协调发展评价》，载于《经济与管理研究》2016 年第 2 期。

存在一定的空间差异。郑文立等①采用灰色关联模型和耦合协调度模型，实证显示，东部地区城镇化与产业结构演进的耦合程度呈现逐年上升的态势，但整体水平依然较低，仍处于轻度失调状态。

二、城镇化与第一产业协调关系

学术界也出现了一些学者采用各种评价方法测度分析区域城镇化与现代农业的协调状况。钱丽等②构建综合评价指标体系，采用耦合协调度模型，研究表明，1996~2010年中国"三化"耦合协调度差异不明显，仍处于初级协调状态，而农业现代化发展滞后是制约"三化"协调发展水平提升的主要因素。赵颖智③运用1991~2010年的数据，使用层次分析法（AHP）、主成分分析法和隶属函数协调度模型，测度中国城镇化和农业现代化之间的协调性。结果显示，城镇化系统与农业现代化系统之间的协调度呈现先下降后上升的趋势。赵颖文等④构建综合评价指标体系，实证结果显示，2000~2013年中国新型城镇化与农业现代化协同度正处于稳步提升的态势，但城镇化没有充分发挥对于农业现代化的影响力，新型城镇化发展滞后于农业现代化。

三、城镇化与第二产业协调关系

也有一些学者开始采用各种评价方法分析城镇化与工业化的协调状况。罗云等（Luo Y.）⑤利用1978~2017年历史数据，构建动态协调模型，分析了中国城市化与工业化之间的协调程度。实证结果显示，城市化与工业化协调度具有明显波动性，在大多数情况下，工业化领先于城市化，而随着经济

① 郑文立、黄俊宇：《东北地区新型城镇化与产业结构耦合效应研究》，载于《税务与经济》2019年第5期。

② 钱丽、陈忠卫、肖仁桥：《中国区域工业化、城镇化与农业现代化耦合协调度及其影响因素研究》，载于《经济问题探索》2012年第11期。

③ 赵颖智：《中国城镇化与农业现代化发展的协调度研究》，载于《宏观质量研究》2013年第3期。

④ 赵颖文、吕火明：《新型城镇化与农业现代化耦合机理及协调关系》，载于《首都经济贸易大学》2016年第3期。

⑤ Yun Luo, Pengcheng Xiang, Yiming Wang, "Investigate the Relationship between Urbanization and Industrialization using a Coordination Model: A Case Study of China", *Sustainability*, vol. 12, no. 3 (January 2020), pp: 916–932.

的快速发展，城市化和工业化正在逐步同步。李刚等[1]建立综合评价指标体系，尝试采用模糊隶属函数协调度模型，从纵向视角分析中国城镇化与工业化的协调发展情况，实证显示，1978～2010 年，中国工业化和城镇化发展协调程度虽然呈现出上升趋势，但是协调性总体上较低。杜传忠等[2]运用granger 模型和耦合协调度模型，对中国工业化与城镇化系统的耦合协调度进行实证分析，结果表明，工业化对城镇化发展的带动作用较明显，而城镇化对工业化的促进作用不明显；目前中国工业化与城镇化的协调水平总体偏低且存在明显的区域差异，东部沿海地区二者的协调水平相对较高，中西部地区的协调水平较低。

四、城镇化与第三产业协调关系

更多学者开始采用各种评价方法测度城镇化与第三产业中的某一产业的协调性状况。张勇等[3]采用熵值赋权法和耦合协调度模型，测度了城镇化与服务业的协调发展情况，研究发现，2000～2010 年中国各省城镇化与服务业集聚耦合互动状况整体不佳，二者仍处在磨合阶段，东部地区失衡现象更为突出；东中西部地区均表现为服务业集聚发展滞后。梁坤等[4]采用均方差赋权法和耦合协调度模型，实证表明，西南地区城镇化与旅游产业发展水平基本持平；城镇化与旅游产业发展综合指数及二者耦合协调程度均呈现上升趋势。俞思静等[5]构建综合评价指标体系，利用 2004～2013 年相关数据，采用主成分分析法对评价指标赋权，引入 PLS 通径模型和耦合协调度模型，实证表明，江浙沪地区 25 个市新型城镇化与金融产业之间的耦合协调度逐年升高，空间分布呈板块化结构。王臣英等[6]构建新型城镇化与区域物流评价指

① 李刚、魏佩瑶：《中国工业化与城镇化协调关系研究》，载于《经济问题探索》2013 年第 5 期。
② 杜传忠、刘英基、郑丽：《基于系统耦合视角的中国工业化与城镇化协调发展研究》，载于《江淮论坛》2013 年第 1 期。
③ 张勇、蒲勇健、陈立泰：《城镇化与服务业集聚——基于系统耦合互动的观点》，载于《中国工业经济》2013 年第 6 期。
④ 梁坤、杜靖川、吕宛青：《西南地区旅游产业与城镇化耦合协调度的时空特征分析》，载于《经济管理》2015 年第 12 期。
⑤ 俞思静、徐维祥：《金融产业集聚与新型城镇化耦合协调关系时空分异研究——以江浙沪为例》，载于《华东经济管理》2017 年第 2 期。
⑥ 王臣英、吴亚琳、耿潇潇：《河北省区域物流与新型城镇化的协调发展研究》，载于《金融经济》2019 年第 4 期。

标体系，利用熵值赋权法和耦合协调度模型，分析了新型城镇化与区域物流的协同发展，结果表明，2006～2017 年河北省新型城镇化与物流业的协调度不高。钱潇克等[1]利用 2015～2016 年数据，构建评价指标体系，引入变异系数赋权法和耦合协调度模型，实证显示，长三角城市的城镇化发展与电子商务产业具有协同发展关系。王文萱[2]采用熵权法和耦合协调度模型，测度了 2007～2016 年新型城镇化与房地产业协调发展情况，结果显示，湖南省主要由房地产发展滞后型向新型城镇化进程滞后转变，协调耦合度不断提高。

第四节　城镇化与产业结构演进评价方法

21 世纪之前，许多学者从定性视角分析了城镇化与产业结构演变的互动关系。从 21 世纪初开始，国内开始出现许多学者从定量研究的视角，选取一种或多种权重分析方法，通过构建实证测度模型，分析城镇化与产业结构演变协调关系，主要集中在以下五个方面。

一、国际标准结构评价模型

国内学者最早采用较为传统的标准结构比较或相关系数法，分析了城镇化与产业结构协调关系。龙爱华等[3]最先采用钱纳里国际标准比较法，分析了河西走廊城镇化发展与产业结构的协调状况，发现河西走廊城镇化滞后、产业结构低层次性是长期相互制约的结果。在其后的研究中也有一些学者沿用了这类研究方法，如安虎森等[4]采用此方法分析，发现中国城镇化水平并不滞后于工业化，但存在着城镇化过程中就业结构没有随着工业化而相应高

---

① 钱潇克、于乐荣：《长三角城市群新型城镇化与电子商务发展指数协同研究》，载于《统计与决策》2019 年第 14 期。

② 王文萱：《湖南省新型城镇化与房地产业协调性测度分析》，载于《工程管理学报》2019 年第 2 期。

③ 龙爱华、徐中民、程国栋：《河西走廊城市化与产业结构调整协调研究》，载于《中国软科学》2002 年第 7 期。

④ 安虎森、陈明：《工业化、城市化进程与我国城市化推进的路径选择》，载于《南开经济研究》2005 年第 1 期。

度化以及城镇化质量不高的问题。陈彦光①采用此方法分析，发现中国城镇化过程正处于诺瑟姆曲线的第二阶段，即城镇化水平快速上升阶段；产业结构演变也处于第二阶段，即第二产业主导的工业化快速发展阶段。在实际应用中，有些学者开始发现上述传统方法存在两个明显缺陷：一是钱纳里国际标准模型对中国的实际指导性并不强，中国的城镇化与产业变迁具有与其他国家不同的特征；二是采用单个指标的对比来简单评判城镇化与产业演变的协调性缺乏严谨性，城镇化发展与产业结构演变均为复杂性演变过程，需要从多视角评判其协调性。

二、变异系数协调评价模型

在上述研究基础上，王军生等②最早尝试实证分析方法，通过构建城镇化与产业结构演变综合评价指标体系，引入变异系数协调度模型，实证发现1978~2003年陕西省城镇化与产业结构协调发展的水平尚处于中低水平的结论。此后，许多学者沿用了此方法。陆远权等③采用离差系数协调度模型，实证发现三峡库区城镇化和产业结构的协调度演进总体上呈上升趋势，在不同时段显示出不同的阶段性特征。赵宏海④采用离差系数协调度模型，实证发现安徽省城镇化与农业现代化协调度变化曲线基本呈"S"形，这与世界各国的发展过程一致，但在空间分布上明显存在地区差异。

三、隶属函数协调评价模型

汪晓文等⑤采用隶属函数协调度模型，计量分析显示，进入21世纪以来，中国城镇化与农业现代化协调发展经历了"严重失调—初级失调—低度

---

① 陈彦光：《中国人口转变、城市化和产业结构演变的对应关系》，载于《地理研究》2010年第12期。

② 王军生、张晓棠、宋元梁：《城市化与产业结构协调发展水平研究——以陕西省为例的实证分析》，载于《经济管理》2005年第22期。

③ 陆远权、杨丹：《三峡库区城镇化与产业结构协调度测度研究》，载于《科技管理研究》2008年第7期。

④ 赵宏海：《安徽省城镇化与农业现代化协调发展研究》，安徽大学博士学位论文，2013年。

⑤ 汪晓文、杜欣：《中国城镇化与农业现代化协调发展的测度》，载于《统计与决策》2015年第8期。

协调—中度协调"的进程。郭爱君等[1]引入隶属函数协调度模型，研究发现，青海省新型城镇化与农业现代化协调发展经历了"低级水平—初级水平—中级水平"的蜕变，指出应采取健全城乡产业互动等措施促进新型城镇化与农业现代化的协调发展。

四、欧氏距离协调评价模型

李春生[2]运用距离协调度模型，从纵向和横向两个角度对中国及分省市城镇化与产业结构的协调度进行了测算和分析，得出全国的协调发展度逐渐提高、分省的协调发展度存在明显区域差异的结论。杨浩等[3]采用欧氏距离协调度模型和变异系数赋权法，构建城镇化与产业结构优化升级评价指标体系，实证发现京津冀城镇化与产业结构协调发展度总体呈平稳增长态势，京津冀三地的协同发展度排序为北京 > 天津 > 河北，且北京一直处于协调发展状态，北京的产业结构和城镇化水平的协同度和综合发展度始终处于较高水平；但从京津冀地区整体来看，其产业结构与城镇化协调发展度存在较大的地区差异。

五、系统耦合协调评价模型

更多学者尝试了采用耦合协调度模型分析城镇化与产业结构演进协调关系。宋雨沂（Song Y. Y.）等[4]利用 2010～2018 年的数据，构建新型的城镇化与产业结构评价指标体系，并运用熵权法和耦合协调模型，对中国皖南 6 个地级市新型城镇化与产业结构的耦合协调情况进行了研究。实证显示，皖南各城市的新型城市化发展水平优于产业结构发展水平，但存在地区差异；

---

[1] 郭爱君、陶银海：《新型城镇化与农业现代化协调发展的实证研究》，载于《西北大学学报》（哲学社会科学版）2016 年第 6 期。

[2] 李春生：《我国产业结构演进与城镇化协调发展研究》，首都经济贸易大学博士学位论文，2016 年。

[3] 杨浩、蒲海霞：《京津冀地区产业结构变化与城市化协调发展研究》，载于《城市发展研究》2018 年第 6 期。

[4] Yuyi Song，Zejiong Zhou，"Study on the Coordination Relationship between New – Type Urbanization and Industrial Structure in South Anhui"，*World Scientific Research Journal*，vol. 6，no. 6（June 2020），pp: 86 – 94.

新型城镇化与产业结构的耦合度较高，但协调度较低。梁雯等[①]采用熵值赋权法和耦合协调度模型，实证发现，2005～2016年长江经济带东部地区新型城镇化与物流业协调度为勉强协调，中部地区则由轻度失调变为濒临失调，西部地区则仍以轻度失调为主。刘淑茹等[②]利用熵值赋权法和耦合协调度模型，测度了2007～2016年中国新型城镇化与产业结构演进的整体协调性。结果表明，中国新型城镇化与产业结构演进均得到良好发展，产业结构演进的效用值增速小于新型城镇化效用值的增速；由新型城镇化滞后发展到产业结构演进滞后，协调状态由濒临失调发展到了优质协调；现阶段两者的协调性存在明显的空间差异。徐海峰[③]采用耦合协调度模型，通过对北京市2005～2016年时间序列数据的实证分析，发现新型城镇化与流通业、旅游业之间协调发展关系显著，新型城镇化与流通业、旅游业的发展水平均较高且协调一致时，有利于系统组合实现更高水平的协调等级。超磊等[④]采用耦合协调度模型，测度了城镇化与旅游业的协调发展情况，实证显示，中国省级新型城镇化与旅游业系统协调度基本呈现一致增高趋势，并且省级新型城镇化与旅游业系统处于高度协调的耦合阶段。

上述研究方法虽然在分析方法选择及综合评价指标体系构建上存在着差异和局限性，但是为城镇化发展与产业变迁的协调性分析提供了一定思路和启发。

纵观上述研究，国外学者从不同视角出发，比较全面而深入地研究了城镇化与产业结构演进的互动关系；国内学者则采用实证方法，重点研究了城镇化与产业结构演进的协调关系，均取得了一些有价值的成果。

最早研究城镇化与产业结构演进互动关系的是钱纳里、塞尔昆和库兹涅茨（Chenery H., Syrquin M. and Kuznets S.），他们开创了在国际间比较研究的国际标准结构。在此研究基础上，其他学者从影响两者互动发展的劳动力、技术进步、经济政策以及集聚经济等影响因素开展了深入的研究。由于西方

---

① 梁雯、孙红、刘宏伟：《中国新型城镇化与物流协同发展问题研究——以长江经济带为例》，载于《现代财经》2018年第8期。

② 刘淑茹、魏晓晓：《新时代新型城镇化与产业结构协调发展测度》，载于《湖南社会科学》2019年1月期。

③ 徐海峰：《新型城镇化与流通业、旅游业耦合协调发展——基于协同理论的实证研究》，载于《商业研究》2019年第2期。

④ 赵磊、潘婷婷、方成、林爽：《旅游业与新型城镇化——基于系统耦合协调视角》，载于《旅游学刊》2020年第1期。

发达国家在经济发展中比较顺利地实现了城镇化与产业结构演进的和谐互动和协调发展，因此，国外的研究更多是从微观视角研究了两者之间的互动关系，研究成果主要是理论上的互动关系原创研究和国际间的比较研究，较少涉及"协调发展"问题研究。

从国内研究看，关于城镇化与产业结构演进的相关研究明显晚于西方国家，但从 21 世纪初期开始发展较快，并取得了大量研究成果。国内研究呈现两个明显特点：一是在理论研究方面主要是借鉴或改进国外的模型或理论；二是在实践研究方面主要采用实证方法研究全国或区域存在的实际问题，并寻找解决现实问题的政策措施。目前在中国经济结构中仍然存在着较多的不均衡性问题，如何处理好这些不同结构的关系问题，加快推进经济和社会的协调发展，已经引起政府的高度重视，因此，新型城镇与产业结构演进的协调发展不仅反映了经济结构的问题，而且已成为具有中国特色的研究命题。

纵观上述文献梳理，尽管现有研究已经取得一定的研究基础，但仍然存在一些不足或有待深入研究之处：

第一，现有研究的机理分析不够深入。现有研究对影响新型城镇化与产业结构演进互动及协调的因素分析不全，对影响因素的分析多侧重对城镇化或产业结构演进单方面的影响，更缺乏实证检验。对机理分析停留在协调概念的表层，没有从系统论、协同论和可持续论视角对互动与协调的关系进行深入探讨，尤其对互动影响机制、互动作用路径等理论方面的探讨较少。

第二，现有研究对全国及省间问题研究不足。选择单个特定区域或特定产业研究的较多，缺少对新型城镇化与产业结构演进协调发展的全国层面纵向分析及区域差异比较横向分析。同时，现有研究在分析视角上存在一定局限，采用多维度、多视角立体分析新型城镇化与产业结构演进协调性的比较少。

第三，现有研究的评价指标体系构建创新不足。目前还没有一套统一的评价指标体系，对新型城镇化评价指标体系构建多侧重于传统城镇化内涵，对产业结构演进评价指标体系构建多采用传统的国际标准结构，不能全面客观地反映复杂系统协调发展程度的评价。

第四，现有研究的分析方法缺乏创新之处。现有研究多为简单直接利用主观或客观方法给指标赋权，缺乏针对复杂指标采用特殊组合赋权的深度分析。同时，现有研究多采用一种常用的评价模型评价系统间的协调关系，缺乏在评价模型构建与应用方面的创新。

鉴于现有研究存在的不足，本书拟重点开展以下几个方面的探索：

第一，基于"和谐互动"带来"协调发展"的观点，拟从互动关系与协调关系两个层面构建理论模型并进行实证分析。第二，基于协调发展理论框架，拟深度分析新型城镇化与产业结构演进存在双向互动发展的影响因素、实现机理及实现路径。第三，鉴于现有研究评价指标体系构建之不足，拟选择能够全面客观地反映新型城镇化与产业结构演进协调发展内涵的变量，构建一套全面性、系统性、可测性较强的综合评价指标体系。第四，鉴于现有研究对评价指标赋权方法之不足，拟选取多种主客观赋权方法对评价指标进行综合赋权。第五，鉴于现有研究评价模型构建与应用方面之不足，尝试构建多种协调评价模型测度新型城镇化与产业结构演进系统内部及系统间协调状况。第六，鉴于现有研究分析视角之不足，拟从多维度、多视角深度分析新型城镇化与产业结构演进的协调性。同时查找存在的问题及影响因素，并针对性地提出对策建议。以上构成了本书研究的逻辑起点和基本思路。

第五节　本章小结

本章旨在对国内外现有研究进行梳理检视，文献分析发现，国外研究主要是从微观层面研究新型城镇化与产业结构演进的互动关系，研究成果主要表现为理论上的原创研究和国际间的比较研究，较少涉及"协调发展"问题研究。国内研究呈现两个明显特点：一是在理论研究上主要是借鉴或改进国外已有的理论模型；二是研究的重点主要是对全国或区域存在的实际问题进行实证分析。针对现有研究存在的一些不足之处，本书拟通过探索进行改进，并形成了研究的逻辑起点和基本思路。

第三章

相关理论透视

探索并测度新型城镇化与产业结构演进协调发展的规律，必须依靠科学理论的指导，本章为相关理论基础，第一节梳理总结了新型城镇化相关理论；第二节梳理总结了产业结构演进相关理论；第三节梳理总结了协调发展相关理论。形成了支撑本书研究的理论基础。

第一节 新型城镇化相关理论

城镇化作为经济发展中的一个重大结构性转变，与产业结构的演变存在紧密关系，极大地推动了人类经济和社会的发展。国内外许多学者对城镇化进行了广泛的研究，从不同视角探索了城镇化进程的规律，并且取得了一些重要理论成果。

一、区域经济增长理论

（一）城市化发展规律

美国城市经济学家诺瑟姆（Northam）[1] 研究了许多国家城市人口占总人口比重的变化特征，最早提出了城市化发展过程呈现"S"型曲线的观点，即"诺瑟姆曲线"，揭示了城市化进程中存在的阶段性发展规律。他将城市化过程分成三个阶段：第一阶段为初期阶段（也称起步阶段），城市人口比重达到10%以上，城市化水平较低，发展速度较慢，农业在产业结构中占据

---

[1] Northam Ray M. , *Urban Geography*, New York：John Wiley and Sons, 1979, p：54.

主导地位；第二阶段为中期阶段（也称加速阶段），城市人口比重达到30%以上，农村大量人口迅速向城市聚集，城市化加速发展，工业在产业结构中占据主导地位；第三阶段为后期阶段（也称成熟阶段），城市人口比重达到70%以上，城市化水平比较高，城市人口比重的增长趋缓甚至停滞，第三产业在国民经济中占据主导地位（见图3－1）。

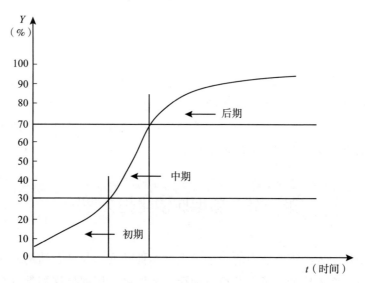

图3－1　城市化发展的诺瑟姆曲线

（二）集聚经济理论

集聚是影响城市化发展最重要的经济规律，是城市表现在空间上的重要特征。英国经济学家马歇尔（Marshall，1890）最早研究了集聚经济，他认为城市之所以能够在经济增长中发挥作用关键在于城市具有集聚经济效应功能，集聚经济效应带来的效益主要来源于三个方面：知识外溢的效益、辅助行业发展的效益、广阔的专业技能市场效益。德国经济学家 A. 韦伯（Alfred Weber，1909）在其出版的《工业区位论》著作中阐述了城市人口与产业的集聚机制，认为生产要素在空间的合理集聚可使企业获得生产和交易成本节省的好处。贝蒂·俄林（Ohlin Bertil）[1] 研究了集聚经济对城市化的作用，并将集

---

[1]　Ohlin Bertil G. , *Interregional and International Trade*, Harvard University Press, 1933, pp: 530 – 536.

聚经济划分为四种类型：企业内部规模经济；地方化经济；城市化经济；产业间关联经济。在此之后，还有许多学者对集聚经济进行了广泛研究，形成了对集聚经济效应较为系统的共识。

集聚经济效应是指劳动力、资本、技术等资源要素的空间集聚所带来的企业生产运营成本降低和经济效益的提升。集聚经济效应存在适度的空间范围，当集聚水平适度时，则会出现正的外部性，即集聚的正能量，使集聚产生经济现象；反之，当集聚水平不适度，则会出现负的外部性，即集聚的负能量，使集聚产生不经济现象。企业的集聚经济通常有两种类型：一是同类企业的集聚经济；二是非同类企业的集聚经济。同类企业的同一区域集聚，有利于降低顾客的采购成本，并使顾客产生超出原有消费目的的"引致消费"，扩大额外交易规模；同类厂商的集聚还有利于开展良性竞争，提高行业的整体效益。非同类企业的集聚，既有利于促进企业之间开展合作，形成各种区域产业链，引发一系列正外部性经济效应；同时也有利于满足消费者对各类商品或服务的多样化需求，增强对消费者的吸引力，开拓更多的产品消费市场，加强企业与消费者之间的联系。

城市化过程也是农村人口逐步向城市的转移集聚过程，大量人口的集聚必将增加对相应商品和服务的需求，进而引起相应的配套公共产品和公共服务的集聚，引发新的消费需求和投资需求。同时，城市化的过程也会带来资本、技术等资源要素向城市集聚，推动企业生产技术含量高、附加值高的新产品，为产业结构升级提供新动能。

（三）增长极理论

增长极理论是建立在经济的空间效应基础上，反映了劳动力、资本和资源要素在区域与城乡发展中的空间转移效应和规律。

法国经济学家弗朗索瓦·佩鲁（Perroux F.）[①] 先后在《经济空间：理论的应用》（1950）、《论增长极的概念》（1955）等著作中提出了以增长极为标志的非平衡发展理论。佩鲁认为，在经济增长过程中，某些主导部门或有创新能力的企业或行业在集聚经济效应的作用下会向某一些区域聚集，从而形成一种技术、资本、要素高度集中，具有明显规模经济效益，自身增长速

---

① Perroux F., "A note on the notion of growth pole", *Applied Economy*, vol. 1, no. 2 （April 1955）, pp: 307 – 320.

度较快并能对周边区域产生强大辐射作用的增长极，通过具有增长极的地区优先增长，可以带动周边地区的共同发展。增长极是区域经济的活动中心，既具有生产加工职能也具有商贸物流、金融服务、技术研发、信息服务、咨询决策等各种服务职能，就像一个磁场能够产生吸引和辐射作用。因此，佩鲁认为经济增长具有非均衡发展的极化效应。

美国经济学家赫希曼（Hirschman）[1] 进一步发展了佩鲁的理论，提出了与其观点相近的"涓滴效应理论"，他认为增长极必然会同时引发"涓滴效应"与"极化效应"，从长期看，涓滴效应具有缩小区域或城乡差距的有效作用。

（四）梯度推移理论

20 世纪下半叶以来，区域经济学家克鲁默（Krumme. G）、海特（Hayor. R）[2]、雷蒙德·弗农（Vernon R.）[3] 等以工业生产生命周期理论为依据，提出了区域经济发展梯度推移理论。该理论指出，经济的发展趋势将是由发达地区向次发达地区，再向落后地区的推进。根据产业等级化的时空序列将区域分为低级、中级和高级产业区，通过高级产业区的试验作用和示范效应，将新技术、新产品扩散到低级产业区，从而带动整个区域的发展。梯度推移理论主要包括以下几个方面：第一，区域经济的兴衰主要取决于它的产业结构，而产业结构的优劣取决于地区经济部门，特别是主导专业化部门在工业生产生命周期中所处的发展阶段。第二，创新活动是决定区域发展梯度层次的决定性因素。技术创新及管理创新等一系列创新是保持一个地区竞争优势的关键。第三，梯度推移主要是通过多层次城市系统传递的。创新在空间上的扩散主要有两种形式：局部范围的扩散、大范围扩散。

（五）循环积累因果理论

瑞典经济学家缪尔达尔（Myrdal G.，1957）[4] 在《经济理论和不发达地

---

① Hirschman A. O. , "The strategy of economic development", *Economic*, vol. 27, no. 105 （February 1960）, pp: 80 – 82.

② Krumme G. and Hayter R. , *Implications of Corporate Strategies and Product Cycle Adjustments for Regional Employment Changes*, New York: John Wiley and Sons, 1975, pp: 325 – 356.

③ Raymond Vernon, "International Investment and International Trade in the Product Cycle", *The Quarterly Journal of Economics*, vol. 80, no. 2 （May 1966）, pp: 190 – 207.

④ Myrdal G. , *Economic Theory and Under developed Regions*, London: Duck worth, 1957, pp: 278 – 280.

区》一书中首次提出了循环累积因果理论。缪尔达尔认为，社会经济发展过程是一个动态的、各种因素相互作用、互为因果、循环累积的非均衡发展过程。任何一个因素的变化都会引起其他因素发生相应变化，后一因素的变化，反过来又加强了前一个因素的变化，并导致社会经济过程沿着最初那个因素变化的方向发展，从而形成累积性的循环发展趋势。市场力量的作用一般趋向于强化而不是弱化区域间的不平衡，即如果某一地区由于初始的优势而比别的地区发展得快一些，那么它凭借已有优势，在以后的日子里会发展得更快一些。在经循环累积过程中，这种累积效应有两种相反的效应，即回流效应和扩散效应。前者指落后地区的资金、劳动力向发达地区流动，导致落后地区要素不足，发展更慢；后者指发达地区的资金和劳动力向落后地区流动，促进落后地区的发展。总之，循环累积因果论认为，经济发展过程首先是从一些较好的地区开始，一旦这些区域由于初始发展优势而比其他区域超前发展时，这些区域就通过累积因果过程，不断积累有利因素继续超前发展，导致增长区域和滞后区域之间发生空间相互作用。

缪尔达尔用循环累积因果关系解释了"地理上二元经济"的消除问题，他认为，循环累积因果关系将对地区经济发展产生两种效应：一是回波效应，即劳动力、资金、技术等生产要素受收益差异的影响，由落后地区向发达地区流动。回波效应将导致地区间发展差距的进一步扩大。二是扩散效应，由于回波效应的作用并不是无节制的，地区间发展差距的扩大也是有限度的，当发达地区发展到一定程度后，由于人口稠密、交通拥挤、污染严重、资本过剩、自然资源相对不足等原因，生产成本上升，外部经济效益逐渐变小，从而减弱了经济增长的势头。这时，发达地区生产规模的进一步扩大将变得不经济，资本、劳动力、技术自然而然地向落后地区扩散，缪尔达尔把这一过程称为扩散效应。扩散效应有助于落后地区的发展。同时，发达地区经济增长的减速会使社会增加对不发达地区产品的需求，从而刺激这些地区经济的发展，进而导致落后地区与发达地区发展差距的缩小。

在缪尔达尔之后，英国经济学家尼古拉斯·卡尔多（Nicholas Kaldor，1962）[①] 又进一步发展了循环累积因果理论。卡尔多提出了效率工资概念，并用以解释循环累积效应的形成。卡尔多指出，各地区的效率工资，即货币

---

① Nicholas Kaldor, James A. Mirrlees, "A New Model of Economic Growth", *The Review of Economic Studies*, Vol. 29, no. 3. （June 1962）, pp: 174 - 192.

工资与生产率比值的大小，决定了各地区的经济增长趋势。效率工资低的地区，经济增长率高；效率工资高的地区，经济增长率低。从理论上来讲，一国之内各地区的效率工资应该相同。但在繁荣地区，由于经济聚集引致规模报酬递增，生产率较高，降低了效率工资，因而经济增长率高。经济增长率的提高，又提高了生产率，进而又降低了效率工资，反过来又使经济增长率提高。如此循环累积，繁荣地区将更加繁荣，落后地区更加落后。

二、城乡一体化理论

（一）马克思城乡关系理论

马克思、恩格斯[①]认为，农业是社会分工、其他经济部门独立及城市经济发展的基础，城乡关系的产生是由于农业和工业分工造成的；城市的发展加剧了城乡之间的对立，一切发达的、以商品交换为媒介的分工都以城乡分离为基础；工业与城市经济的发展及其带来的规模经济效益和聚集经济效益对农村和农业的拉动作用促进了城乡融合。马克思的城乡关系理论主要从生产力和生产关系角度剖析城乡关系从分离、对立到融合的发展规律。

城乡分离：马克思、恩格斯认为，城市和乡村都是一定历史的产物，社会分工则是导致城市和乡村出现并彼此分离的基本动因和历史前提。最初，农业劳动和工业劳动不是分开的，后者包含在前者中，而后，随着生产力的发展，首先出现工商业劳动和农业劳动的分离，并形成各自独立的形态。物质劳动和精神劳动的最大一次分工，就是城市和乡村的分离，一切发达的、以商品交换为媒介的分工的基础，都是城乡的分离。可以说，社会的全部经济史，都可以概括为这种对立的运动。

城乡对立：马克思、恩格斯还认为城乡对立是城乡分离过程中不同劳动分工和生产关系之间的矛盾状态。某一民族内部的分工，首先引起工商业劳动和农业劳动的分离，从而也引起城乡的分离和城乡利益的对立。城乡对立的根源在于生产力有所发展但又发展不足，乡村农业人口的分散和大城市工业人口的集中，仅仅适应于工农业发展水平还不够高的阶段。城乡对立在私有制和资本主义条件下得到进一步发展，资本主义社会不仅不能消除这种对

---

① 向春玲等：《中国特色城镇化重大理论与实现问题研究》，中共中央党校出版社 2015 年版。

立，反而不得不使它日益尖锐化。

城乡融合：马克思、恩格斯认为，城乡的分离对立不是永恒的，随着社会生产力的发展，城乡关系会在更高的层次上实现融合。"消灭了城乡之间的对立，从事农业和工业劳动的人将是同样的人，而不再是两个不同的阶级。"在如何消除城乡对立、实现城乡关系协调发展的问题上，马克思、恩格斯也给予了一些有益的启迪，诸如重视城市的集聚扩散功能，充分发挥城市在城乡协调发展中的作用。城市聚集着社会的历史动力，城市的繁荣也把农业从中世纪的简陋状态下解脱出来。再如合理布局城乡生产力和产业结构，促使农村剩余劳动力自由合理地向城市和工业转移。只有使工业生产和农业生产发生密切的内部联系，才能使农村人口从其数千年来几乎一成不变地栖息在里面的那种孤立和愚昧的状态中挣脱出来。

（二）二元结构理论

二元结构理论认为城市化是城乡结构二元化向城乡一体化发展的转换过程，其主要代表人物有刘易斯、托达罗等。

美国发展经济学家刘易斯（Lewis）[①] 在《劳动无限供给条件下的经济发展》一文中首次提出了二元结构理论。刘易斯认为，经济发展的过程是农村剩余劳动力不断地由传统农业部门向现代城市工业部门转移的过程。发展中国家并存着农村以传统生产方式为主的农业部门和城市以制造业为主的现代工业部门，由于传统农业部门的劳动边际生产率为零或负数，处于隐性失业状态的劳动者在工资水平最低的环境中进行无限劳动，而城市工业部门的劳动边际生产率高于农业部门，劳动者工资水平也远高于农业部门，这诱使着农业剩余人口源源不断地向城市工业部门转移，从而形成一个良性运行过程，促使二元结构逐步消减。

美国经济学家托达罗（Todaro）[②] 提出了著名的二元结构模型，他认为经济增长将会促进产业结构调整，人口从农业产业向制造产业和服务产业转移，会促进城市发展。农村劳动力向城市转移的决策取决于城乡预期收益的差异，

---

① Lewis W. A. , "Economic Development with Unlimited Supplies of Labor", *The Manchester School*, vol. 22, no. 2（May 1954），pp：139 – 191.

② Todaro M. P. , "A Model of Labor Migration and Urban Unemployment in Less Developed Countries", *The American Economic Review*, vol. 59, no. 1（1969），pp：138 – 148.

而非实际收益差异。只有当农村劳动力估计他们在城市部门劳动的预期收益高于其在农业部门的实际收益时，劳动力才会迁往城市，否则，将会继续留在农村。因此，托达罗认为影响劳动力流动的决定因素不是实际收益而是以实际收益乘以就业概率的预期收益。

三、空间经济演化理论

（一）中心—外围理论

阿根廷经济学家劳尔·普雷维什（Prebisch，1949）[①] 在向联合国拉丁美洲和加勒比经济委员会《简称拉美经委会》递交的《拉丁美洲的经济发展及其主要问题》报告中，首次提出了"中心—外围"理论模式。普雷维什将资本主义世界划分成两个部分：一个是生产结构同质性和多样化的"中心"；一个是生产结构异质性和专业化的"外围"。前者主要是由西方发达国家构成的"大工业中心"，后者则为由广大发展中国家构成的为大工业中心生产粮食和原材料，而处于辅助地位的"经济外围"。在这种"中心—外围"的关系中，由于两者之间的结构性差异并不说明它们是彼此独立存在的体系，恰恰相反，它们是作为相互联系、互为条件的两极存在的，构成了一个统一的、动态的世界经济体系。

（二）核心—边缘理论

美国区域发展和区域规划学家弗里德曼（Friedman，1966）[②] 借鉴普雷维什、熊彼特等学者的思想，根据对委内瑞拉区域发展演变研究，在其出版的《区域发展政策》专著中正式提出并系统阐述了"核心—边缘理论"。该理论解释了一个区域如何由互相并不关联、孤立发展，再变成彼此相互联系、发展不平衡，最后又由极不平衡发展变为相互关联的、平衡发展的区域系统。该理论是一种解释经济空间结构演变模式的理论。该理论阐述了核心和边缘

---

① Prebisch R. , *Economic Development in Latin America and Its Main Problems*, United Nations publications, 1950, pp: 1 – 59.

② Friedman J. R. , "Regional Development policy: a Case Study of Venezuela", *Urban Studies*, vol. 4, no. 3 (November 1966), pp: 309 – 311.

地区的形成和演进过程，在工业化发展进程中，城市化开始出现具有明显区位优势的地区率先发展，逐渐成为工业比较发达、技术水平较高、资本和人口相对集中、经济发展速度较快的城市或城市聚集区，而其周围则衍生出经济发展比较缓慢的边缘地区。边缘地区的资源要素向核心区域集聚，核心区域的范围也随着发展的需要不断向边缘扩展。核心区与边缘区共同组成完整的空间系统，其中核心区在空间系统中居于支配地位。这一阶段呈现出明显的二元结构。当经济持续增长，核心地区在扩展的过程中会衍生出其他次核心，次核心通过不断发展与其他核心地区趋于平衡，区域城乡一体化开始出现。核心区域与边缘区域内部建立联系，各自发挥其优势，共生共荣，推动区域协调发展。

在核心—边缘理论基础上，马丁和罗杰斯（Martin P. and Rogers C. A.）[1]提出了资本空间流动模型，福斯利德和奥塔维亚诺（Forslid R. and Ottaviano G. I. P.）[2]提出了劳动力空间流动模型，从而形成了比较完善的经济要素空间流动理论。该理论指出经济要素会形成一种动态的向预期收益或实际收益较高的地区流动的变化趋势，如果一个区域能够以较高的预期收益或实际收益不断使要素集聚，而且要素流入能够继续强化此优势，则集聚效应将会持续发挥，但是当要素流入一旦将此优势削弱，则会出现经济要素的空间扩散效应。该理论采用既有城市的市场潜力函数解释了城市体系的形成，指出随着城市周围农业人口在空间上不断变化增长，某些产业在既有城市集聚到一定程度后扩散到城市边界以外的农业区的某些新区，这些新区位开始新产业集聚并逐步成长为新城市。

（三）流空间理论

西班牙由社会学家曼纽尔·卡斯特（Castells，1992）[3]在普林斯顿大学召开的"新城市主义"会议上提交的论文（The Space of Flows：A Theory of Space in the Informational society）中最早提出了流空间（space of flows）的概

---

[1] Martin P. , Rogers C. A. , "Industrial Location and Public Infrastructure", *Journal of International Economics*, vol. 39, no. 3 (June 1995), pp: 335 – 351.

[2] Rikard Forslid, Gianmarco I. P. Ottaviano, "Trade and agglomeration: An analytically solvable case", *Economica*, vol. 67, no. 267 (August 1999), pp: 2 – 8.

[3] Castells M. , *The Informational City: Information Technology, Economic Restructuring and the Urbanregional Progress*, Oxford U K & Cambridge USA: Blackwell, 1989.

念，指出"流空间"是通过流来共享时间的社会实践的物质基础，随着信息和通信技术的发展，人们交换、处理信息的效率大大提高，经济社会活动不完全受限于距离，时空观念也正逐渐从传统意义上的场所空间（space of place）向流空间转变，土地、资本、人口等要素在全球信息网络中将突破地域空间限制，实现实时并置。卡斯特并在其出版的《信息化社会》《网络社会的崛起》中进一步阐释了"流空间理论"，成为信息时代空间理论的典范。随后，泰勒和德鲁德（Taylor P. J. and Derudder B.）[①]、梅杰尔斯（Meijers E.）[②]都将流空间理论作为区域空间研究的重要范式。相较传统的"场所空间"，"流空间"不局限于实体场所，且具有显著的动态性和网络化特征，可为城乡要素流动机制的研究提供逻辑支撑。

（四）大都市带理论

法国地理学家戈特曼（Gottman J.，1957）[③]研究了北美城市化空间模式，提出了"城市群（带）"（megalopolis）概念。目前已在全世界被广泛运用，并被作为衡量一个国家或地区经济社会发展水平的重要标志。所谓城市群（带）就是指在一定地理或行政区域内，由 1~2 个大城市或特大城市为核心，辐射并带动周边一定范围内的一批中小城市，使其成为在世界范围内有一定影响力、竞争力的区域城市群或城市带。戈特曼认为，具备特定条件地区的沿着特定轴线发展的巨大多核心城市系统，它由存在着各种形式的密切交互作用、空间形态相连的多个异质子系统（都市区）构成。各个子系统之间在人口、交通、信息、资金、物质和文化活动等方面以"流"的形式表现出来的高度交互作用，使这一巨大系统在自然景观和社会活动功能的许多方面表现出与周围地区显著的差异。戈特曼认为，大都市带是城市化进程在工业社会和后工业化社会的必然表现形式。发生在区域内的人口、财富、智力及各种交易活动的高度聚集引起了各种要素的相互交织，由此引发的孵化器功能反过来又对区域的人口分布、居住区模式、土地利用、劳动形式及城

①　Taylor P. J.，Derudder B. "World city network：A global urban analysis"，*International Social Science Journal*，2007，31（4）：641–642.

②　Meijers E. "From central place to network model：Theory and evidence of a paradigm change"，*Tijdschrift Voor Economische En Sociale Geografie*，2010，98（2）：245–259.

③　Gottman J.，"Megalopolis or the Urbanization of the Northeastern Seaboard"，*Economic Geography*，vol. 33，no. 3（July 1957），pp：189–200.

市生活方式等重要社会经济活动的发展趋势产生重大影响，从而成为除了区位和历史条件以外，影响大都市带形成的重要基础条件。

第二节 产业结构演进相关理论

产业结构演变与经济增长存在密切联系，许多经济学家在研究经济增长中的问题时研究了产业结构变动的规律，而且取得了比较丰富的成果。

一、配第—克拉克定理

英国经济学家威廉·配第（Petty W.，1672）[1] 最早发现了经济增长中的产业结构变动规律，配第在《政治算术》中根据比较利益的原则，指出制造业的收益比农业多，而商业的收益又比制造业多。在配第研究的基础上，根据费希尔（Fisher）[2] 提出的三次产业分类法，英国经济学家科林·克拉克（Clark C.）[3] 提出了配第—克拉克定理，他发现随着人均 GNP 的增长，将会出现劳动力从第一产业向第二产业再向第三产业转移的现象；伴随着经济发展，第一产业就业人员所占比重将会逐渐下降，第二、三产业就业人员所占比重则会不断上升。而且劳动力通过在不同产业间转移，将会出现在空间上的比较分散到相对集中，实现由农村向城市的转移聚集，这实质上是城市化的过程。

克拉克指出，劳动力之所以在不同产业之间转移和变动，其原因是经济发展过程中各种产业间存在收入差异，这正好印证了配第的观点。因此，学术界将他们的观点合称为配第—克拉克定理。该定理首次将劳动力比重作为分析产业结构的指标，同时阐明了劳动力结构在产业结构变动中的分布演变规律。

---

① Petty W. , *Political Arithmetic*, London：Robert Clavel and Hen. Mortlock, 1690, pp：650 – 661.

② Fisher A. G. B, "The Significance of Stable Prices in a Progressive Economy", *The Economic Record*, vol. 10, no. 2（March 1936）, pp：49 – 64.

③ Clark C. , *The conditions of Economic Progress*, London Macmillan, 1940.

二、霍夫曼定理

德国经济学家霍夫曼（Hoffmann W. G.）[①] 最早研究了工业化尤其是重工业化问题，他将消费资料工业增加值同资本资料工业增加值的比值称为霍夫曼比例，并根据这一比例，将工业化发展的过程划分为四个阶段（见表 3 - 1），并提出了工业化进程由轻工业为主导逐渐向重工业为主导的演化规律。他认为，在工业化的过程中，工业不同性质部门之间的发展趋势并不相同，消费品工业在整个工业产值中的比重趋于下降，资本品工业所占比重则稳步上升，消费资料工业的净产值和资本资料工业的净产值之比的霍夫曼系数是不断下降的。霍夫曼定理揭示了工业化进程中工业内部结构的演变规律，但是霍夫曼将工业只分为消费资料工业和资本资料工业两种类型是不够完善的，只根据工业内部比例变化来划分工业化的发展阶段也存在着一定片面性。

表 3 - 1　　　　　　　　　　　霍夫曼的工业化阶段划分

工业发展阶段	霍夫曼比例	产业结构特征
1	5（±1.0）	消费资料工业占主要地位
2	2.5（±1.0）	资本资料工业快于消费资料工业
3	1（±0.5）	两大部门基本持平
4	1 以下	资本资料工业占主要地位

三、库兹涅茨法则

美国经济学家西蒙·库兹涅茨（Kuznets S.）[②] 最早提出了比较劳动生产率概念，并利用这一概念探讨了产业结构演进规律。他从三次产业在国民生产总值中的比重变化视角，研究了产业结构伴随着人均国民生产总值变化而变化的规律。他指出，随着一国经济的持续增长和发展，第一产业产值的相对比重和劳动力相对比重会逐渐下降，其在国民经济中的地位会逐渐下降；

---

① Hoffmann W. G., *Stage and Type of Industrialization*, Blackwell Publishers Ltd, 1931, P: 88.

② Kuznets Simon, "Modern Economic Growth: Findings and reflections", *The American Economic Review*, vol. 63, no. 3 (June 1973), pp: 247 – 258.

第二产业产值相对比重会快速上升，而劳动力相对比重不变或略上升，在国民经济中会逐渐占据主导地位；第三产业会逐渐成为产业结构中规模最大的产业，最终取代第二产业的主导地位，并成为劳动力就业的主要产业，但其创造产值的能力低于吸纳劳动力的能力（见表3-2）。

表3-2　　　　　　　　　库兹涅茨产值结构及就业结构标准结构

标准模式	人均GDP（美元）	产值结构（%）			就业结构（%）		
		第一产业	第二产业	第三产业	第一产业	第二产业	第三产业
1958年	70	48.4	20.6	31	80.3	9.2	10.5
	150	36.8	26.3	36.9	63.7	17.0	19.3
	300	26.4	33.0	40.6	46.0	26.9	27.1
	500	18.7	40.9	40.4	31.4	36.2	32.4
	1 000	11.7	48.4	39.9	17.7	45.3	37.0

四、钱纳里标准结构理论

钱纳里、艾金通和西姆斯（Chenery，Elkington and Sims）[1] 在克拉克和库兹涅茨研究的基础上，通过分析多个国家的经济数据，提出了多国产业结构的标准形式。钱纳里等的"标准形式"同样采用了产值结构和就业结构指标来衡量产业结构变化，但同库茨涅茨的标准划分相比显得更加详细和更加全面。

钱纳里和赛尔奎因（Chenery H. and Syrquin M.）[2] 在合作出版的《工业化与经济增长的比较研究》著作中进一步提出了产业结构的变动规律。他们指出，在工业化初期，劳动密集型轻工业特别是纺织、食品工业在产业结构中处于主导地位；进入工业化中期，资本密集型的原材料重化工业则占主导地位，国民经济呈现加速趋势；进入工业化后期，技术密集型的加工工业则

---

① Chenery H., Elkington H., "Sims C., A Uniform Analysis of Development Pattern", *Harvard University Center for International Affairs. Economic Development Report. Cambridge Mass*, 1970, pp: 148 - 165.

② Chenery H. Robinson, S. and Syrquin, *Industrialization and Growth：A Comparative Study*, Oxford：Oxford University Press, 1986, pp：360 - 366.

占主导地位，国民经济呈现快速增长趋势；进入后工业化时期，经济增长则会逐渐回落（见表 3 - 3）。

表 3 - 3　　钱纳里、艾金通、西姆斯产值结构及就业结构国际标准结构

标准模式	人均 GDP（美元）	产值结构（%）			就业结构（%）		
		第一产业	第二产业	第三产业	第一产业	第二产业	第三产业
1964 年	100	46.3	13.5	40.1	68.1	9.6	22.3
	200	36.0	19.6	44.4	58.7	16.6	24.7
	300	30.4	23.1	46.5	49.9	20.5	29.6
	400	26.7	25.5	47.8	43.6	23.4	33.0
	600	21.8	29.0	49.2	34.6	27.6	37.6
	1 000	18.6	31.4	50.0	28.6	30.7	40.7
	2 000	16.3	33.2	49.5	23.7	33.2	43.1
	3 000	9.8	38.9	48.7	8.3	40.1	51.6

第三节　协调发展相关理论

协调发展理论中最核心的理论是系统论和协同论，它们揭示并阐释了系统内部与系统之间协调发展的必然规律，对于实现新型城镇化与产业结构演进协调发展具有重要的启示。

一、系统理论

美籍奥地利理论生物学家贝塔朗菲（Bertalanffy L. V.，1937）创立了系统理论（system theory），1968 年贝塔朗菲在《一般系统理论基础、发展和应用》著作中阐述了一般系统论原理。贝塔朗菲认为，系统是由各子系统或要素按照一定规律组成的具有特殊功能的有机整体。系统论的思想主要包括以下几个方面：

（1）整体性与相关性。整体性是指系统由相互依赖的若干子系统或要素组成的有机关联的综合体，而不是各子系统或要素的简单加和，表现出整体功能大于各部分功能之和。相关性是指系统与其子系统之间、系统内部各子系统之间、系统与环境之间存在着相互影响、相互作用的关系，影响决定系统的性质和形态。

（2）自组织性和目的性。自组织性是指系统在开放条件下因受内外两方面因素的复杂非线性相互作用，使得内部因素偏离稳态产生的影响可能被放大，从而在系统中产生更大范围的更强烈相关性，使系统产生自发组织，从无序向有序、从低级有序向高级有序演变。目的性指系统在与环境相互作用的组织体系中，在一定范围内，其发展变化不受或少受经验条件的影响，坚持表现出趋向预先确定的状态的特性。

（3）动态性与有序性。动态性是指任何系统都处于不断发展变化之中，系统状态是时间的函数，系统的动态性取决于系统的相关性。有序性是指系统结构与功能的动态演变具有较为明确的方向性，包括结构的有序性和发展的有序性。系统的有序度随着条件的变化而变化，发生由低级到高级，从无序到有序的演变。若结构合理，则系统有序程度高，且有利于子系统整体功效发挥和系统有序发展，反之，则恰好相反。系统结构的有序性体现的是系统的空间有序性，系统发展的有序性体现的是系统的时间有序性，两者共同决定了系统的时空有序性。

系统论为研究新型城镇化与产业结构演进协调发展提供了坚实的理论基础，尤其是在概念的界定、影响机理与影响因素的探索及指标设计的过程中，系统理论将提供有力的指导。

二、协同理论

协同理论（Synergetics）亦称为"协同学"或"协和学"，它是由德国物理学家哈肯（Haken H.，1971）最先提出的，1976 年哈肯在《协同学导论》著作中阐述了协同学的原理。他认为，千差万别的系统，无论是自然系统还是社会系统，尽管其属性可能存在差异，但是都处于一个整体的环境中，而且各个系统之间存在着相互影响而又相互促进的关系。协同论的主要思想包括以下三个方面。

（1）协同效应。协同效应是指复杂开放系统中大量子系统由于处于不同层次等级的系统中，会在内在联系基础上发生相互作用而产生整体效应或集体效应。这种协同效应是系统形成有序结构的内驱力，能够使系统在一定条件下发生质变，实现从无序状态向有序状态的演变。

（2）伺服原理。在系统的不同部分和要素中，发展速度存在着快慢的差异，重要程度也有大小之分。伺服原理是指在系统的变化发展中，快变量的发展速度要服从慢变量，对系统整体起主要作用的少数序参量会支配着系统的动力与结构，因此必须重视序参量和慢变量在系统变化发展中的作用。

（3）自组织原理。自组织是指系统在没有外部指令的条件下，其内部各子系统之间能够按照某种规则自动形成具有一定内在性、自生性特点的结构或功能。自组织原理解释了系统在一定的外部信息流、物质流和能量流输入的条件下，通过内部各子系统之间的协同作用而形成新的时间、空间或功能的有序结构。

新型城镇化与产业结构演进是经济系统中的两个子系统，且都是构成因素较多、结构较复杂的大系统。要实现二者的协调发展，则应该在协同论的指导下，正确处理两系统中各个要素间的关系，充分发挥系统之间的协同效应和自组织效应，实现二者的和谐互动与协调发展。

三、增长极限理论

美国学者丹尼斯·米都斯（Dennis L. Meadows）在 1972 年主持了罗马俱乐部关于人类境况的研究报告，应用福雷斯特尔的"体系动态学"分析了经济增长极限问题，并出版了《增长的极限》一书，建立了所谓"增长极限"的世界模型，第一次详实地表述了经济增长极限理论，这种理论亦称为"零增长理论"。

增长极限论是关于战后资本主义经济增长的代价的一种理论，该理论从经济增长引起人类生活的自然环境的变化的角度出发而得出了极其悲观的结论：资本主义的经济增长已经把世界推向毁灭的边缘，人类社会的经济增长已经到了极限，今后即使想按照同以往一样的速度增长，也是不可能的事情。如果人类社会继续这样增长下去，用不了多久，地球就会毁灭，人类社会的末日将会来临。

丹尼斯·米都斯在"增长极限"世界模型中指出，影响经济增长的主要因素有五个，即人口增长、粮食供应、资本投资、环境污染和资源消耗。按照他们的解释，假定世界上自然的、经济的和社会的关系没有重要的变化，然而，由于人口增长和可耕地面积有限，再加上城市建设、道路建设、渠道建设等占用越来越多的可耕地，人类社会迟早会遇到粮食供应不足的危机；由于不能再生的资源（如铁矿石等）被大量消耗，若干年后，这些资源也会耗尽。此外，由于工业的增长和技术的发展，对空气和水源的污染会越来越严重，自然环境和生态破坏的速度加快，这些不仅会反过来影响粮食的生产，甚至会威胁到人类社会本身的生存。

根据世界模型的分析，丹尼斯·米都斯得到的结论是：在公元 2100 年来到之前，整个世界体系的增长就会停止。为了避免人类崩溃情况发生，丹尼斯·米都斯提出了一些相对应的措施。增长极限理论从生态平衡的角度提出了使经济增长率下降并保持为零的主张，因此，这一理论给了人们一个关键启示，在经济增长中，不能仅仅追求产量和速度，而忽视了人口、资源、环境和生态等问题，在社会经济建设中，要实现可持续发展。

四、生态经济平衡理论

所谓可持续发展的生态学理论是指根据生态系统的可持续性要求，人类的经济社会发展要遵循生态学五个定律。

（1）高效原理。保持生态可持续性应遵循高效原理，即能源的高效利用和废弃物的循环再生。可持续发展必须遵循生态经济平衡规律，追求经济效益和生态效益的统一。该理论指出了生态经济平衡是经济社会最优化发展模式，是实现可持续发展的重要保障；社会经济效率和效益的提高只有在生态经济平衡条件下才能真正实现，生态经济平衡保证了各种可再生资源的永续利用，也保证了各种社会经济发展的最优化环境质量。

（2）和谐原理。和谐原理指系统中各个组成部分之间的和睦共生，协同进化。这是关于社会认知的一种均衡理论，由美国社会心理学家奥斯古德（Osgood C. E.）等于 1955 年在心理学家海德（Heider F.）的平衡模式基础上发展而来。它的突出特点是运用奥斯古德独创的意义微分法对认知变化进行客观的定量分析，找出认知的变化方向和变化量。和谐原理由认知者（A）、认知对方（B）、认知对象（C）三个认知要素构成。认知变化有评价、能力和活动三个维度，分别表示认知评价、认知变化的潜能和认知的实际变化。奥斯古德采用极值作为评价常模：最有价值（即使认知最大限度趋于一致的那个值）、认知变化的方向和大小取决于评价值的矢量。在 A 和 B 是肯定关系的情况下，如果 A 和 B 对 C 的评价都是 +3，或是 −3，则认知平衡；

如果 A 的评价是 +2，B 的评价是 -1，则不平衡。从评价尺度值上看，A 和 B 的评价值相差 3 个单位。由于 A 的评价值接近于极端值，不易改变认知和态度。因此，A 和 B 之间的认知平衡需要 B 向 A 上升 2 个单位，A 向 B 下降 1 个单位。在 A 和 B 是否定关系情况下，如果 A 的评价是 +3，B 的评价是 -3，或者 A 是 -3，B 是 +3，则认知平衡；如果 A 的评价是 +2，B 的评价是 +1，则不平衡；A 是 +3，B 是 -1，也不平衡。从 A 和 B 的否定关系看，只要 A 和 B 的评价值是在不同极值的反向位置上，都是不平衡的。这一点和海德理论中只要有 2 个正关系和 1 个负关系均平衡的结论是不同的，即在海德模式中是平衡的，在奥斯古德微分法中未必是平衡的。

（3）循环再生原理。生物圈中的物质是有限的，原料、产品和废物的多重利用及循环再生是生态系统长期并存并不断发展的基本对策。生态系统是由许多子系统组成的，各系统间相互依存，相互联结，互为促进，在一定条件下各子系统间相互作用形成具有一定组成和功能的自组织结构。可持续发展要求在掌握系统运行规律的基础上，在系统内建立和完善这种循环再生机制，使物质在其中流动往复和充分利用，这样既可以提高资源的利用效率，而且还可以避免或减少生态环境的破坏，使资源利用效率和环境保护同时实现。资源的循环利用要求在生态系统内的物质循环、能量循环和信息传递必须具备多个终端和接口，系统内食物网的联结度大而且是多维的，即高度网络化，而每个网点上的功能由一个物种单独或多个物种共同协作完成。

（4）自我调节原理。自我调节原理指协同的演化着眼于其内部各组织的自我调节功能的完善和持续性，而非外部的控制或结构的单纯增长。在一个生态系统中，任何一个生物的发展过程都受到某种或某些限制因子或负反馈机制的制约作用，也得到某种或某些利导因子或正反馈机制的促进作用。过程稳定的生态系统，这种正负反馈机制是相互平衡的。健全的生态系统就靠这种反馈机制实现自我调节以适应环境条件的变化。所以要做到可持续发展，不能破坏生态系统这种自我调节机制，要充分利用这种机制，因势利导进行人类的经济活动。

（5）系统统一性原理。任何一个生态系统都是在特定的时空中形成的，构成系统的各个组分是有机联系的，并在一定条件下相互作用而形成有序的具有一定功能的有机整体。系统的整体性或有序性体现在各子系统之间的物质循环、能量流动和信息传递能够持续进行。生态系统的演替表现为各组分之间的统一性加强，即结构更加合理、功能更加完善。

五、城市承载力理论

随着城市人口的急剧增长及城市规模的迅速扩张，城市综合承载力对城市发展的约束日益引起人们的关注。城市可持续发展如何与城市综合承载力相协调，不仅关系到城市未来自身的命运，也关系到其周边地区能否顺利实现可持续发展的目标。

"承载力"一词最早出自生态学，其作用是用以衡量特定区域在某一环境条件下可维持某一物种个体的最大数量。1812年英国经济学家马尔萨斯（T. R. Malthus）在《人口理论》中提出了人口与粮食问题的假说，从此承载力的相关研究相继在经济学、人口学等领域展开。1921年，美国社会学家R. E. 帕克（Robert Ezra Park）和 E. 伯吉斯（Ernest Burgess）在人类生态学研究中首次提出了承载力的概念。他们认为，可以根据某地区的食物资源来确定某地区的人口承载力。从20世纪中叶以来，随着全球性的人口膨胀、资源短缺、生态环境恶化，人地矛盾日趋尖锐，促进了承载力研究向纵深发展。承载力的研究逐步扩展到了自然资源和生态学、环境科学与可持续发展领域。

20世纪80年代初，联合国教科文组织提出了资源承载力的概念并被广泛接纳，其被定义为"一个国家或地区的资源承载力是指在可预见的时期内，利用本地资源及其他自然资源和智力、技术等条件，在保护符合其社会文化准则的物质生活水平下所持续供养的人口数量"。由于资源对国家和地区的重要性，资源承载力的研究和应用得到国内外学者的认可和重视，联合国教科文组织进一步提出了土地资源承载力、水资源承载力、森林资源承载力以及矿产资源承载力等概念。

进入21世纪后，越来越多的学者认识到城市承载力对城市可持续发展的重要性，把承载力概念应用到城市系统中。城市承载力内涵包括城市资源承载力、城市环境承载力和城市生态系统承载力、城市基础设施承载力，它们构成了城市综合承载力的主要部分，起着决定性作用。城市资源承载力包括土地资源、水资源、森林资源以及矿产资源等自然资源承载力，还包括经济资源承载力和社会资源承载力。

从承载力概念的发展与演化中可看出，承载力的研究越来越全面和系统。承载力的内涵至少具有三个方面的特点。

（1）在资源承载力研究方面，主要集中在自然资源领域，包括土地资源、水资源、森林资源以及矿产资源等。但是，广义的资源应包括自然资源、经济资源和社会资源。现在，经济资源和社会资源在全球化的今天显得越发重要，必须拓展其外延，在理论上突破传统的空间和时间的局限。

（2）虽然生态系统承载力比资源承载力、环境承载力更接近人类社会系统，但该研究尚处于探索阶段，其理论和研究方法还不够完善，多数相关研究还限于环境承载层次，大部分研究都没有充分针对复合生态系统的特点，将社会经济要素有机地纳入承载力体系进行研究。现在的生态系统承载力研究主要是自然生态承载力的研究，较少考虑城市生态承载力研究。

（3）21 世纪以前，大部分研究都以人口容量的最终测算为目标，强调承载对象为人口规模，特别是资源承载力的研究。虽然环境承载力和生态承载力开始将社会经济要素纳入承载体系中，但总是将人口和经济单一考虑，很少将二者综合起来计算。进入 21 世纪后，更多的学者开始关注综合承载对象，注重人类的各种经济、社会活动，开始重视经济、社会、生态等对承载力产生的综合作用。但很少有学者把资源承载力、环境承载力、生态系统承载力全部结合起来，综合放在城市系统中研究。

21 世纪初，建设部提出要着重研究城市的综合承载能力，由此一些国内学者就开始从不同角度提出城市综合承载力的概念。城市专家罗亚蒙（2005）认为城市综合承载力包括两种，一是战略意义上的城市承载力，二是技术层面上的城市承载力。城市综合承载力的基本内涵应包括：（1）城市安全承载力、公共服务承载力，它们在城市综合承载力中起着越来越重要的作用，如就业岗位承载力等都是在城市综合承载力评价中必须考虑的关键因素。（2）城市综合承载力主要包括：城市资源承载力、城市环境承载力、城市生态系统承载力、城市基础设施承载力、城市安全承载力、公共服务承载力六种承载力，它们不是简单的相加，而是有机的结合。

六、可持续发展理论

可持续发展（sustainable development theory）概念最早由挪威首相布兰特（Brundland G. H.，1987）在联合国世界环境与发展委员会会议上发表的《我们共同的未来》报告中提出，并将可持续发展定义为：既满足当代人的需要而又不对后代人满足其需要的能力构成危害的发展，以公平性、持续性、共同性为基本原则，以达到共同发展、协调发展、公平发展、高效发展和多维发展为最终发展目标。可持续发展理论的核心思想包括以下三个方面。

（1）经济可持续性发展。可持续发展不仅重视经济增长的数量，更追求经济发展的质量。要求改变传统的以"高投入、高消耗、高污染"为特征的生产模式和消费模式，实施清洁生产和文明消费，发展"低投入、低能耗、低污染"的集约高效型经济增长方式。

（2）生态可持续性发展。可持续发展要求经济建设、社会发展要与自然承载能力相协调。发展的同时必须保护和改善地球生态环境，保证以可持续的方式使用自然资源和环境成本，使人类的发展控制在地球承载能力之内。可持续发展强调发展是有限制的，没有限制就没有发展的持续。

（3）社会可持续性发展。可持续发展强调社会公平是环境保护得以实现的机制和目标。世界各国的发展阶段可能不同，发展的具体目标也各不相同，但发展的本质都是保护人类命运共同体，都需要改善人类生活质量，提高人类健康水平，创造一个保障人类平等自由、教育均衡、免受暴力的社会环境。

协调发展是可持续发展理论的一个基本要求，因此，新型城镇化与产业结构演进的协调发展也属于可持续发展的基本内容。可持续发展理论为研究新型城镇化与产业结构演进的协调发展提供了坚实的理论基础。

第四节　本章小结

本章主要对相关理论基础进行梳理总结，以构建新型城镇化与产业结构演进协调发展理论框架。通过对相关理论梳理，阐述了城镇化发展规律、城乡一体化理论、空间经济理论、城市群发展理论等新型城镇化相关理论；梳理了配第—克拉克、霍夫曼定理、库兹涅茨理论、钱纳里标准结构理论等产业结构演进相关理论；总结了系统理论、协同理论、增长极限理论、生态经济平衡理论、城市承载力理论、可持续发展理论等协调发展相关理论，以此构成了支撑本书研究的理论基础。

第四章

新型城镇化与产业结构
演进的互动影响机理

新型城镇化与产业结构演进协调与否取决于二者在一定条件下的互动状况，一般和谐互动能促进二者之间的协调发展，非和谐互动则会造成二者之间的失调。本章第一节分析新型城镇化与产业结构演进的系统结构；第二节从系统理论出发，建立新型城镇化与产业结构演进协调发展理论模型及分析框架；第三节从新型城镇化与产业结构演进相关理论出发，探讨两者在市场经济体制条件下的双向互动机制；第四节阐述新型城镇化与产业结构演进的双向互动路径。

第一节　新型城镇化与产业结构
演进的系统论分析

根据系统论与协同论，可以分析新型城镇化与产业结构演进协调发展系统的一些特征，如系统内部结构特征、系统演化阶段及系统演化目标体系。

一、新型城镇化与产业结构演进的系统内部结构

首先，新型城镇化与产业结构演变协调发展是一个客观存在的系统。从系统理论概念分析，广义系统是指由相互依赖、相互影响的若干要素结合而成并具有特定性质和功能的一个有机整体。要判断一个系统是否存在，关键看三个决定因素：第一是"结构质"，指系统是否存在由多种相互依赖、相互作用的构成要素；第二是"功能质"，指各组成要素是否存在各自的用途

和功能；第三是"系统质"，指各要素结合成的总和体是否存在产生新的更大的用途和功能。

据此判断分析发现：一是新型城镇化与产业结构两要素间存在紧密联系，两者相互影响、相互作用并互为因果；二是新型城镇化与产业结构这两个要素，都具有各自的功能和作用；三是新型城镇化与产业结构协调发展整体作用远大于两要素单个作用之和。其表现在：新型城镇化与产业结构协调发展，有利于促进农村剩余劳动力向城镇的转移，优化城镇资源配置，推动经济结构优化升级；有利于提高农业生产率，增加农民收入，缩小城乡差距，促进城乡经济一体化发展；有利于拓展第三产业发展空间，缓解社会就业压力，改善民生问题，保护资源和生态环境，提高经济整体素质和效益，促进经济社会可持续协调发展。综上所述，新型城镇化与产业结构演变协调发展是一个客观存在的系统。

其次，新型城镇化与产业结构演变协调发展系统由新型城镇化子系统和产业结构子系统组成。在新型城镇化子系统之下又可划分为若干三级分系统，如人口发展、经济发展、社会发展、生态发展、居民生活、基础设施、空间结构、城乡协调等分系统；在产业结构子系统之下又可划分为产值结构和就业结构分系统。而每一个三级分系统又由许多更具体的要素组成，例如：新型城镇化子系统下的人口发展城镇化分系统又由常住人口城镇化率、户籍人口城镇化率、城镇人口密度、人口出生率、人口死亡率、人口自然增长率、人口老龄化率、人口受高等教育比例等要素组成。

二、新型城镇化与产业结构演进的系统演化阶段

由于新型城镇化与产业结构演变协调发展系统的机理影响，一般认为，新型城镇化与产业结构演变协调发展是分阶段推进的，本书结合相关理论，将新型城镇化与产业结构演变协调发展演化分为三个阶段：

第一阶段，失调萌芽期。在许多国家或地区城镇化发展的初始期，由于城镇相对贫困和经济基础落后，第二、三产业相对较弱，吸纳劳动力能力非常低，既限制了城镇的就业机会，也使得第二、三产业发展缺乏基础，因而，经常出现城镇化超前或滞后产业结构的演变发展现象，并造成相当严重的"过度城镇化"或"滞后城镇化"问题。在这个时期，城镇化与产业结构演变系统发展的轨迹为：极度失调—严重失调—中度失调—轻度失调，总体上

系统处于失调状态。

第二阶段，过度发展期。随着城镇人口规模的扩大，城镇经济的繁荣，城镇生活方式的普及，为产业发展提供了物质文化基础。而城镇产业的逐步发展强大，吸纳了越来越多居民就地城镇化，使居民收入与消费水平不断提升，产业逐步发展成为国家或地区经济发展的重要动力。此时，城镇化与产业结构演变之间相互作用逐步增强，且领域与深度都发生了巨大变化，城镇化发育和产业结构演变也开始逐步完善，两者协调性开始稳步提高。系统发展轨迹为：濒临失调—勉强协调，这时系统进入过度发展期。

第三阶段，协调成熟期。随着产业发展成长为国家或地区社会经济发展的主要动力，充分发挥其强大的关联性作用，产业成为新型城镇化发展主要的支持和动力，产业发展成为城镇经济的重要生长点，为城镇化创造了新机遇。大批农村剩余劳动力向城镇的集聚又为相关产业的发展提供了充沛的人力资源，促进城镇经济的成长，城镇居民收入与生活质量得到提升，生活方式发生改变。这种互动伴随着新型城镇化水平的提高，产业结构不断壮大和优化。系统发展轨迹为：初级协调—中级协调—良好协调—优质协调，这时系统进入良性协调成熟期。

三、新型城镇化与产业结构演进的系统演化目标

新型城镇化与产业结构演进协调发展系统以充分保证系统整体效应最大化为准则，在区域经济社会发展中，整体规划人口、经济、社会、资源、环境等要素的发展时间、空间、速度、结构、容量、质量和效益等，以实现新型城镇化和产业结构演进在区域发展过程中的良性循环为最终目标。系统发展目标体系具体体现在以下五个方面的协调发展：

第一，结构性协调。指系统正常运行时所必须达到的最基本的协调性，也就是通过对新型城镇化与产业结构两个子系统之间的结构性分析，从而揭示系统结构的整体性、合理性和系统运行状态。

第二，功能性协调。指通过新型城镇化与产业结构两个子系统功能的最优组合，从而达到整体功能最佳效果，使系统负效应减少至最小状态。可用数学公式表示：F（新型城镇化，产业结构）$-\{F$（新型城镇化）$+F$（产业结构）$\}\geqslant 0$

第三，时间性协调。指系统是有序的、分层次的和开放的，一般都由低

级有序状态向高级有序状态发展。新型城镇化的发展不能背离产业结构演变的具体发展阶段而成为无源之水；反过来，产业结构的演变又不能脱离新型城镇化的具体发展阶段而"孤军深入"，两者在发展的时序阶段上应保持相互吻合。

第四，速度性协调。指新型城镇化与产业结构演变之间在发展速度上要保持均衡性。这种均衡性并不是一定要求产业结构演变和新型城镇化的发展在数量指标上具有同步的增长或下降，而是要求新型城镇化与产业结构两系统发展速度的比值必须保持在一个合理区间。

第五，动态性协调。指新型城镇化与产业结构演变两个子系统时时处在变化、发展之中，应当在发展的动态过程之中不断协调好二者的关系，使系统的最优发展具有可持续性。

第二节　新型城镇化与产业结构演进的互动理论框架

一、新型城镇化与产业结构演进复合系统的内涵与特征

（一）新型城镇化与产业结构演进复合系统内涵

系统理论认为，许多相互影响、相互依存的元素组成一个整体的系统，该系统作为一个有机的整体而具有特定的功能。复合系统则是由相互影响、相互依赖的若干子系统或要素组成的有机关联的综合体，该综合体具有动态演变的特征。根据系统论观点，因此，可以将新型城镇化与产业结构演进两者视为一个复杂巨系统，它是由新型城镇化子系统和产业结构演进子系统组成，各子系统又分别由一系列更小的子系统组成，各子系统之间相互影响、相互依存并形成具有特定结构和功能的一个复杂的动态系统。

如果将新型城镇化与产业结构演进的复合系统用字母标记为"UI"，其中"U"表示新型城镇化子系统，"I"表示产业结构演进子系统，则 $UI = f(U, I)$，$U = f_1(U_1, U_2 \cdots, U_n)$，$I = f_2(I_1, I \cdots, I_n)$，$U_1, U_2 \cdots, U_n$ 表示新型城镇化子系统要素，$I_1, I \cdots, I_n$ 表示产业结构演进子系统要素，f, f_1, f_2 为复

合函数。

从复合系统构成看，本书认为新型城镇化系统是一个由多个子系统组成的复杂系统，包括城镇人口发展、经济发展、基础设施、公共服务、空间结构、生态环境、居民生活、城乡协调等子系统。产业结构演进系统也是一个复杂的系统，由产值结构、就业结构、结构效益等子系统组成。

（二）新型城镇化与产业结构演进复合系统特征

新型城镇化与产业结构演进作为一个开放的复合系统，具有如下特征：

（1）完整性和协作性。完整性指该复合系统中的两个子系统及子系统内部次子系统共同组成一个有机的整体，都是不可缺少的一部分，并发挥各自功能和作用。协作性指在复合系统中任何单一子系统发展都不能实现整个系统功能最大化，只有子系统间共同协作，才能使系统整体功能得到最佳发挥。

（2）动态性与不确定性。动态性指该复合系统中的各子系统都处于动态变化之中，子系统中的任何变化都会导致整个复合系统的变化。要实现复合系统的协调发展，必须保证子系统有序运动、和谐发展。不确定性指在特定的区域内，存在时间的不确定性，人们的认识能力和认识手段的局限性，科学技术、政府政策及复合系统外部因素的随机性和模糊性。

（3）差异性和非线性。差异性指由于各区域发展条件、发展水平和政策环境不同，导致该复合系统构成元素的结果和功能存在明显差异，表现为复合系统中各子系统之间的差异性、子系统之间的互补性和复合系统的非线性特性。非线性指复合系统的总体功能并不是简单的子系统功能加总，而是通过一定程度的非线性效应来实现的，整体功能大于各部分功能之和。只有子系统有序运作和协同发展，才能实现复合系统整体功能的增强和优化。

（4）自我修复性与交互融合性。自我修复性指该复合系统作为一个相对独立的体系，具有自我发展、自我修复的调节能力，以增强自身对环境的适应性。交互融合性指该复合系统不是孤立存在的，与社会经济系统中的其他复合系统保持着千丝万缕的物质、能量和信息交换关系，只有复合系统间交互融合，单个复合系统和整体社会经济系统才能同时持续健康发展。

二、新型城镇化与产业结构演进复合系统协调发展的内涵与特征

(一) 新型城镇化与产业结构演进复合系统协调发展内涵

新型城镇化与产业结构演进的复合系统协调发展，就是指复合系统在内外部条件下形成一个内在稳定的运行机制，使复合系统中各子系统内部与子系统间保持相互影响、相互适应、相互促进、共同发展的状态和过程。复合系统协调发展既包括各子系统内部的协调，同时也包含各子系统间的协调，复合系统的整体发展要达到最佳状态，首先要实现各子系统之间或系统要素之间的有序，复合系统协调发展是一种强调整体性、综合性和内生性的发展状态。

从静态视角看，新型城镇化与产业结构演进的协调发展指的是现阶段各子系统互动关系的和谐状态，和谐互动是协调发展的前提。从动态视角看，新型城镇化与产业结构演进的协调发展是一种缓慢变化的状态和过程，是各子系统从"双向互动—有序互动—和谐互动"的螺旋式演进过程，呈现各子系统从"失调—基本协调—高级协调"演进状态。从行政视角看，新型城镇化与产业结构演进的协调发展也是一种发展战略或模式。只有从静态和动态两个方面结合分析，才能全面和准确地了解复合系统内涵。

新型城镇化与产业结构演进的复合系统协调发展，实质上就是新型城镇化子系统与产业结构演进子系统共生且相互促进的动态演变过程。该过程是指向一个"高发展—协调发展—更高发展"的良性循环方向。新型城镇化与产业结构演进的协调发展至少应包括三层含义：一是新型城镇化与产业结构演进系统的协调发展；二是新型城镇化与产业结构演进系统的发展水平必须控制在逐渐收敛的适度范围内；三是新型城镇化与产业结构演进呈现正向促进、和谐互动的过程。

用系统理论语言描述，新型城镇化与产业结构演进协调发展就是在系统理论指导下，为实现复合系统整体功能最大化的目标，以环境和对方为约束条件，在协调机制的作用下，更新要素、优化结构、提升功能，以适应并促进彼此的发展，从而使复合系统在动态反馈循环中实现自我螺旋式上升，可用数学模型表示为：

$$\max F = F(X_1, X_2, R, T, \bar{f}) \tag{4.1}$$

$$S.t \begin{cases} X_i = f_i(x_{i1}, x_{i2}, \cdots, x_{im}) \\ R = f_r(r_{r1}, r_{r2}, \cdots, r_{rn}) \\ \quad X_i > 0, \ i = 1, \ 2, \end{cases} \tag{4.2}$$

式（4.1）和式（4.2）中，F 为复合系统整体功效，$X_i > 0$，$i = 1$，2 分别表示新型城镇化、产业结构演进两个子系统发展水平，T 为时间变量，代表不同发展阶段，R 为 n 维度关联向量，f 表示系统协调发展机制。

新型城镇化与产业结构演进协调发展的形式可分为十类：极度失调、严重失调、中度失调、轻度失调、濒临失调、勉强协调、初级协调、中级协调、良好协调、优质协调。系统发展是螺旋式上升的，当系统演进到协调状态后，通过一定时间积累，又会出现新的不平衡，因此需要不断采取措施来纠正失衡。

（二）新型城镇化与产业结构演进复合系统协调发展特征

综上可见，发展性、协调性和可持续性是新型城镇化与产业结构演进复合系统协调发展最基本的特征。发展性、协调性是系统运行的结构、功能和整体的运行状态，持续性是指系统运行在时间上保持某种状态或趋势的持久性程度。新型城镇化与产业结构演进系统的发展目标应当是可持续的协调发展。相对而言，协调性比可持续性更为基本和重要，更能揭示系统的本质特征。只有高协调度的系统才有强持续性。因此，新型城镇化与产业结构演进协调特征可从以下几个方面来描述。

（1）发展度。即发展程度，它反映了新型城镇化子系统和产业结构演进子系统的发展水平，是对新型城镇化与产业结构演进系统数量维的表征。

（2）协调度。指各子系统之间在发展过程中彼此配合、和谐一致的程度，体现各子系统由无序向有序的发展趋势，它是一个描述系统整体效能好坏的度量标准，是对新型城镇化与产业结构演进系统质量维的表征，侧重于反映系统之间及系统内部子系统之间的和谐关系。协调度可表示系统的加和特性，当系统内部各子系统相互协调时，复合系统功能会大于各子系统功能之和，即"1＋1＞2"，当各子系统间不协调时，复合系统功能小于各子系统功能总和，即"1＋1＜2"。

（3）持续度。指新型城镇化与产业结构演进子系统间相互促进程度。持续度是对系统时间维的表征，反映新型城镇化与产业结构演进系统的发展水平和运行状态在长时间范围内保持高质量的稳定程度。

三、新型城镇化与产业结构演进复合系统协调发展分析框架

根据新型城镇化与产业结构演进协调发展内涵，基于"和谐互动"带来"协调发展"的观点，可构建对其分析框架（见图4-1）。

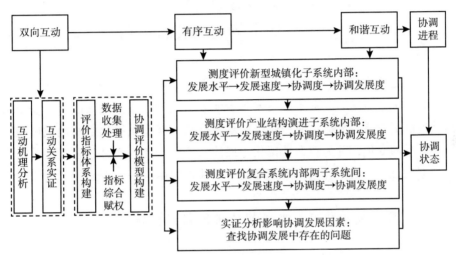

图4-1　新型城镇化与产业结构演进复合系统协调发展分析框架

第一，系统间协调发展的基本条件是双向互动。因此，需要从理论上对新型城镇化与产业结构演进之间的互动机制、相互作用及影响因素进行定性分析；同时需要对中国新型城镇化与产业结构演进的互动关系进行实证分析。

第二，系统间协调发展的实现过程是有序互动。因此，需要判断和分析中国新型城镇化与产业结构演进是否实现了各自的有序发展。新型城镇化的有序发展意味着城镇实现由数量规模扩张逐渐向质量水平提升转变；产业结构演进的有序发展则表现为三次产业之间和三次产业内部的结构实现由低水平向高水平发展。

第三，系统间协调发展的必要前提是和谐互动。和谐互动的具体表现是系统间发展速度和发展水平和谐一致。因此需要对中国新型城镇化与产业结构演进两系统的发展速度和发展水平进行测度与评价。同时综合评价需要构

建合理的综合评价指标体系，设计合理的综合赋权方法。

第四，系统间协调发展的表现形态是"失调—协调—高级协调"的良性循环。因此，需要通过构建协调度评价模型和协调发展度评价模型，从纵向和横向视角对中国新型城镇化与产业结构演进两子系统内部、子系统间的协调度、协调发展度进行测度与评价，同时需要分析协调发展中存在的现实问题，并对问题的解决提出针对性的政策措施。

第三节　新型城镇化与产业结构 演进的互动发展机制

新型城镇化与产业结构演进之间存在着密切的双向互动关系，新型城镇化发展会带来劳动力、资本、技术等资源要素向城镇集聚，从而为产业结构演进提供资源要素支撑；而产业结构演又会影响新型城镇化空间地域形态等城镇体系的变化，并为新型城镇化发展注入新的动能。而且二者互动关系遵循"双向互动—有序互动—和谐互动"的演进规律。

一、新型城镇化对产业结构演进的作用机制

新型城镇化的内在本质是人口、资源、资本等要素在区域空间的集聚过程，它既是产业结构演进吸引人口、企业在空间集聚的产物，同时也会通过空间集聚效应反过来影响产业结构演进。这些影响主要表现在产业集聚效应、要素供给效应、需求拉动效应和公共服务效应等方面（见图4-2）。

（一）城镇化通过产业集聚效应促进产业结构演进

随着城镇化的发展，城镇的空间集聚效应促进了社会资源要素的优化配置，有效地推进了产业结构演进。首先，产业集聚促进了同类行业企业的集聚，通过共享城镇公共设施与公共服务，发挥规模效应，可以使企业降低生产成本、提高运营效益；同时，同类行业的集聚会引发竞争，促进整个行业劳动生产率的提高，形成区域内具有比较优势的特色产业；此外，同类行业的集聚催生了相关领域大批生产性服务产业的发展。其次，产业集群化促进了非同类型企业的集聚，通过吸引各类人才和更多企业向区域集聚，会形成

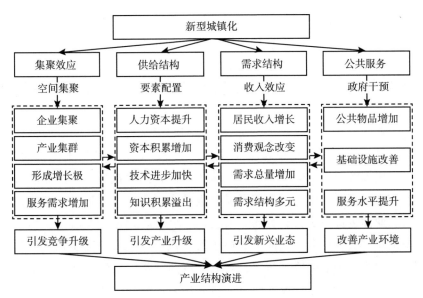

图 4 – 2　新型城镇化对产业结构演进作用机制

外部规模经济和外部范围经济。再次，产业集群化促进了城镇相关生活性服务业的发展，大量人口、企业集聚对城镇的空间结构完善和功能提升提出了更高要求，会引发商贸流通、文化娱乐等生活性服务业发展。最后，产业集聚促进了区域经济增长极形成，通过资源要素集聚效应发挥可以形成区域特色优势品牌，提高区域核心竞争力，同时，还可以辐射带动周边地区的发展，促进产业在全区域范围内的梯度转移和优化升级。

集聚效应的发挥需要具备一定的条件，必须建立在健全市场机制、完善基础设施、良好公共服务等条件之上。要素的区域集聚仅仅是产业集聚的充分条件而非必要条件，因此可能带来集聚效应，也可能不会产生集聚效应。此外，增长极的"极化效应"和"回波效应"在经济发展不同阶段存在着较大差异。发达国家、发展中国家及欠发达国家的发展条件和发展阶段存在明显差异，因而决定了各自的城市化集聚效应的程度和水平各有差异。

（二）城镇化通过改善供给结构支撑产业结构演进

城镇化的发展为产业结构演进供给了各类资源要素。产业结构演进需要劳动力、技术、资本、土地等要素支撑，而城镇化的发展正好吸引了这些资源要素向城镇区域空间的集聚，促进了城镇的规模、结构和功能的完善。在要素集聚过程中，企业获得了集聚效应、规模效应等更多的收益，也促进了资金的积累和技术的进步。在城镇规模扩大的同时，服务业也得到较快发展。这些积极的变化通过改善供给结构支撑了产业结构演进。

城镇化发展为产业结构演进提供了大量劳动力供应。在城镇化初期，由于城镇功能不完善、经济实力较弱，城镇的主导产业为劳动密集型的轻工业，城镇为产业规模化发展提供了大量农村转移的剩余劳动力。随着城镇化水平的提高，城镇的集聚效益和规模效益逐渐发挥，城镇的功能不断得到完善。这为促进更多农村人口向城镇转移创造了条件；同时提高了城镇劳动力受教育程度和文化素质；此外，改善了城镇吸纳高层次人才的环境。这些积极的变化为产业演进提供了大量劳动力供应。

城镇化发展为产业结构演进提供了资本供应。集聚效应使企业的利润得到增加，促进了企业的资本积累；同时投资商的集聚也使企业获得了扩大再生产的投资。大量资本的投入促进了企业从劳动密集型向资金密集型进而向技术密集型发展，促进了产业结构由"农业—轻工业—重化工业—加工工业—现代服务业"的发展。

城镇化发展为产业结构演进提供了技术支持。随着城镇化的持续演进，城镇化对技术创新的作用越来越显著。根据动态集聚效应理论，城镇化在吸引大量企业空间集聚的过程中，会引发区域社会分工的深化，营造有利于知识外溢的环境，增强对于人才和技术的吸纳力，使城镇成为技术创新的主要区域，这为产业结构演进提供了技术支撑。

城镇化通过改善供给结构来影响产业结构演进也存在负面效应。当城镇劳动力大量增加时，如果教育、医疗、社会保障等公共服务供给不足，则会直接影响劳动力素质的普遍提升。此外，并不是所有城镇的空间集聚都一定能够带来技术创新，城镇的空间集聚只是创新活动的一个必要条件，技术创新还具有其他复杂的环境条件。

（三）城镇化通过提升需求结构促进产业结构演进

城镇化对消费需求的影响主要表现在需求总量和需求结构两个方面。消费需求总量和结构的变化一般会引起相应产业部门企业的扩张和缩小，导致一些传统产业部门的衰退和一些新兴产业部门或新兴业态的兴起。

从需求总量而言，城镇化的过程实际上就是非农业人口在城镇的集聚扩张过程，由于非农人口一般在劳动生产率较高的第二、三产业部门工作，因此他们可以获得比农村人口更高的收入。随着非农人口人均收入水平的提高，消费习惯会发生较大的变化，消费需求更加多样化，家庭消费需求总量会增加。必然引起供水、供电、供热、交通、通信等基础设施需求的增加和大规模的城市公共设施建设。这些建设会带来大量投资并产生乘数效应，从而带动相关产业发展，最终通过产业链上下游的关联效应带动产业结构演变。

从需求结构看，城镇化对产业结构演进的影响还体现在能够改变人们的消费需求结构。随着城镇化进程加快和居民可随意支配收入的提高，人们的消费观念会发生根本性改变，消费结构也趋于高度化。根据恩格尔定律，居民的消费偏好会从需求弹性较低的农产品逐渐转向需求弹性较高的工业制造产品和第三产业的服务性产品。城镇居民对高质量的生活必需品、耐用消费品与服务产品的需求大量增加，这必然会推动为耐用消费品大批量生产提供中间产品的重工业的发展，也会促进金融、通信、教育等服务业的快速发展。随着居民消费水平的不断提高，消费需求的产品类型的顺序将沿着第一、二、三产业方向依次递增，因此，产业结构演进也必将顺应这种趋势发展。

城镇化通过影响需求结构促进产业结构演进具有许多条件。首先，如果城镇人口的收入增长或其消费增长太慢，产业结构演进将缺乏需求动力。其次，城镇基础设施建设的乘数效应是否有利于产业结构升级取决于城镇的实际情况。只有对达到一定规模的城镇进行相应的投资建设，才有利于规模效应和集聚效应发挥。

（四）城市化通过提供公共服务支撑产业结构演进

城镇公共服务的提供依靠区域政府公共产品的供给，城镇公共服务主要包括供电、供水、道路、交通、通信等基础设施和教育、公园、绿地、治安、消防等公共服务设施。城镇公共服务对居民生活和企业生产至关重要。企业的发展不是独立运行的，需要通过采购、生产、销售、服务等活动与相关企业及消费者建立广泛的市场合作关系；也需要通过产业集聚与同行开展竞争而提高生产效率；还需要与相关企业开展合作，使企业降低生产成本增加实际收益。

城镇公共服务为企业发展提供了不可缺少的条件和环境：首先，城镇公共服务为企业发展提供了供水供电、道路交通、网络通信等基础设施，保障了企业开展生产与经营活动。其次，城镇公共服务为企业吸纳劳动力和人才资源、开展公平竞争与合作创造了较好的外部环境。最后，城镇公共服务通过提高居民的生活质量和水平，提高了企业劳动力素质和劳动效率。因此，城镇公共服务的规模与水平的提高，会增强对人口与企业集聚的吸引力，诱发技术创新效应和空间集聚效应发挥，为产业结构演进创造较好的条件。

城镇化通过公共服务支撑产业结构演进存在区域差异性。首先，不同国家或地区的财政收入与支出存在较大差别，因此也会造成公共物品供给的差异。其次，不同国家或地区的人口数量及分布状况不同，这也会影响公共物品的供给。最后，发达国家或地区由于城镇人口增长趋缓，公共物品的人均占有量会随着经济增长出现稳中有升；而发展中国家和欠发达国家或地区由于城镇人口增长较快，公共物品的供给会面临较大挑战。

二、产业结构演进对新型城镇化的作用机制

产业结构演进会通过要素流动效应、产业关联效应、产业转移效应等促进人口、企业、产业向城镇集聚，推动城镇结构、功能完善和规模、水平的提升（见图4-3）。

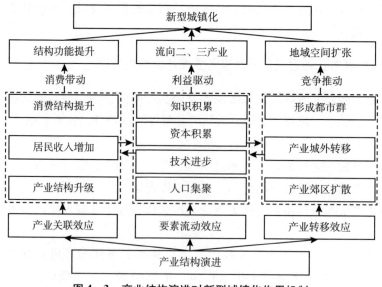

图4-3 产业结构演进对新型城镇化作用机制

（一）产业结构演进通过要素流动效应推进城镇化发展

一般而言，企业发展必备的基本条件包括劳动力、技术、资本、资源等生产要素，生产要素的流动和转移受到多种因素的影响，其中影响最大的是经济因素。在市场经济条件下，生产要素的流动和转移遵循利益最大化的原则，产业结构演进推动了生产要素的流动和转移。

产业结构演进通过劳动力要素流动促进城镇化发展。产业结构演进不仅为农村劳动力提供了大量的就业岗位，而且使劳动力能够获得远高于在农业部门就业的收益。农村剩余劳动力是生产要素中最特殊的要素，它是城镇经济生产不可缺少的要素；劳动力的拥有者及其家庭也是城镇潜在的居民和消费者，农村剩余劳动力向城镇的转移带动了农村人口向城镇的集聚。

产业结构演进通过技术要素流动推进城镇化发展。技术进步是产业结构演进的根本动力，它提高了企业劳动生产率，促进了新兴产品和新兴产业的出现，引发了生产要素向劳动生产率高的部门流动，实现了产业结构水平的升级发展。技术进步会带动消费需求结构的变化，导致居民对于各种商品的需求数量和需求结构出现差异。需求结构的变动又会影响供给结构的变动。供给结构通过投入回报效应影响各种生产要素的投入方向和数量，最终影响到产业结构的演进。通常，第二、三产业因为劳动生产率较高而能够获得比第一产业更高的回报率，各种生产要素因利益驱动则从第一产业逐渐流向第二、三产业；第二、第三产业具有空间上集中布局的特点，则会带动生产要素向城镇空间流动集聚，从而产生了一批从事第二、三产业生产经营的企业。因此，产业结构演进在促进生产要素流动的过程中推动了企业在城镇的集聚。

生产要素的流动对城镇化与产业结构演进互动发展的影响各具特点，相对而言，劳动力、资本要素的流动性较强，土地要素的流动性最弱。如果要素的流动方向和速度出现偏差，将会影响城镇化与产业结构演进的协调发展。因此，要实现城镇化与产业结构演进的协调发展，则必须高度重视促进生产要素的有序流动。

（二）产业结构演进通过产业关联效应推动城镇化发展

产业结构的演进是整个产业体系中所有产业之间的关联互动，而不是某个产业的单独发展。各产业之间存在着密切的原料供应、技术交流、价格制定等方面的联系，这种内在的产业关联决定了产业结构演进具有整体性和有序性。产业结构演进就是在产业关联效应下进行的，并通过这种关联效应促进城镇结构和功能的不断完善。

根据配第—克拉克定理、霍夫曼定理等相关理论，产业结构演进顺序一般遵循从"农业—轻工业—重化工业—加工工业—现代服务业"的发展规律。在由农业主导向轻工业主导的转变阶段，工业化开始起步，城镇化进程开始加快。轻工业具有劳动密集型特征能吸纳大量农村剩余劳动力就业，带动了城镇人口数量和规模的快速增加，此时，相适应的生活服务业也得到了较快发展。在重化工业主导的发展阶段，主导产业具有资金密集型和高劳动生产率特征，尽管其吸纳劳动力就业有限，但是能够创造更高的利润，使居民的收入水平和消费水平得到快速增长，进而引发相关生产性服务业发展。在加工工业主导的发展阶段，主导产业具有技术密集型和知识密集型特征，能够带动研发服务、信息服务、知识服务、云计算服务、大数据服务、人工智能服务等相关第三产业发展。在服务业主导的发展阶段，城镇人口的增加开始趋缓，第二产业发展变慢，第三产业则出现较快的发展；此时城镇的基础设施和公共服务等更加完善，城镇的功能更加丰富。因此，产业结构的演进可以通过产业关联效应带动城镇化的快速发展。

产业结构演进通过产业关联效应推动城镇化发展也会出现不协调可能性。发达国家的产业结构演变往往是有序渐进的，但发展中国家因发展要素和基础条件不同，其产业结构演进的顺序往往出现一定跳跃性。有些国家在工业化不充分的基础上较快地发展第三产业，出现了"过度城镇化"问题；有些国家在城镇发展不充分基础上优先发展重工业，出现了"滞后城镇化"问题。

（三）产业结构演进通过产业转移效应推进城镇化发展

随着城镇化的发展，由于产业结构的优化和生产的分工化，产业转移效应逐渐显现，使城镇规模由内部的扩张逐渐向外扩散。

产业转移首先发生在同一城镇不同空间的扩散。根据弗里德曼（Friedman J. R.）的核心—边缘理论，在一些规模较大的城镇，当企业和人口集聚到一定规模之后，就会产生高密度集聚和空间有限性之间的系列矛盾，如人口拥挤、交通拥堵、成本提高等问题，导致企业的规模收益递减。当生产成本超过交易费用时，出于降低生产成本、维护竞争优势的考虑，一些工业企业则会选择向生产成本较低的城镇边缘地区迁移；一些服务企业因具有人口集聚内在特征，则会占据原来工业企业的最优越的区位。这些产业在城镇不同空间的转移布局带动了一部分劳动力向郊区迁移，进一步扩大了城镇规模和空间结构。

产业迁移逐渐由同一城镇向不同地区之间扩散。根据克鲁默（Krumme G.）的梯度转移理论，随着经济的发展和技术的进步，一些发达城镇由于具有在全球产业分工中的优势地位，容易获取先进的生产技术和信息技术，则会逐渐产生一些新兴产业；而技术相对落后的企业为了规避竞争则会逐渐向欠发达的中小城镇或农村转移，即所谓的产业"梯度转移"现象。随着生产要素和经济活动的向外不断扩散，从而保证了城镇内部和外部规模的适度发展，相同的产业结构在距离不远的区域中形成规模经济，并且在区域间形成产业分层，最终通过产业价值链相互联系起来形成都市经济圈，促进了城镇化的进一步发展。

产业的迁移在带来新的发展优势的同时，也蕴藏着一定风险。企业在迁移过程中往往会产生较大成本，如果迁移后不能获得更多的收益，则会影响企业的经营效益，最终影响城镇的经济发展。

第四节　新型城镇化与产业结构演进的互动发展路径

新型城镇化的过程表现为第二、三产业在城镇空间区域上的集聚和在国民经济中所占比重的提升。产业结构演进表现为第一、二、三产业在国民经济中所占比重的不断变化和依次主导国民经济发展的过程。因此，新型城镇化与产业结构演进具有内存的相互影响、相互作用的关系，新型城镇化的发展拉动了产业结构演进，产业结构演进推动了新型城镇化的发展。

一、新型城镇化与第一产业的互动路径

（一）新型城镇化对第一产业的作用路径

新型城镇化的发展对第一产业发展的影响主要表现在三个方面：首先，新型城镇化促进农业规模化生产和经营。城镇化通过劳动力转移效应使农村

土地利用日益集中，这为农业规模化生产和经营创造了前提条件；城镇的第二、三产业发展能够为农业生产提供先进的技术装备和技术服务，推动农业机械化普及和农业生产力提高，这为农业规模化生产和经营创造了关键条件。其次，城镇化促进农业产业化的发展。城镇的农业信息咨询、技术支持等服务行业的发展，能够引导农民发展高科技含量农业，增强农业生产经营的市场化。最后，城镇化推动农业内部结构升级。城镇居民收入的增加会产生对于农产品消费数量和质量的提高，这种消费需求会通过市场作用促进农业结构调整和优化；农业生产条件改善、生产技术和生产效率提高，使农业内部结构优化得以实现。

（二）第一产业对新型城镇化的作用路径

第一产业是经济发展中最早出现的产业，它是城镇化发展的前提条件，其影响主要表现在三个方面（见图4-4）：首先，第一产业为城镇经济的发展提供了充足的劳动力供应。城镇经济发展需要大量从事非农生产的劳动力。随着农业生产技术和生产效率的提高，农业中产生了大量的剩余劳动力，这些剩余劳动力通过逐渐转移为城市产业发展提供了充足的劳动力供应。其次，第一产业为城镇居民生活和工业生产提供了必需的农产品供应。随着城镇人口的大量增加，尤其是居民收入水平的提高，对农产品消费的数量和质量要求会越来越高。同时，农业生产为城镇工业发展提供了生产必需的许多原材料。最后，广大的农村地区为城镇工业产品提供了必要的消费市场。随着农业发展和农民收入水平的逐渐提高，农民对生产和生活消费必需品会产生更高要求，这必将扩大工业品销售市场，促进城镇经济的发展和产业结构的调整，推动城镇化的不断发展。

二、新型城镇化与第二产业的互动路径

（一）新型城镇化对第二产业的作用路径

城镇化的发展通过资源和要素在空间上的集聚效应，能够为工业化的发展创造良好的环境和条件。其作用路径主要表现在以下两个方面（见图4-5）：

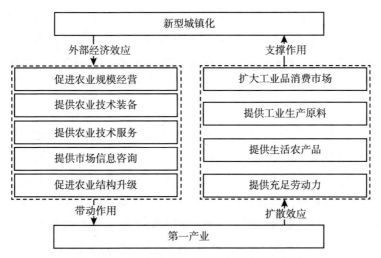

图4-4　新型城镇化与第一产业的互动路径

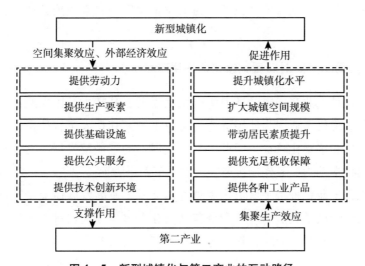

图4-5　新型城镇化与第二产业的互动路径

首先，城镇化促进了第二产业生产效率和效益的提高。工业企业是建立在分工协作基础上的专业化、规模化的生产经营组织，它是与外界具有广泛联系的开放性的生产系统。一方面，工业生产需要来自外部的大量劳动力从事非农生产；另一方面，工业生产需要来自外部的原料、能源、设备、技术和信息服务等要素；此外，工业产品设计与销售需要与外部进行广泛市场交换。这就使得工业企业具有空间集聚特征，企业集聚能够为原料采购、物质储备、产品运输、生产运作等提供便利，也方便与相关企业及市场开展联系。然而，城镇化发展正好使城镇具备了工业企业发展所需要的各种条件，既有良好的软硬件设施也有配套的相关服务，从而促进了工业企业生产效率和利润率的提高。

其次，城镇化促进了第二产业内部结构优化升级。城镇化发展能够为第二产业的技术水平和生产效率提高创造条件。一方面，城镇化能为第二产业发展提供空间集聚效应和外部经济效应，吸引各类工业企业在城镇一定空间聚集，通过专业化分工与协作，促进企业生产效率与经营效益提高，营造技术创新和知识外溢的氛围和环境。另一方面，城镇化能为第二产业升级创造了良好条件。良好的交通运输和网络通信，为工业企业加强与外部的联系与合作提供了方便；集聚分布的金融机构，为工业企业发展提供了融资支持；广泛分布的信息、技术和知识服务业，为工业企业产品升级提供了新技术支持；完善的基础设施与公共服务，为工业企业生产要素集聚创造了良好外部环境。

（二）第二产业对新型城镇化的作用路径

工业化是工业在国民经济中所占比重逐渐上升并主导国民经济中产业发展的过程。现代工业因为使用机器大工业生产尤其是人工智能机器人生产而具有规模化和集聚化特征。因此，工业发展推动了城镇发展，工业化是城镇化发展的根本动力。其作用主要表现在以下两个方面：

首先，工业化推进了城镇化规模的扩大。工业的发展使大量工业企业向城镇集聚，吸纳了大量的农业剩余劳动力和众多生活人口进入城镇；同时促进了生产要素市场、商品市场等专业化市场的发育和完善；此外，带动了交通运输、供水供电、现代物流等相关服务业的发展，使城镇规模得以迅速扩大。

其次，工业化促进了城镇化水平的提升。城镇化发展离不开工业的现代化，工业化发展为城镇的结构功能完善和质量水平提升提创造了条件。一方面，工业所生产出来的大量的生产、生活所需要的产品，为城镇化发展提供了各种机器设备和物质产品。另一方面，大量工业企业的集聚发展不仅创造了巨大产值，同时为区域财政缴纳了一笔巨大的税金，这为城镇基础设施和公共服务改善提供了重要的资金支持。

三、新型城镇化与第三产业的互动路径

（一）新型城镇化对第三产业的作用路径

新型城镇化发展为第三产业的发展提供了广阔的发展空间和巨大的需求市场，其主要表现在以下几个方面（见图4-6）：

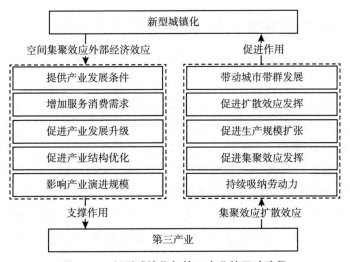

图4-6 新型城镇化与第三产业的互动路径

首先，城镇化提供了第三产业发展的必要条件。城镇发展使大批工业企业和人口向城镇聚集，形成了生产、生活区域交错分布的空间格局，这为第三产业发展提供了空间条件。同时工业企业的集聚与扩散对资金、运输、通信等生产服务业产生了需求。城镇居民收入水平和消费水平提升，对第三产业消费需求显著增加。这些变化为第三产业发展提供了充足的需求动力。

其次，城镇化促进了第三产业升级。在城镇化初期，因工业规模小、居民收入水平较低，第三产业作为城镇的一个配套行业而处于从属地位。随着城镇化持续发展，工业体系逐步完善，居民生活水平逐渐提高，第三产业的规模不断扩大、结构逐步升级，传统服务业逐渐向现代生产、生活服务业发展。

最后，城镇化影响了第三产业的演进规模。一般而言，城镇规模不同会

形成不同的第三产业布局。在中小城镇，受产业规模和人口规模的限制，第三产业规模较小，通常低于第二产业比重，且主要为交通运输、商贸流通、餐饮服务等传统服务业。在一些大中城镇，第三产业规模较大，通常高于第二产业比重，且主要为技术研发、信息咨询、金融保险、现代物流等现代生产性服务业，以及教育培训、旅游服务、服务外包、电子商务等新兴服务业。这样便形成了不同城镇之间第三产业的规模及产业结构状况的差异。这种状况既有利于第三产业的整体发展和产业结构的优化，也有利于促进现代产业体系发展。

（二）第三产业对新型城镇化的作用路径

随着第三产业在国民经济中所占比重逐渐提高，它对城镇化的推动作用越来越显著。当第三产业超过第二产业成为主导产业后，第三产业便成为了推动城镇化发展的主导力量。其主要表现在以下三个方面：

首先，第三产业发展推动了人口城镇化持续发展。第三产业是行业较多、门类广泛的产业体系，具有劳动密集型和技术密集型特征，其对从业者需求数量大、层次较广。因此，第三产业能够吸纳远远高于第一、二产业的劳动力，能够为城镇发展创造大量的就业岗位。随着工业生产自动化与智能化程度提高，其对劳动力的吸纳能力逐渐减弱，而第三产业将逐渐成为国民经济中最大的部门，通过吸纳更多农业人口向城镇集聚，推动人口城镇化继续发展。

其次，第三产业发展促进了城镇集聚效应发挥。第三产业中的众多服务行业与第二产业具有密切的产业关联，能够将各种资源和要素进行有效整合，促进城镇集聚效应充分发挥。物流运输业的发展促进了工业原料与产品的快速运输；信息通信业的发展促进了信息与知识的空间快速传播与共享；科技研发、技术咨询与服务行业的发展促进了技术与知识的创新等。总之，第三产业发展能够将各种资源和要素实现分工与协作，一方面促进生产的专业化和规模化发展；另一方面促进城镇生产合作的深化与居民生活质量的提升。这些变化有效推动了城镇集聚效应的发挥。

最后，第三产业发展推动了城镇的扩散效应。根据增长极理论，城镇化具有"极化效应"和"扩散效应"。在城镇化初期，"极化效应"在城乡之间发挥重要作用，能促进资源和要素向城镇的中心流动。随着城镇化进程加快，城镇在第三产业的作用下开始对周边地区产生"扩散效应"。交通运输业的发展为工业企业实现由城镇中心向周边区域的转移创造了前提条件；金融服务业和信息产业的发展为城镇经济的扩散提供了重要的保证。而且第三产业的发展程度越高，城镇化的扩散效应所涉及的区域也会越大。发达国家已进入后工业化阶段，第三产业已上升为国民经济的主导产业，城市化的扩散效应表现尤为明显，不仅出现了同一中心的郊区城市化现象，还出现了多个中心的城市带或城市群。

第五节 本章小结

本章基于"互动状态"决定"协调状态"的理念，总结和提炼新型城镇化与产业结构演进互动发展的实现机理。

在系统理论基础上，分析了新型城镇化与产业结构演进的系统内部结构、系统演化特征和系统演化目标。在协同理论、可持续理论基础上，构建了新型城镇化与产业结构演进协调发展理论框架和分析框架。在经济理论基础上，分析了在市场经济条件下，新型城镇化与产业结构演进的互动发展具有内在的作用机制。城镇化通过产业集聚效应、要素供给效应、需求拉动效应和公共服务效应等方面影响产业结构演进。产业结构演进通过生产要素流动效应、产业关联效应、产业转移效应等方面影响城镇化的发展。新型城镇化与产业结构演进的相互作用路径是通过三次产业的关联效应实现的。新型城镇化水平的提高有利于促进农业、工业和服务业的现代化。三次产业由于各自的产业属性不同，它们与城镇化相互影响、相互作用的路径各不相同。第一产业为城镇化发展提供了前提条件，第二产业和第三产业为城镇化发展提供了内在动力。

第五章

国外城镇化与产业结构
演进协调发展经验

在不同国家或地区，由于发展基础与环境条件各异，其城镇化与产业结构演进协调发展会呈现出明显的差异性。本章重点研究国外发达国家、发展中国家城镇化与产业结构演进协调发展经验。第一节主要研究欧洲国家城镇化与产业结构演进协调发展的历程；第二节研究美洲国家城镇化与产业结构演进协调发展的历程；第三节研究东亚国家城镇化与产业结构演进协调发展的历程；第四节研究国外发达国家、发展中国家城镇化与产业结构演进协调发展的经验。

第一节　欧洲国家城镇化与产业结构演进的历程

一、英国城镇化与产业结构演进的历程

（一）英国城镇化的历程

英国是工业化的发源地，也是第一个实现城市化的国家。英国的城市化大致可以分为三个阶段：分别是 18 世纪中叶至 19 世纪中叶、19 世纪中叶至 20 世纪初、20 世纪以来（见表 5 - 1）。

表 5 - 1　　　　　　　　　英国城乡人口分布

年份	总人口（千人）	城市人口（千人）	城市人口比重（%）
1750	约 7 665	1 303	17.0

续表

年份	总人口（千人）	城市人口（千人）	城市人口比重（%）
1801	10 501	3 549	33.8
1811	11 970	4 381	36.6
1831	16 261	7 203	44.3
1851	20 817	11 241	54.0
1861	28 927	18 022	62.3
1871	26 072	16 998	65.2
1891	37 733	27 618	72.0
1901	41 459	31 923	77.0
1911	45 271	34 315	75.8
1921	47 263	36 487	77.2
1931	46 074	35 984	78.1
1939	47 762	38 401	80.4
1950	49 816	39 345	79.0
1955	50 399	39 671	78.7
1960	51 572	40 455	78.4
1965	53 550	41 673	77.8
1970	54 832	42 285	77.1
1990	56 585	44 078	77.8
2009	61 565	48 945	79.5
2014	63 489	52 280	82.0

资料来源：1750～1851年数据见简新华等.中国城镇化与特色城镇化道路［M］.济南：山东人民出版社，2010：92；1861～1939年数据见《主要资本主义国家经济统计集》，第177页；1950～2014年部分数据见WorldUrbanizationProspects2005/2009/2010/2014。

1. 英国初步实现城市化：18世纪中叶至19世纪中叶

18世纪中叶，英国的城市人口占总人口比重仅为17%，到19世纪中叶，英国城市人口首次超过农村人口，城市化率达到54%。从17%到54%的城市化率，英国用了将近100年的时间。

中世纪到产业革命前，英国工业主要集中在以伦敦为中心的东南部地区。伦敦市的人口在1500年仅有5万人口，到1605年则增长到了22.5万人，工业大变革的百年内又增加了三倍，但工业中心却逐步向北转移了。兰开夏成了棉纺织工业的重要中心，苏格兰出现了以格拉斯哥为首的新工业区，曼彻斯特、利物浦、伯明翰、波尔顿等新兴工业城市成长起来，这些城市及周围大工业工厂，大量吸引着农村人口。1770 年时曼彻斯特的人口只有 1 万人，到 1821 年达到了 18 万人，到 1840 年，人口增加到了 35 万。不仅是工业城市，矿产城市和旅游城市也都经历了快速发展。1801～1851 年间，工业城市的人口从 68 万人增加到 274 万人，增长率达到 302.94%；矿业城市人口从 9 764 人增加到 112 704 人，增长率达到 1 054.28%；旅游城市从 7 万人增加到 35 万人，增长率达到 400%（见表 5 - 2）。

表5-2　　　　　　　　　　城市中心人口增长　　　　　　　　单位：人

年份	工业中心	矿业中心	旅游中心	其他
1801	680 522	9 764	72 790	2 246 184
1851	2 740 251	112 704	348 079	6 486 893
1911	8 363 807	1 462 673	1 360 583	17 197 372

资料来源：Law. C. M.. The Growth of Urban Population in England and Wales, 1801 - 1911 [J]. *Transactions of the Institute of British Geographers*, 1967 (3)：125 -143.

19 世纪中叶，英国的城市化率已达到 54%。从 17 世纪末到 19 世纪中期，整个英国的城市数量值增加了 110 个。城市快速发展的驱动力来自于工业发展。工业革命推动许多小城镇成为大城市，大城市成为特大城市。如格拉斯哥在 18 世纪末只是一个小城镇，到 1831 年则演变成了一个人口 20 万以上的工业城市。曼彻斯特 1770 年的人口只有 1 万人，到 1801 年增加到 7.5 万人，到 1871 年增加到了 35.1 万人。曼彻斯特人口的增加在很大程度得益于当地纺织业的发展，因纺织业发展起来的城市还有索尔福德、波尔顿、普尔斯顿、斯托克波特。1801～1851 年，英国新增加的 40 个城市中，27 个城市处在工业区。其中 14 个煤炭业、纺织业城市，7 个是煤炭钢铁制造业城市，6 个以煤矿、陶瓷厂或者玻璃厂为主。此外，3/4 的城市在西米德兰兹郡，英格兰西北部和约克郡。1801～1841 年，有 119 个新增城市。其中有 84 个在西米德兰兹郡、英格兰西北部和约克郡。而在 1801 年以前，这三个地区只出现了三个新城市。1841 年，苏格兰东南部地区的新增城镇是自 17 世纪以来最多的地区，新增城市数量占 67%，同时，英格兰西北部新增城市占

42%。数据显示，相同时间段，在英格兰和威尔士，人口在 2 万人以上的城市数量的增长率为 0.76，远高于其他人口规模的城市。其次是人口规模在 3 千人至 1 万人的城市数量，增长率为 0.57（见表 5 - 3 和表 5 - 4）。

表 5 - 3　　　　　　　　英国三大地区的城市数量和人口　　　　　　　单位：千人

地区	城市数量 （17 世纪末）	城市人口 （1751 年）	城市数量 （1801 年）	城市人口	城市数量 （1841 年）	城市人口 （1851 年）	城市数量 （1911 年）
英格兰	851	1 381	873	3 009	956	9 688	1 278
威尔士	73	1 381	76	3 009	82	9 688	118
苏格兰	81	276	87	479	117	1 506	145
总计	1 005	1 657	1 036	3 488	1 115	11 194	1 541

资料来源：赵煦 . 英国早期城市化研究 [D]. 武汉：华中师范大学，2008：52 - 53.

表 5 - 4　　　　　　　　英国和威尔士的城市数量　　　　　　　单位：个

城市规模	1801 年	1851 年	1891 年
20 000 人以上	15	63	185
10 000 ~ 20 000 人	31	60	175
3 000 ~ 10 000 人	60	140	262

资料来源：Law. C. M. . The Growth of Urban Population in England and Wales, 1801 - 1911 [J]. *Transactions of the Institute of British Geographers*, 1967 (3)：125 - 143.

17 世纪末，英国只有 10% 的人生活在城市，1801 年，城市人口比重上升至 42%，1841 年，城市人口比重升至 51%。1801 ~ 1841 年，除了人口规模在 2 500 以下的城市数量减少，人口规模 2 500 以上的城市数量都有所上升。其中，城市数量增加最多的是人口规模在 2 500 ~ 4 999 人。1801 年，人口超过 10 万人的城市只有 1 个，而到了 1841 年，人口超过 10 万的城市数量增加到 9 个，占所有城市规模的比重达 37%。1801 ~ 1841 年，城市增加了 119 个，其中十万人口的城市的城市化率最高，达到 37%。可以看出，这一时期，城市数量并没有增加多少，但是城市人口暴增，这说明大部分主要流向了大城市（见表 5 - 5）。到 1900 年，利物浦，格拉斯哥，曼彻斯特和伯明翰的居民超过了 50 万人，伦敦人口暴增到 60 多万人。人口超过 10 万的城市数量越来越多。同时，越来越多的人来到中等规模的城市定居。到 1950 年，鲜有英国和威尔士的城市居民居住在人口 1 万人以下的城镇，几乎 40% 的人口选择去首都伦敦或者大城市，导致这些首都和城市的人口很快突破百万人。

表 5 – 5   1801～1841 年美国城市规模和城市人口增长

城市规模	1801 年				1841 年			
	城市数量（个）	人口（人）	城市人口比（%）	增长率（%）	城市数量（个）	人口（人）	城市人口比重（%）	增长率（%）
小于 1 000 人	237	158 795	4	4	113	81 028	1	1
1 000～2 499 人	471	751 026	17	21	374	640 650	7	8
2 500～4 999 人	212	722 119	16	37	392	1 351 474	14	22
5 000～9 999 人	58	391 035	9	46	156	1 647 843	17	39
10 000～49 999 人	50	880 773	20	66	95	1 285 365	14	53
50 000～99 999 人	7	520 618	12	78	16	956 773	10	63
大于 100 000 人	1	958 863	22	100	9	3 542 584	37	100
总和	1 036	4 383 229	100		1 155	9 505 717	100	

资料来源：Clark P. *The Cambridge Urban History of Britain*（*Volume*2）［M］. Cambridge：Cambridge University Press，2008：69.

2. 高度城市化阶段：19 世纪中叶至 20 世纪初

19 世纪中叶至 20 世纪初是英国高度城市化的阶段。1851 年，英国就有 9 个人口超过 10 万人的城市。这一期间，大多数英国城市居民生活在小城镇里。到了 1861 年，人口超过 10 万人的城市数量上升到 16 个，到 1911 年则上升到 42 个城市。工业的发展进一步带动了城市，尤其是大城市的发展。传统的老城市，如切斯特、考文垂、埃克赛特的城市地位逐渐丧失，取而代之的是一批新的工业化城市，如谢菲尔德、布拉德福德、敦提成为主要城市。同时，曼彻斯特、利物浦、格拉斯哥和伯明翰等城市的发展尤为显著。19 世纪中叶，英国城市等级逐渐演变为由首都、重要的港口和制造业中心组成。1890 年，40% 的英国人和威尔逊人居住在英国东南部的卫星城和工业带。英国卫星城市的发展一直持续到 20 世纪 60 年代左右。

为了改善单一的中心大城市人口过度集中、交通拥挤、环境恶化，同时平衡地区间经济发展，城市群体式的发展模式逐渐成为主流。英国在 19 世纪末 20 世纪初基本形成了六大城市群，主要是大伦敦市、兰开夏东南部城市群、西米德兰城市群、西约克郡城市群、莫西地带城市群和泰因地带城市群。六大城市群的人口占总人口 40.2%，其中，大伦敦市是最大的城市群，1891 年，人口占总人口的 19.4%。直到 1971 年，其人口占比才回落至 15.2%（见表 5-6）。

表 5-6　　　　　　　　城市群人口占总人口比重　　　　　　单位：%

城市群	1891 年	1911 年	1931 年	1951 年	1971 年
大伦敦市	19.4	20.1	20.6	19.1	15.2
兰开夏 东南部城市群	6.5	6.5	6.1	5.5	4.9
西米德兰	4.4	4.5	4.8	5.1	4.9
西约克郡	4.9	4.4	4.1	3.9	3.6
莫西地带	3.1	32	3.4	3.2	2.6
泰因地带	1.9	2.1	2.1	1.9	1.7
总和	40.2	40.8	41.1	38.7	32.8

资料来源：Clark P. *The Cambridge Urban History Of Britain*（*Volume*3）［M］. Cambridge：Cambridge University Press，2008：69.

这一时期，特大城市具有超强的磁力，集聚人口、资本等要素，周围的中小城市则为其提供配套服务，形成完整的城市等级体系。超大城市，如伦敦、兰开夏的曼彻斯特、米德兰的伯明翰；大中型城市，如利物浦、利兹、布雷福德、谢菲尔德；小城市，如奥尔德姆、波尔顿、布莱克本、新拉纳克等。整个 19 世纪，英国的城市逐渐形成以伦敦为核心的统一并相互依赖的城市网络体系。

3. 城镇化稳定阶段：20 世纪以来

英国的城市化高速发展的局面一直持续到世界大战爆发前。两次世界大战期间，英国的城市化率没有大的变化，维持在 70% 左右。世界大战结束以后，城市化重新走入正轨，至 2013 年达到 90% 左右。经过两个世纪的发展，大城市的人口、资源、环境问题逐渐暴露出来。1937 年，为解决大城市工业和人口向包括伦敦地区在内的大城市过于密集的问题，英国政府委托皇家委员会发表了一份《皇家委员会关于工业人口分布的报告》（以下简称"巴罗报告"）。该报告将基于经济与城市空间问题综合考虑，得出高度集中性的大城市弊大于利的结论。1950~2005 年，英国的最大的七个城市的人口数量占总人口比重，除伦敦和伯明翰以外，其他四个城市分别呈现下降趋势（见表5-7）。随着工厂的外迁，人口的疏散，城市发展又面临新的问题。20 世纪60 年代，英国大城市出现郊区化倾向。大城市人口的减少，一方面能缓解城内过度拥挤、环境污染等问题，另一方面，也会带来公共服务成本上升、住宅荒废和人口流失所引起的劳动力短缺。随着人口的外迁，一些工厂也开始外迁。对于这些工厂来说，也许，城市外面的环境更有利于他们的发展。总而言之，经济的外移导致了城市部分区域出现严重的衰退。

表 5-7　　　　　　　　　1950~2005 年英国主要城市人口和占比　　　　　单位：万,%

城市	1950 年	1960 年	1970 年	1980 年	1990 年	2000 年	2005 年
伯明翰	222.9	233.8	237.0	235.7	230.1	228.5	228.0
	4.5	4.5	4.3	4.2	4.1	3.9	3.8
格拉斯哥	175.5	179.8	173.4	146.1	121.7	117.1	115.9
	3.5	3.2	2.3	2.6	2.1	2.0	1.9
利物浦	138.2	138.4	127.6	78.4	83.1	81.8	81.0
	2.8	2.7	2.3	1.4	1.5	1.4	1.4
伦敦	836.1	819.6	750.9	766.0	765.4	822.5	850.5
	16.8	15.9	13.7	13.8	13.5	14.0	14.3
曼彻斯特	242.2	242.7	239.6	234.3	228.2	224.3	222.8
	4.9	4.7	4.4	4.2	4.0	3.8	3.7
纽卡斯尔	90.9	93.4	88.6	79.0	87.7	88.0	87.9
	1.8	1.8	1.6	1.4	1.5	1.5	1.5

资料来源：World Urbanization Prospects（the 2005 revision）：Report of Department of Economicand Social Affairs ［R］. New York：United Nations Department of Economic and Social Afiairs/Population Division, 2005.

针对大城市部分区域的衰退，英国政府于 1946 年推行了新城运动。英国的城市更新政策始于20世纪60至70年代，持续至今。20世纪60年代的城市更新政策主要针对内城的衰败所带来的贫困、失业等社区问题。80年代主要引导私人投资，促进房地产开发和改善经济增长。90年代至今，强调经济、社会和环境的综合性改善。城市过于庞大，会带来资源紧张、环境污染等问题。城市规模过小会带来就业率低，经济发展水平不高的问题。不同规模的城市在城市体系中承担着不同的功能，但是只有每个等级的城市经济、社会和环境平衡发展，整个城市体系才能健康发展。而政府和城市规划者所需要做到的是如何才能在经济、环境和社会的发展中寻求平衡点，这将成为各个规模的城市发展的终极目标。

（二）英国产业结构演进的历程

1. 第一阶段：农业缓慢下降

工业化意味着经济增长，而经济增长则包括产业结构的变化，即从缓慢增长的产业部门向快速增长的产业部门的转变。英国是世界上第一个经济从农业生产活动向非农业生产活动转变的国家。从英国的工业化历程，可以看到这种经济结构的转变与工业化紧密相连（见图3-1）。

英国的工业革命始于18世纪40年代。1688年，英国只有1/5的家庭可以明确地归入非农业经济活动，是农业生产者及其家庭在淡季从事的职业，这类似于今天中国农民工的"兼业"经济行为。1788年，英国农业在国民经济中的比重仍旧高于非农经济活动，农业和工业比重为40:21。到了19世纪初期，1801年，整个英国从事农业、林业和渔业的劳动力只有33%，从事非农活动和其他产业的比重上升到67%（见图5-1）。

英国工业化的发展源于乡村工业化，尤其是一些工业集镇。据估计，早在1500年，就有半数以上的毛料服装产量是由乡村工业生产的。18世纪，英国大多数的集镇都是纺织业制造中心。纺织业集镇构成了18世纪中期英国毛纺织业大力发展的重要来源。这一时期，乡村许多经手工编织者编制的衣服都是在这些纺织业集镇里完成的。类似的城镇还有钢铁工业集镇、工程工业集镇等，像伯明翰、利兹、利物浦、谢菲尔德，最典型的工业集镇发展成大城市的例子就是曼彻斯特。17世纪，曼彻斯特的人口在全国城市里只排到82位，而到了1801年，就成为英国最大的城市，到目前为止，是仅次于伦敦的英国第二大城市。

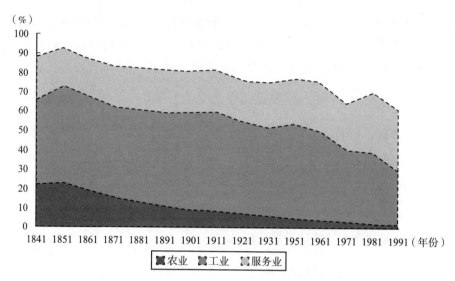

图 5 - 1　联合王国产业比重的变化

资料来源：［英］米切尔. 帕尔格雷夫世界历史统计：欧洲卷（1750 - 1993）［M］. 贺力平，译. 北京：经济科学出版社，2002.

2. 第二阶段：工业快速发展

19 世纪上半期，农业占国民经济份额继续稳步下降，从 1801 年的 33% 下降到 1850 年的 21%。同时期，农业的就业绝对量和占总就业人数的比重均下降了。1851 年，农业占总就业比重为 23%。1840～1913 年，英国的工业产量增加了 3 倍，实际 GDP 增加了 3.14 倍。1870 年，世界上有五个国家完成了工业化或者是已经进入较高的工业化阶段。在很长一段时间里，尽管英国的制造业在世界上仍占有重要地位，但是实力已大不如前。1870 年，英国的制造业在世界制造业中仍占有 31.8%，到 1913 年，比重下降了一半多，只占世界制造业生产的 14%。取而代之的是美国和德国，分别占 35.8% 和 15.7%。

随着工业化的快速推进，英国的产业结构以及工业内部结构均发生了较大变化。1840 年，英国的农业和工业之比为 22∶35，到 1900 年，农业和工业之比为 7∶43，工业比重几乎为农业的 6 倍。同时，工业内部也出现了较大变化，从以轻纺工业为主过渡到煤炭、钢铁等重化工业为主。1848～1849 年，世界上有一半的钢铁是大不列颠生产的。1870 年，英国的制造业占比世界第一（见表 5 - 8）。

表 5 - 8 世界制造业生产的百分比分布 单位: %

国家	1870 年	1913 年	1936~1938 年
美国	23.3	35.8	32.2
德国	13.2	15.7	10.7
英国	31.8	14	9.2
法国	10.3	6.4	4.5
日本	11.0	1.2	3.5

资料来源：［英］哈巴库克，波斯坦．剑桥欧洲经济史（第六卷）工业革命及其以后的经济发展：收入、人口及技术变迁［M］．王春法译．北京：经济科学出版社，2002：42.

3. 第三阶段：服务业快速发展

20 世纪以来，两次世界大战造成英国工业损失较大。在第一次世界大战中，英国的冶金、化学等重工业遭受到很大的损失。但是，英国花了 6 年左右恢复了工业生产。第一次世界大战后，英国很多城市产业结构依旧以工业为主。而第二次世界大战以后，英国很多重要的大城市的产业结构开始由工业为主转向服务业为主。

以英国传统的工业重镇曼彻斯特为例，在第二次世界大战中，工业衰退较为严重，但工业仍占经济最大比重。曼彻斯特的产业结构转型的特点是，从工业经济向服务业经济，从传统向新兴产业和现代产业转变。从曾经以钢铁、纺织和航运业为主的工业城市发展成为以金融、教育、旅游、商业、制造业为特色的大都市。在 20 世纪 60 年代初，曼彻斯特的制造业占城市经济的 70%。2011 年，其制造业占国民生产总值的 11.5%，信息和金融产业分别占 5.7% 和 11%（见图 5 - 2）。

二、德国城镇化与产业结构演进的历程

（一）德国城镇化的历程

1. 城市化发展初期：19 世纪 40 年代至 19 世纪 70 年代初

大多数发达国家的工业化与城市化进程都是平行发展的，德国也不例外。德国的工业革命始于 19 世纪 30 年代，当时的工业生产仍以工厂手工业与小手工业为主，德国的城市化进程没有明显迹象，此时的德国还是一个典型的农业国。

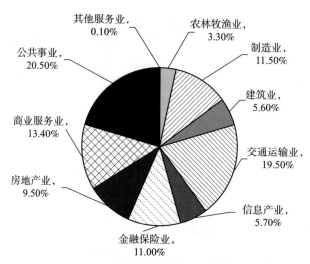

图 5 – 2　2011 年曼彻斯特南考产业结构比重

注：大曼彻斯特一般分为曼彻斯特南部和曼彻斯特北部，曼彻斯特南部包括曼彻斯特、索尔福德、斯托克波特、泰姆塞德、特拉福德。

资料来源：Local Gross Value Added（GVA）［EB/OL］. ManchesterCouncil，www. manchester. gov. uk/，2011.

德国城乡人口大幅流动始于 1840 年。1848 年，城市人口占总人口比重不到 30%，1871 年，德国的城市化率仅为 36%。1830～1870 年，德国经历了它的第一个工业化阶段。19 世纪 40 年代以前，德国的工业化还未开始，城市发展也较为缓慢。这一时期，只有一些以政治、军事和宗教为中心的传统城市发展初具规模，如柏林、汉堡、德累斯顿等。德国第一次使用蒸汽机是在 1785 年，到 1846 年，97.6% 的织布机仍然以手工为主。这时期，由于工业化尚未起步，城市发展非常缓慢。

19 世纪 40 年代以后，德国的工业开始发展。但在此时的德国，大规模的机器制造业还不普遍，因此城市的增长并没有形成规模化。由于主要工业以采煤业和冶金业为主，新兴城市也以工矿业为主，主要集中在鲁尔区和萨尔区。到 1870 年，德国最大的八个城市分别是柏林、布雷斯劳、科隆、埃森、美因河畔法兰克福、汉堡、莱比锡和慕尼黑。其中，以柏林人口最多，1820 年的人口为 20 万人，到 1970 年人口为 77 万人，人口几乎增长了三倍；仅次于柏林的城市为汉堡，1820 年人口为 13 万人，1870 年增加到 31 万人，也增长了两倍。

2. 城市化加速发展与基本实现阶段：19 世纪 70 年代初至 1910 年

德意志帝国的建立为经济发展扫清了道路，德国的工业开始迈上了新的阶段。1871 年，德国的城市人口比重为 36.1%，而到了 1900 年，城市人口超过农村人口，城市化率达到 54%。相应的，农村人口开始显著下降（见表 5 –9）。

表 5 –9　　　　　　　　　德国 1871 ~ 2014 年城乡人口比重

年份	总人口（千人）	城市		农村	
		人口（千人）	比重（%）	人口（千人）	比重（%）
1871	4105.9	1 482.2	36.10	2 623.7	63.90
1880	4 523.4	1 872.7	41.40	2 650.7	58.60
1890	4 942.8	2 100.7	42.50	2 842.1	57.50
1900	5 636.7	3 066.4	54.40	2 570.3	45.60
1910	6 492.6	3 895.6	60.00	2 597.0	40.00
1950	6 837.6	4 425.4	64.72	2 412.2	35.28
1955	7 032.6	4 732.0	67.29	2 300.6	32.71
1960	7 267.4	5 072.6	69.80	2 194.8	30.20
1965	7 563.9	5 072.6	67.06	2 194.8	29.02
1970	7 771.9	5 400.6	69.49	2 163.3	27.83
1975	7 867.9	5 665.7	72.01	2 106.2	26.77
1980	7 830.3	5 720.0	73.05	2 147.9	27.43
1985	7 769.8	5 684.8	73.17	2 145.5	27.61
1990	7 943.3	5 625.3	70.82	2 144.5	27.00
1995	8 164.2	5 830.4	71.41	2 112.9	25.88
2000	8 221.0	6 123.2	74.48	2 041.1	24.83
2005	8 246.9	6 174.0	74.86	2 047.0	24.82
2014	8 265.2	6 206.7	75.09	2 058.5	24.91

注：1871 ~ 1910 年城镇人口指人口为两千人或两千人以上者。

资料来源：1871 ~ 1910 年数据来自科佩尔平森. 德国近现代史（上册）［M］. 北京：商务印书馆，1987：303；1950 ~ 2014 年数据来自 United Nations. World Urbanization Prospects：The 2005 Revision［R］. Department of Economic and Social Affairs Population Division.

到了 1910 年，10 万人以上人口规模城市人口增长速度最快。但是，2 000 人口以下的城市其人口仍占全国总人口的 39.9%。1871~1910 年，大城市的人口增长最明显，小城镇发展也遍布全国。这是因为七八十年代，德国的人口流动以近距离为主，农业劳动力的主要流向以邻近城市和家乡附近的小城镇为主。据估计，每两个德国人的流动就有一个以近距离为主。80 年代末到 90 年代初，群众性的远距离人口流动才出现。

德国人口流动还有一个显著特点，即移民到国外的人数随着国内工业化水平的提高而降低。在 19 世纪 80 年代，134.2 万德国人移民到国外。这个数字在 19 世纪 90 年代下降到了 52.7 万，到 20 世纪初变成了 27.4 万。这种下降是和德国迅速发展的工业化和城市化相一致的。19 世纪 50 年代，德国 10 万人口以上的城市只有 3 个，到 1910 年，10 万人口以上的城市有 45 个（见表 5 – 10）。

表 5 – 10　　　　　　德国 1871~1910 年城市人口占总人口比重　　　　单位：%

城市规模	1871 年	1910 年
100 000 人以上	4.8	21.3
10 000~100 000 人	7.7	13.4
5 000~10 000 人	11.2	14.1
2 000~5 000 人	12.4	11.3
2 000 人以下	63.9	39.9

资料来源：Wolfang Kollmann. The Process of Urbanization in Germanyat the Height of the Industrialization Period [J]. *Journal of Contemporary History*, 1969 (4)：59 – 76.

3. 城市化稳定阶段：第二次世界大战以后

第二次世界大战爆发以后，德国的经济遭受破坏，城市化进程也由此中断。直到 20 世纪 60 年代，德国的经济才恢复过来，城市才得以发展。像其他欧洲国家一样，工业化期间，德国的大城市迅速发展。同其他发达国家不一样的是，德国的中小城市同样蓬勃发展。

工业化高速发展时期，德国的综合性大城市发展得也非常快。如德国的首都柏林，他不仅是德国的首都，还被称为欧洲的文化首都。随着城市化的发展，柏林的城市功能也在不断变化。工业革命之前，柏林是政治、文化和商业中心。工业革命之后，其制造业、食品加工、电力等工业发展，使柏林迅速成为德国的工业化城市。工业化后期，柏林集经济、文化和政治中心于一身，第三产业比重迅速上升。1910年，柏林就成为德国第一、欧洲第三和世界第五的大城市。但是与其他国家的综合性城市比较而言，德国的城市人口占全国城市人口比重最小。柏林从1950~2010年，城市人口比重从7.5%下降到5.4%，远远小于其他国家大城市的城市人口（见表5-11）。大城市的城市人口比重充分说明，德国的城市化过程中，并没有像大多数国家所出现的那种一城独大的城市。

表5-11　　　　　　各国1950~2010年最大城市城市人口比重　　　　　单位：%

年份	柏林	伦敦	东京	纽约
1950	7.5	21.3	38.7	12.2
1955	7	20.9	393	11.5
1960	6.4	20.3	41.1	10.9
1965	6	18.9	43.3	10.6
1970	5.6	17.8	42	10.5
1975	5.6	16.5	41	9.8
1980	5.7	15.7	41.4	9.2
1985	5.8	15.4	41.8	8.7
1990	5.9	15.2	41.4	8.4
1995	5.7	15.4	41.8	8.1
2000	5.5	15.7	41.6	7.9
2005	5.4	15.9	41.8	7.8
2010	5.4	15.8	41.3	7.5

资料来源：United Nations. World Urbanization Prospects：The 2005 Revision ［R］. Department of Economic and Social Affairs Population Division.

德国最大城市柏林的城市人口比重远远小于其他国家的特大城市人口的城市比重，从侧面上反映了德国不同规模的城市发展较为均衡。据统计，全德大城市每年约有20万左右的人向郊区和小城市流动，且外移的速度在逐渐加快。1965~1985年，100万以上的城市数量没有发生变化。数量发生最大变化的城市规模是2万~5万人和1万~2万人，比例分别增加了82.8%和85.7%（见表5-12）。

表 5 - 12   德国市镇数量和城市人口比重

市镇规模	1965 年（个）	1985 年（个）	1985 年比 1965 年的增加量和比率	
			数量（个）	比例（%）
100 万人以上	3	3	0	0
50 万 ~ 100 万人	8	9	1	12.5
20 万 ~ 50 万人	16	19	3	18.0
10 万 ~ 20 万人	30	33	3	10.0
5 万 ~ 10 万人	52	84	32	61.5
2 万 ~ 5 万人	190	347	157	82.8
1 万 ~ 2 万人	351	652	301	85.7
总计	650	1 146	496	76.3

资料来源：董黎明. 联邦德国城市发展趋势［J］. 城市规划，1989（2）：43 - 45.

（二）德国产业产值结构演进的历程

德国的工业化大致经历三个发展阶段：工业化初期（19 世纪初至 1850 年前），工业化中期（1850 ~ 1873 年）；工业化后期（1874 ~ 1914 年）。

1. 工业化初期：19 世纪初至 1850 年前

如果不考虑日本，工业革命可以被视为一种欧洲现象——其范围只限于欧洲国家及其海外移民定居地。德国与欧洲的其他国家相比较而言，工业化起步较晚。19 世纪 30 年代，当英国即将进入工业化后期的时候，德国的工业化进程才刚刚开始，而且进展非常缓慢。1831 年，德国已经拥有 1 000 台以上的机械棉织机。但是，由于成本高昂、缺乏资本和劳动力，使得德国工业化的准备阶段和第一次工业革命之间存在很长一段距离。1837 年，不到 10% 的普鲁士的铁产自炭炉，而此时的英国的炭炉制铁已较为普遍。交通网络的不发达也在一定程度上制约了工业的发展。19 世纪 30 年代后期，交通的发展很快满足了德国制造商对钢铁的需求。同样快速增长的产业还有煤炭。整个上半个 19 世纪，钢铁和煤炭产业的工人增加了三倍。

1835 年，德国第一条铁路投入使用，该铁路处于纽伦堡和菲尔特市。4 年后，另一条处于莱比锡城和德累斯顿的铁路开放。随后，类似的线路连接着主要的城市中心。为了刺激边缘地区的经济活动，德国建造了更多的铁路和公路。当然，德国的交通革命不仅限于铁路。德国为了发展经济，大力发展航海运输。当时最著名的运河连接莱茵和多瑙河。交通的完善促进了经济的发展，但是直到 19 世纪下半期以前，德国的工业基本上还是原始的和小规模的，小农和手工业者是主要的制造商，机器化大生产没有开始。

2. 工业化加速阶段：1850～1873 年

19 世纪 50～60 年代，"普鲁士式道路"的胜利和农奴制的瓦解，为工业创造了环境。50 年代以后，一系列制度的实施为德国的工业发展扫清了障碍。如 1852 年的关税统一，1861 年德国统一后，1863 年的贸易法、票据法和度量衡制度的统一等，促进了德国经济高速发展。

与其他国家一样，最先发展的纺织业。很多工厂采用水力和蒸汽动力，德国的棉纺织业开始大力发展。1871～1875 年的 5 年间，德国的原棉消费已经达到每年平均 116 000 吨，比英国在 1825～1830 年的年均消费还要多。丝织业、麻纺织业和毛纺织业也有了很大的发展。

德国工业革命中有一个突出的特点，铁路和公路的发展对德国工业结构的转换起了决定性的作用。19 世纪 60 年代以后，德国的产业很快从以纺织业为中心转向铁路和依赖交通发展的产业，如煤、铁等产业。铁路直接或间接地促进了重工业的发展。仅以钢铁为例，1840 年，德意志联盟的钢产量仅为 12.2 万吨，1870 年，钢产量翻了几乎 9 倍，达到了 104.47 万吨。除了钢铁产业，德国还大力发展了机器制造工业。到 19 世纪 60 年代初，德国的机器制造业工人达到 9 万人。19 世纪 70 年代，德国的波尔锡希机器厂就成为世界上最大的机车制造厂。当时德国工业占整个欧洲工业比重的 19.8%（见表 5－13）。

表 5－13　　　　　　　　　1870 年欧洲工业发展分布状况　　　　　　　单位：%

国家	工业占国民生产总值比重	国家工业发展占整个欧洲工业比重	国家工业占欧洲国民经济比重
英国	34	30.3	25.5
德国	28	19.8	20.0
法国	34	18.9	15.8

资料来源：Stephen B. , Kevin H. O'Rourke. *Cambridge Economic History of Modern Europe*：1700 - 1870 [M]. Cambridge：Cambridge University Press, 2010.

3. 工业化后期：1874 ~ 1913 年

在 1870 ~ 1914 年，德国从一个以农业为主的国家转变为以工业为主的国家。一些德国学者认为，这一阶段还可以分为两个时期：大萧条时期（1873 ~ 1896 年）和经济加速扩张时期（1896 ~ 1913 年）。大萧条时期始于 1873 年的经济危机，这一阶段以旧式的工业部门为主导部门。这一时期，德国的煤、钢铁、生铁等资源型产业继续快速增长。1870 ~ 1913 年，生铁占世界总产量从 10.5% 上升到 21.2%，而英国 1913 年仅为 13.2%。1913 年，德国的钢铁出口量为 640.1 吨，成为世界第一大钢铁出口国。这一时期，传统重工业产业是主导产业。

1896 ~ 1913 年，电器、化学等新兴产业成为主导产业。1875 年德国的硫酸产量不到 1/10，而 1913 年产量就达到了 172.7 万吨，成为欧洲第一大硫酸生产国。1913 年，德国的化学制品产量占世界总产量的 24%，世界第二位，仅次于美国。19 世纪末，德国也是世界第一纸张出口大国，占全世界出进口的 20.2%。至此，德国的工业化基本完成。

第二节 美洲国家城镇化与产业结构演进的历程

一、美国城镇化与产业结构演进的历程

（一）美国城镇化的历程

美国是一个比较神奇的国家，主要体现在两个方面：一是它是世界第一经济强国，二是它是经济强国中最年轻的国家。美国自建国到现在，两场战役对其发展至关重要：一是独立战争。独立战争使得美国摆脱殖民统治，从此成为一个独立国家。二是南北战争。南北战争统一了美国，为之后的工业革命扫清障碍。美国于 1920 年就实现了城市人口超过农村人口，之后城市化快速发展，2014 年，美国的城市人口比重为 81.4%（见表 5 – 14）。

表 5 - 14　　　　　　　　　1790 ~ 2014 年美国城市人口

年份	全国总人口（千人）	城市人口（千人）	城市人口比重（%）
1790	3 900	200	5.1
1800	5 300	300	6.1
1810	7 200	500	6.9
1820	9 600	700	7.3
1830	12 900	1 100	8.5
1840	17 100	1 800	10.5
1850	23 300	3 500	15.0
1900	76 100	30 200	39.7
1910	92 400	42 000	45.5
1920	106 500	54 200	50.9
1930	123 100	69 000	56.1
1950	151 700	96 500	63.6
1960	179 300	125 300	69.9
1970	203 200	149 300	73.5
1990	249 620	187 000	74.9
2000	282 220	223 200	79.1
2005	296 410	239 500	80.8
2009	314 659	258 010	82.0
2014	322 583	262 734	81.4

资料来源：简新华等. 中国城镇化与特色城镇化道路 ［M］. 济南：山东人民出版社，2010：110 - 111；World Urbanization Prospects：The 2009 Revision ［R］. Department of Economic and Social Affairs Population Division；World Urbanizati on Prospects：The 2014 Revision ［R］. Department of Economic and Social Affairs Population Division.

1. 城市化起步阶段：18 世纪末至 19 世纪中叶

美国人口增长可追溯至其殖民地时期。1650 年，殖民地人口大部分都住在西印度群岛，但是到了殖民即将结束时，西印度群岛和其他美洲殖民地的人口占总人口的比例倒过来，新英格兰、南部和中部殖民地人口占总人口的 4/5，而西印度群岛人口占总人口的 1/5（见表 5 - 15）。

表 5 – 15　　　　　　　　　英属美洲殖民地人口的地区分布　　　　　　单位：千人

年份	新英格兰	中部殖民地	南方北部	南方南部	人口总数
1620			1	0	1
1630	2		3	0	5
1640	14	2	8	0	24
1650	23	4	13	0	40
1660	33	6	25	1	65
1670	52	7	41	4	104
1680	69	15	60	7	151
1690	87	35	76	12	210
1700	92	54	98	16	260
1710	115	70	124	25	334
1720	171	103	159	40	473
1730	217	147	225	60	649
1740	290	221	297	108	916
1750	360	297	378	142	1 177
1760	450	428	502	214	1 594
1770	581	556	650	345	2 132

注：新英格兰地区包括缅因州、新罕布什尔州、富蒙特州、普利茅斯、罗得岛州和康涅狄格州；中部殖民地包括纽约州、新泽西州、宾夕法尼亚州和特拉华州；南部北部包括马里兰和弗吉尼亚州；南方南部包括佐治亚州、北卡罗来纳州和南卡罗来纳州。

资料来源：斯坦利，L. 恩格尔曼. 剑桥美国经济史（第二卷）［M］. 高德步等译. 北京：中国人民大学出版社，2008：171.

　　1790 年，美国有 400 万人口，其中只有 5% 的城市人口。当时只有 7 个城市的人口超过 5 000 人，12 个城市人口超过 2 500 人。美国在 1790～1810 年的年增长率在 3% 以上，19 世纪 40 年代和 50 年代的人口增长几乎可以和发展中国家的人口增长媲美了。大规模的人口增长为美国工业化提供了充足的劳动力，尤其是大多数移民处于劳动能力年龄。从图 5 – 3 中可以看出，从 1790～1990 年，美国的净移民增长率与总人口增长率的变动基本是一致的。城市工业的发展吸引了大量的美国农村人口和移民。在农村居民和移民大量涌入城市，城市化得到大的发展，不同规模的城市数量也大量增加。1790～

1850 年，美国城市化从 5.1% 上升到 15.3%，城市数量从 24 个增加到 236 个，增加了近 9 倍。同时，不同规模的城市数量增加有所差异，其中人口规模在 2 500 ~ 24 999 人的城市数量增加最多，从 1790 年的 22 个增加到 210 个。1850 年，25 万人口以上的城市只有一个。

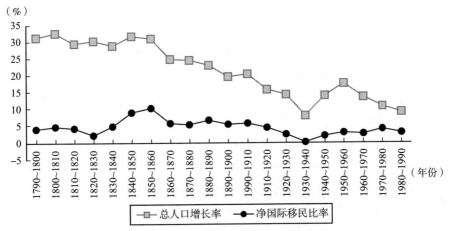

图 5-3 美国总人口增长率和净国际移民比率

资料来源：斯坦利，L. 恩格尔曼. 剑桥美国经济史（第二卷）[M]. 高德步等译. 北京：中国人民大学出版社，2008：151.

2. 实现城市化阶段：19 世纪中叶至 20 世纪中叶

19 世纪中叶左右，美国的工业化开始迅猛发展，蒸汽机开始大量投入使用，工业技术的发展使得很多工厂不再受地理位置的限制。当时许多制造业企业用蒸汽动力取代水力和人力。蒸汽动力的使用使工业进入到中西部地区。工业开始向城市中心集中，不同规模的城市快速增加。从 1850 ~ 1920 年，美国的城市化率从 15% 上升到 50.9%（见表 5 - 15），美国基本实现了城市化。全国的城市从 1850 年的 236 个增加到 2 722 个。1920 年，25 万人以上的城市增加到 25 个。人口规模在 2 500 ~ 24 999 人的城市的数量从 1850 年的 210 个增加到 2 435 个。

这段时期，美国的城市化开始从东北部往中部蔓延。美国工业化最先发展的地区是东北部，东北部的城市化率显著高于其他地区。资料显示，1860 年，美国东北部的城市化率远远高于全国平均水平，分别为 35.7% 和 19.8%。

3. 城市化高速发展至稳定：20世纪中叶至今

1960～2013年，美国的城市人口比重从70%增加到80.8%，但是城市人口的增长率出现下降。这一段时期，美国城市化的主要特点是大都市化和郊区化。19世纪的城市的人口集中度较高，大多数城市都是单一中心结构。而到了20世纪，西南部和西部地区的城市快速发展，而且较多呈多中心结构。各种中心城市发展非常迅速，有全国中心城市，如纽约、芝加哥；有地方中心城市，如费城、圣路易斯，还有一些专业小城市和卫星城。20世纪，城市体系的发展取代了19世纪以边界扩张的城市发展模式。各种中小城市与辛辛那提、圣路易斯、芝加哥这样的大枢纽地区一起发展起来。大都市地区的人口明显上升，1920年，都市区域占全美人口的比重为33.9%，1990年为77.5%，而100万以上人口的都市区域占全美人口的16.6%，而到了1990年，比重上升到50.2%。郊区化是这个时期美国城市化发展的另一个趋势。农村向城市的单向流动出现逆转。1965年，人口开始向相反的方向流动。从都市流出的净移民在70年代最多，到1982年左右才结束。美国郊区化的发展主要受到两个因素的影响：一是交通运输的革新。19世纪后期的铁路交通的发展使得半农业的郊区出现并成为成功的典范，它是社会经济混合体但与主导经营阶层相联系。1888～1918年，电车改变许多城市的交通的时候，就为郊区的发展提供了一个通道。同时，汽车产业的发展使得城市的工作与郊区的住房之间的长距离不再成为问题。20年代期间，汽车拥有量从每13人拥有一辆上升到每5人拥有一辆。二是政府的政策促进了郊区的房地产投资。当时，偏远的地区更容易获得贷款保证，从而鼓励了大批的开发商投入到郊区的建设中。城市—郊区群最初的发展存在核心—外围的关系，但是到郊区化发展后期，他们和中心城市就失去了核心—外围关系。1980年，一个典型的郊区中不到10%的人口是在过去5年里从中心城市迁移过来的。整个20世纪40～70年代，联邦政府的政策对于郊区化的发展起着主导作用，之后联邦政府开始淡出。

（二）美国产业结构演进的历程

1. 工业化第一阶段：1820～1860年

美洲早在殖民地时期，经济就取得了一定的发展。18世纪中期，英属美洲大陆殖民地人均真实产品数量，每年平均增长0.3%～0.5%。这个增长率对于殖民地未开发前的标准来衡量，已是相当不错的。其中最大的四个城市分别是波士顿、纽约、费城和查尔斯顿。最早城市是马萨诸州的波士顿。波士顿早在 19 世纪初的几十年间都是以商业活动为主，航运业是主要产业。1805 年，美国船运量为 100 万吨，新英格兰占一半，波士顿就占新英格兰的 1/4。

资源型制造业，即依靠当地可能得到的资源进行生产的制造业，是美国早期制造业的主要特点，如造船、面粉业和林木采伐业等。美国制造业真正地扩张始于 19 世纪 20 年代，19 世纪 30 年代开始高速发展，到 1860 年，美国已成为世界第二制造大国。1860 年，美国制造业前十位的主导部门中，轻工业占据着前五位。织布业是美国最大的工业。1813～1853 年的大部分时期内，纺织机械制造业一直是美国最大的重工业，规模和产值远高于其他重工业。但这间接说明了当时美国纺织业的发展势头。

美国制造业之所以能取得这么快速的发展，主要基于以下三点：第一，由于劳动力、资本等生产要素的价格较高，美国制造业的普遍成本比当时的大不列颠要高。那么，在这种情况下，美国的制造业如何与欧洲竞争从而取得了胜利？当时，美国大幅提高生产率来弥补工资和利息水平的差距。第二，劳动生产率不断提高。第三，节约劳动型创新的发展，降低了成本。美国在 1800～1840 年，劳动力对产出增长的贡献率要高于资本的几乎一半，但是 1840～1900 年，劳动对产出增长的贡献率下降到 45%，而资本对产出增长的贡献率上升到 35%（见表 5－16）。

表 5－16　　　　　　　　　　要素对产出增长的贡献率　　　　　　　　单位：%

年份	劳动力	资本	土地	生产率
1800～1840	54	29	2	15
1840～1900	45	35	2	18

资料来源：斯坦利·L. 恩格尔曼. 剑桥美国经济史（第三卷）[M]. 扈德步等译. 北京：中国人民大学出版社，2008：12－53.

2. 工业化第二个阶段：1860～1914 年

随着工业化的发展，美国的制造业取得了很大的进步。1860 年，美国已经成为世界上第二大制造业大国了，但其制造业局限于消费品和资源型工业。这一时期，美国移民的大量流入为美国带来了工业发展所需要的知识和技能，更重要的是，这些知识和及技能从某种程度上来说是免费的资本。

20 世纪城市的发展与 19 世纪存在一些差异性。19 世纪，新地区农业和制造业生产的主要空间变动形式是经济边界的扩大。20 世纪中，城市体系的扩张占据了中心地位。这部分是因为结构的变动：从农业与制造业经济向服务业与制造业经济转化，制造业内部向城市中心附近转移。19 世纪的城市建设也是至关紧要的，工业与商业在新地区的发展中居于前锋地位，他们不断进化，对其他城市的中心地区功能起到支持作用。在中西部，出现了非常有利于经济发展的城镇设施。中小规模的城市与辛辛那提、圣路易斯、芝加哥这样的大枢纽地区一起发展起来，为当地农场与制造业工人提供市场与服务。在东部和中西部的制造业地带，以城镇为基础的地区工业体系供应者地区的最终是全国的市场。

与城乡人口变化同步的是制造业内部结构的变动。1860～1914 年，美国制造业的内部构成由轻工业为主转向以重工业为主。1870 年，钢铁业部门的就业人数占总就业人数还低于棉织品和皮革制品的就业人数，但是，到 1910 年，情况颠倒过来，钢铁部门的就业人数占制造业就业人数比重最高，达到 15.19%（见表 5 – 17）。

表 5 – 17　　　　　制造业主要部门就业占制造就业人数比重　　　　单位：%

类别	1870 年	1910 年
羊毛和毛纺织品	5	2.9
棉花和棉织品	7.29	1.18
皮革和皮革制品	9.56	4.72
钢铁业	7.58	15.19
运输设备	5.63	8.88
木材和木材制品	8	12
印刷和出版业	1.5	6

资料来源：M. M. 波斯坦，H. J. 哈巴库克. 剑桥欧洲经济史［M］. 王春法，译. 北京：经济科学出版社，2002：649.

3. 工业化第三个阶段：20 世纪 20 年代至今

美国工业化的第三阶段，产业结构不仅表现为工业内部结构的继续演化，还包括三次产业的结构变化。1920 年，制造业占国民总产值的 26%，服务业占 16%。1970 年，制造业和服务业的位置就发生了变化。服务业的比重上升到31%，而制造业的比重还是维持在25%，但到1990年，制造业的比重下降到了16%（见表5-18）。在整个产业结构发生变化的同时，工业内部结构继续发生变化。从图5-4可以看出，轻重工业的产值比重与就业比重基本是同步变化的。

表5-18　　　　　　　1920~1990年美国各部门产值比重　　　　单位：%

年代	农业林业渔业	制造业	商业金融业	运输通信业	服务业
1920	0.27	0.26	0.12	0.10	0.16
1930	0.22	0.23	0.15	0.10	0.19
1940	0.17	0.23	0.20	0.05	0.23
1950	0.11	0.25	0.27	0.06	0.22
1960	0.06	0.26	0.28	0.05	0.25
1970	0.04	0.25	0.30	0.05	0.31
1980	0.03	0.21	0.37	0.04	0.29
1990	0.03	0.16	0.42	0.05	0.28

注：此表数据来源于帕尔格雷夫美洲史，删去了比重较低的部门，所以表中的数据加起来不等于100%.

资料来源：［英］米切尔.帕尔格雷夫世界历史统计：美洲卷（1750-1993年）［M］.贺力平，译.北京：经济科学出版社，2002.

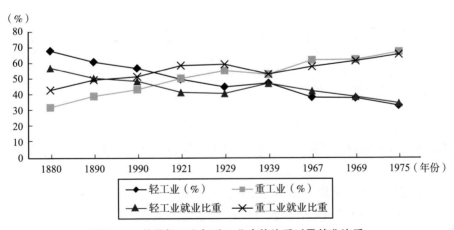

图5-4　美国轻工业与重工业产值比重以及就业比重

资料来源：经济结构组办公室资料组，经济研究参考资料编辑部.主要资本主义国家的经济结构［M］.北京：中国社会科学出版社，1981：13.

1921～1975 年，轻工业比重从 49.4% 下降到 34.3%。而重工业比重从 50.6% 增加到 65.7%。同一时间段，轻重工业就业比重也呈现出一降一升的局面。

20 世纪 20 年代以后，不同地区的产业发展也有所不同。20 世纪 20 年代，城镇增加中有 1/3 的部分发生在东北中部地区。该地区的制造业增长比较显著，如米西格州的弗林特（Flint）的汽车工业、南本德（South Bend）的钢铁工业。1950～1980 年，该地区的公共教育服务开始增长，如威斯康星州的麦迪逊。太平洋沿岸、大西洋沿岸南部和西南中部地区在 1950～1990 年的城镇增长主要集中在加利福尼亚。加利福尼亚的制造业不同于东北部的资源型制造业，而是以科技含量高的制造业为主。此外，加利福尼亚的服务业发展非常迅猛。1910 年，加利福尼亚分配与服务业产业占全州劳动力的 42.7%，而全国的整体比例是 31.3%。同时，不同规模的城市都出现城市中心的制造业岗位显著下降，而郊区出现不断上升的局面。比如，1947～1972 年，人口超过 100 万人的都市地区中心制造业岗位减少了 88 万个，而都市的郊区却增加了 250 万个岗位。1963 年，中等规模的标准都市统计地区（SMSAs）中，有超过 50% 的制造业和零售业就业位于郊区地带。而到了 1981 年，全美国大约 2/3 的制造业位于郊区。总而言之，这一时期美国的城市化进程中伴随着经济结构的变化，即城市中心制造业就业的减少和服务业岗位的增加。

二、巴西城镇化与产业结构演进的历程

（一）巴西城镇化的历程

巴西是拉美地区国土面积最大、人口最多、经济发展水平居前列的大国，并拥有非常丰富的自然资源。巴西城镇化进程和特征在拉美地区具有典型的代表性。

1. 城镇化初期阶段（20 世纪 30 年代以前）

从 16 世纪 30 年代起，巴西开始沦为葡萄牙的殖民地，长期作为外来殖民者的农产品和原材料的供应地，经济的附属性质相当强，并在政权上形成了"牛奶加咖啡"的农业寡头政治。由于其殖民地的性质，巴西在 1930 年之前工业化没有明显的发展，为数不多的城市主要是服务于殖民经济、作为

商品集散地的港口城市，如圣保罗、里约热内卢等城市都是在那时发展起来的。因此，受殖民地经济性质的影响，这一时期巴西城镇化并没有工业化的基础。在这一时期，巴西城镇人口的来源主要不是国内农村人口，而是外来的移民，其中以来自欧洲的白人移民为主。1808 年，拿破仑入侵葡萄牙，葡萄牙王室迁至巴西并定都里约热内卢，使得巴西成为葡萄牙帝国的中心，从而带动了巴西经济的起飞和城镇的快速发展。由于葡萄牙王室的到来，里约热内卢的人口急剧增加，城市基础设施和经济建设迅速发展。受城市经济发展和城市建设的需求影响，大批技术人才进入城市。另外，葡萄牙王室对其友好国家开放巴西的港口，也极大地促进了巴西城市的发展。1822 年巴西获得政治上的独立。

19 世纪中叶之后，咖啡经济的繁荣和铁路的修建，使得城市发展得到强有力的推动和强大的物资基础。随着城市和港口、铁路的建设，铁路沿线相继出现了一批新的城镇。19 世纪后期，大规模欧洲移民的到来促进了巴西城镇化发展。1888 年，巴西废除了奴隶制，先前的奴隶成为自由人进入城市，大批欧洲移民也进入巴西，共同促进了巴西城镇化进程，使城市规模不断扩大。1870～1890 年形成了移民进入巴西的高潮，大约有 400 万外国移民定居巴西。大部分移民到咖啡产区务农，小部分留在城市务工、经商或从事其他工作。里约热内卢、圣保罗、桑托斯和阿雷格里港等城市的发展就是在移民的推动下发展壮大起来的。移民在这些城市中一般占全城市人口的 30%～50%，他们控制了零售业和一些工业，并推动了面向市场的消费品生产。因此，20 世纪 30 年代之前，巴西的城镇化是没有工业化基础的传统发展。从 16 世纪初葡萄牙殖民者到达巴西起，在近 300 年的殖民统治期间，巴西一直是葡萄牙宗主国的初级产品和原料的生产地和供应地。城镇化主要承担着传统的职能：商业、官僚机构和初级工业活动的中心。

2. 超工业化的过渡城镇化阶段（20 世纪 30 年代以来）

1930 年，巴西的瓦加斯革命结束了农业寡头统治，并开始了工业化进程。为摆脱殖民宗主国的控制，壮大民族经济，巴西全面实施进口替代发展战略，带动了中心城市的快速发展。但是受长期殖民地经济的影响，直到 20 世纪 50 年前半期，巴西经济仍然以初级产品和原料为主。50 年代后半期，巴西工业化进程加快，注重工业和耐用消费品工业发展，在替代进口发展战略的作用下，1967～1974 年期间，巴西 GDP 年均增长 10.1%，创造了"巴西奇迹"，并初步建立起了较为完整的工业体系。在工业化的带动下，巴西城镇化飞速发展，新城镇不断涌现，圣保罗和里约热内卢等大城市的集聚和规模效应开始显现。如圣保罗的工业品占国家的份额在 1950 年达到 55%。尤其在资本品工业和耐用品工业发展起来后，圣保罗的集聚作用更强，一直在巴西工业化进程中处于领先地位。除此之外，多数区域的产业也迅速发展，从而为沿海地区的城市带来了长期的经济增长和人口增长。

从 20 世纪 50 年代初至 70 年代末，巴西城镇化得到了飞速发展，城镇化水平从 36.2% 快速上升到 67.4%。完成同样的城镇化历程，发达国家一般需要 50 年时间，且人均国民生产总值同时增加了 2.5 倍，而巴西仅增加了 60%，这说明了巴西的城镇化进程和经济发展明显脱节。在快速城镇化的同时，巴西形成了相应的城镇结构体系。从 1950~1980 年，巴西人口高于 2 万人的城镇从 96 个上升到 496 个。其中 1950 年，人口超过 10 万人的城市有 11 个，超过 50 万人的有 3 个，超过 100 万人以上的有 2 个；到 1980 年，人口超过 10 万人的有 95 个，超过 50 万人的有 15 个，超过 100 万人的有 7 个。

目前，巴西已经实现了高度城镇化，城市人口过度集中于少数特大城市中，并在区域上集中于圣保罗州等东南沿海地区。由于巴西城镇化水平超前于经济发展水平，其城镇中存在大量失业人口和在非正规部门就业的贫困人口。由于城镇贫困问题非常严重，贫民在城镇中蔓延，导致了巴西的各种城镇问题。

（二）巴西产业产值结构演进的历程

巴西是发展中国家中经济较为发达的国家，也是拉美国家中面积、人口、经济规模和结构变动等方面比较有代表性的国家。从巴西产业结构的发展历程中，可以提取和发现拉美国家的一些共同特点。

1. 产业结构的缓慢演变阶段（1940 年以前）

巴西的现代化进程开始于 20 世纪 30 年代，在此之前巴西的工业化已经在东部沿海和东南部地区有所起步。从 20 世纪 30 年代起，巴西开始推行进口替代工业化发展战略，带动了城市化的迅速发展。

在 1940 年，巴区服务业的产值占 GDP 的比重为 54.2%，超出了农业的占比（21.4%）和工业的占比（24.4%）。但服务业就业比重仅为 26%，远远低于农业的 60.0%。这表明巴西在城市化早期仍以农业为主，但是有比较发达的服务业。这一年，巴西的人口总数为 4 132.6 万，城市人口有 1 089.1

万，城市人口占 26.35%。

2. 产业结构的高速变动阶段（1940～1990 年）

1940～1970 年，伴随着工业化的迅速发展，巴西的产业结构也发生了巨大变化。农业的产值比重由 21.4% 下降到 10.0%，下降了 11.4%，就业比重由 60% 下降到 31.2%，下降了 28.8%。工业产值比重增加了 13.0%，就业比重增加了 12.6%。服务业的产值比重下降了 1.6%，就业比重上升了 16.3%。在此期间，巴西的城市化飞速发展，城市化率由 1940 年的 26.4% 提高到 1970 年的 55.8%，上升了 29.4%。

1970～1990 年，巴西的产业结构继续变动。在此期间，农业产值比重下降了 1.9%，工业产值比重提高了 1.3%，服务业产值比重提高了 0.6%。就业结构的变化较为显著，农业就业比重降低了 8.4%，工业就业比重降低了 3.9%；服务业就业比重上升了 12.2%。同期，城市化加速发展，城市化率由 55.8% 提高到 73.9%，上升了 18.1%。

3. 产业结构的进一步发展（1990 年至今）

1990 年以后，巴西的产业结构继续调整。农业的产值比重由 8.1% 下降到 5.6%，下降了 2.5%，就业比重由 22.8% 下降到 14.5%，下降了 8.3%。工业进入迅速下降时期，工业产值占 GDP 比重由 38.7% 下降到 24.4%，下降了 14.3%，就业比重没有变化。服务业进入快速增长时期，服务业的产值比重由 53.2% 提高到 70.0%，上升了 16.8%，就业比重由 54.5% 提高到 62.8%，上升了 8.3%。从 1990 年到 2013 年，巴西的城市化继续发展，城市化率由 1990 年的 73.9% 提高到 85.2%。人均 GDP（2005 年不变价美元）由 1990 年的 3 981.7 美元增长到 5 896.1 美元（见表 5 – 19）。

表 5 – 19　　　　　　　巴西产业结构与城市化变动情况

年份	人均 GDP（2005 年不变价美元）	产值结构（%）			就业结构（%）			城市化率（%）
		农业占比	工业占比	服务业占比	农业占比	工业占比	服务业占比	
1940	—	21.4	24.4	54.2	60.0	14.0	26.0	26.4
1950	—	16.8	32.7	50.5	54	13	33	36
1960	1 712.8	13.4	37.1	49.5	44	18	38	46.1

续表

年份	人均GDP (2005年不变价美元)	产值结构（%）			就业结构（%）			城市化率（%）
		农业占比	工业占比	服务业占比	农业占比	工业占比	服务业占比	
1970	2 346.6	10.0	37.4	52.6	31.2	26.6	42.3	55.8
1986	4 139.7	11.2	45.2	43.7	25.9	24.1	50.0	70.7
1990	3 981.7	8.1	38.7	53.2	22.8	22.7	54.5	73.9
2000	4 406.7	5.5	26.5	68.0	18.5	22.5	59.0	81.2
2013	5 896.1	5.6	24.4	70.0	14.5	22.7	62.8	85.2
城市化变动 1940~1970	—	-11.4	13	1.6	-28.8	12.6	16.3	29.45
城市化变动 1970~1990	1 635.1	-1.9	1.3	0.6	-8.4	-3.9	12.2	18.9
城市化变动 1990~2013	1 914.4	-2.5	-14.3	16.8	-8.3	0	8.3	11.3

资料来源：吴红英. 巴西现代化进程透视［M］. 北京：时事出版社，2001：249-255；世界银行数据库［EB/OL］. http：//data. worldbank. org. cn/indicator.

　　总的来看，巴西的城镇化与产业结构互动发展也取得了比较大的成绩，在1940~1990年50余年内完成了发达国家用100年进行的城镇化与产业结构的互动发展进程。在巴西城镇化的中前期，工业发展迅速，产值比重和就业比重都有大幅提升，工业化对城镇化具有明显的推动作用；在城镇化加速发展的中后期，巴西三次产业产值结构的变动很小，说明其城镇化水平虽然在继续提高，但产业结构优化的动力不足。虽然巴西的城镇化率达到了很高的程度，但是城镇化水平和产业结构发展不同步、不协调，城市人口过度集中于少数特大城市，出现了一系列问题：如农业发展滞后，城乡差距扩大，城镇居民失业率高，城市基础设施的承载力不足，环境污染严重，大城市交通拥挤、住房紧张、治安混乱等。这些问题已经成为制约巴西经济发展的严重阻碍。

第三节 东亚国家城镇化与产业结构演进的历程

一、日本城镇化与产业结构演进的历程

（一）日本城镇化的历程

日本是亚洲第一个实现工业化和城市化的国家。伴随着工业化进程，日本的城市化也开始了新的发展。回顾日本的城市化进程，起伏并不是很大，主要经历了以下四个阶段（见表 5 - 20 和图 5 - 5）。

表 5 - 20　　　　　日本城市化 1898 ~ 2021 年的发展趋势

年份	总人口（千人）	城市人口（千人）	城市人口比（%）
1898	45 403	5 335	11.75
1903	48 543	6 810	14.03
1908	51 742	8 300	16.04
1913	55 131	8 999	16.32
1918	58 087	10 843	18.67
1920	55 963	10 097	18.04
1925	59 737	12 897	21.59
1930	64 450	15 444	23.96
1935	69 254	22 666	32.73
1940	73 114	27 578	37.72
1945	71 998	20 022	27.8
1947	78 101	25 858	33.11
1950	84 115	31 366	37.29
1955	90 077	50 532	56.10
1960	94 302	59 678	63.28
1965	99 209	67 356	67.89

续表

年份	总人口（千人）	城市人口（千人）	城市人口比（%）
1970	104 665	75 429	72.07
1975	111 940	84 967	75.90
1980	117 060	89 187	76.19
1985	121 049	92 889	76.74
1990	123 611	95 644	77.37
1995	125 570	98 009	78.05
2000	126 926	99 865	78.68
2005	127 768	110 264	86.30
2010	128 057	116 157	90.71
2014	127 000	118 136	93.02
2015	126 730	11 624 943	91.73
2016	126 350	11 864 265	93.90
2017	125 910	11 734 812	93.20
2018	125 210	11 469 236	91.60
2019	126 167	11 569 514	91.70
2020	124 776	11 454 437	91.80
2021	125 470	11 530 693	91.90

资料来源：《日本统计年鉴（汇编1868～2021）》。

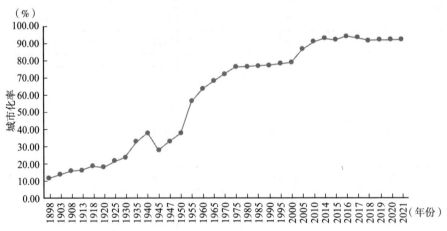

图 5-5　日本 1898～2021 年城市人口比重

资料来源：《日本统计年鉴（汇编1868～2021）》。

1. 城市化开始阶段：明治维新前至20世纪20年代

江户时代，日本的城市有所发展，但是封建体制限制了国际贸易和国内的人口流动。这一时期，日本的"参觐制度"客观上刺激了江户、大阪和京都等城市人口增长。1626年，江户人口有15万人，大阪有25万人，到1680年增至35万人，大阪增至34万人，京都达到35万人。19世纪，江户的人口超过100万人，大阪则超过了50万人。

明治维新以后的政治改革和经济发展共同促进了城市化进程。明治维新时期（1868～1912年），日本的城市模式发生了改变。政治改革将领主封地改成地级行政区，解除了人口流动的制度障碍，日本自此进入"开放"时代。封建制度消除了人口流动的限制，加上工业化也开始起步，两者共同促进了明治维新后城市化发展的第一阶段。尤其是20世纪的头十年，日本的工业化与城市化的联系异常紧密。日本从一个闭关锁国的国家向开放的资本主义国家转变过程中，日本衰退的城市和兴旺的城市的地理位置发生了改变。

1889年，日本实行市町村制的时候，全国建立了39个市，其中32个起源于封建时代的城下町，占全部市的82.1%。但是，日本实行开放的资本主义制度以后，城下町逐渐衰退下来，取而代之的是沿海城市开始快速发展。沿海城市的繁荣与经济发展关系紧密。因为海运的有利条件，工业品很容易出口到美国、中国和发达国家。1920年，日本的港口城市形成了四个主要工业带：京滨工业带（东京和横滨）、名古屋工业带（名古屋和周围城市）、阪神工业带（大阪、神户和两城市之间的地区）、北九州工业带（九州岛东北角，包括福冈城）。

这一时期，日本的城市人口从1898年的11.75%上升到1920年的18.04%。1893年后，少数城市的人口开始增长，而地方县流入小于流出。1889～1893年和1894～1898年间东京的人口纯流入率分别为14.8%和8.0%，大阪为3.6%和6.1%，京都为0.8%和2.2%，神奈川为0.1%和6.0%。1888～1898年，城市的数量则从37个增加到52个，到1920年又增加到83个（见表5-21）。

表5-21　　　　日本1888～2005年市、町、村的数量　　　　单位：个

年份	市町村	市	町	村
1888	70 472	37	70 435	58 433

续表

年份	市町村	市	町	村
1889	13 386	39	13 347	12 632
1893	15 144	43	15 101	13 773
1898	14 778	52	14 726	13 557
1903	13 532	60	13 472	12 351
1908	12 453	66	12 387	11 223
1913	12 348	69	12 279	11 033
1918	12 251	79	12 172	10 839
1920	12 244	83	12 161	10 796
1925	12 018	101	11 917	10 385
1930	11 864	109	11 755	10 051
1935	11 545	127	11 418	9 710
1940	11 190	168	11 022	9 260
1945	10 536	206	10 330	8 527
1950	10 500	254	10 246	8 357
1955	4 877	496	4 381	2 508
1960	3 574	561	3 013	1 080
1965	3 435	567	2 868	860
1970	3 331	588	2 743	723
1975	3 257	644	2 613	637
1980	3 256	647	2 609	616
1985	3 254	652	2 602	601
1990	3 246	656	2 590	587
1995	3 233	665	2 568	576
2000	3 230	672	2 558	567
2005	2 217	751	1 466	288
2010	1 733	786	757	190

资料来源：简新华等. 中国城镇化与特色城镇化道路 [M]. 济南：山东人民出版社，2010：119.

2. 曲折发展时期：20 世纪 20 年代至 20 世纪 50 年代

自 1988 年，日本的城市化开始以来，进程一直比较顺利。但是 20 世纪 20 ~ 50 年代期间，日本的城市化并非一帆风顺。1940 年日本的城市化率为 37.72%，而到了 1947 年下降为 33.11%，下降了 5 个百分点左右（见表 5 - 21）。为什么日本的城市化会出现不升反降的局面呢？

第二次世界大战以前，日本的城市化在工业化的带动下，一直发展得较为顺利。但是第二次世界大战中断了其城市化进程。据统计，第二次世界大战中，日本有超过 2 万多个城市遭到破坏，受灾人口超过 969.9 万人，尤其是东京、名古屋、大阪、神户等大城市损失最为严重。工业生产的损害也相当严重。战后，日本工业的实际生产能力比 1930 年还要少 10%，1945 年日本的实际工农业生产水平仅仅是 1930 年的一半左右。从 1940 ~ 1950 年，日本的城市化几乎是停滞不前的。1945 年，日本的城市化率下降到 27.8%，甚至低于 10 年前的水平。

3. 高度城市化阶段：20 世纪 50 年代至 70 年代

二战后，日本政府开始致力于工业经济的恢复。日本战后初步恢复时期，美国给予了较大的帮助。美国基于自身在亚太地区战略的变化，对日本的发展由"限制"转向"扶持"。朝鲜战争的爆发更是为日本的经济恢复提供了一个契机，日本的军工业发展较快。高峰时期（1960 ~ 1964 年），有超过 300 万人来自农村、小城镇和小城市的人口迁移到三个主要的大都市地区——东京、大阪和名古屋。

以东京都市圈为例。作为日本的首都，同时又是重要的工业城市，东京很快从战争中恢复过来。1925 年，东京的人口就已经突破了 200 万人，1930 年，人口增长至 497 万人。1943 年，东京的人口增长到 733.2 万人。因为战争的原因，1945 年，东京的人口减少至 349 万人。二战后，东京的工业化得到快速的恢复，东京及周边地区的人口急剧膨胀。1955 年，东京的人口增长至 539 万人，1965 年超过战前的最高水平，达到 697 万人。同时，由于中心人口的快速膨胀，带来了诸如环境污染、住房不足等问题。政府开始有意识通过发展周边城市疏散东京中心地区人口。1955 年后，中心三区人口开始减少，外围城市人口开始增加，东京与周围城市逐渐形成圈层结构。中心 3 区以行政、管理和商务为主，其他 21 区位居住和商务圈，外围的多摩地区和 3 县为制造业发展圈。作为日本三大都市圈之一的东京都市圈由此形成。据统计，在日本的移民高峰时期（1960 ~ 1964 年），移民的主要城市为东京、大阪和名古屋三大都市地区。1960～1970 年，三大都市区域的城市化水平以年均 2.51%的速度增长，是整个国家城市化增长速度的两倍多。

1950～1977，日本的城市化水平从 37.29%上升到了 76%，城市数量从 254 个增加到 644 个，而町和村的数量在减少。

4. 城市化的完善和发展：20 世纪 80 年代以后

大多数国家在城市化率超过 70%以后，城市化就会步入缓慢发展阶段。20 世纪 70 年代末，日本就已经实现了高度城市化，城市化开始进入缓慢发展阶段。1955 年，日本的城市数量为 496 座，到 1975 年为 644 座，增加了 148 座，年均增长 7.4 座。1920～2010 年 100 万人以上的城市数量一直处于增长之中。但是这一规模城市的人口占总城市人口数量自 1940 年达到 45%，之后一直处于下降之中。截至 2010 年，100 万人以上的大城市人口占总城市人口的 25%。城市规模分别在 50 万人至 99 万人和 10 万人至 19 万人的城市人口在缓慢增长。截至 2010 年，其他规模的城市人口均在减少。

日本在城市化高速发展时期，也曾出现"逆城市化"现象。一些人从大城市迁出，迁移到周围的卫星城市、中小城市，由此导致一些大城市的中心城出现空心化现象。但是，日本的逆城市化现象不同于美国的逆城市化。在前面美国的章节的部分，就已经分析过，美国的逆城市化是由于城市产业的衰退，城市环境的恶化等原因，而日本的逆城市化是由于都市圈经济的扩张所带来的大企业的集中，土地价格的上升和房屋价格高居不下等众多因素，迫使人们迁出中心城市。因此，很难在日本的市中心看到贫民窟。低收入工作者住在大城市周围的卫星城市。

（二）日本产业产值结构演进的历程

1. 工业为主的产业结构：19 世纪 80 年代至 1938 年

一般将 19 世纪 80 年代至 1938 年为日本的工业化的第一阶段，而这一阶段又可分为三个小阶段。

（1）工业化的开始：19 世纪 80 年代至 1900 年。

19 世纪 80 年代，工业行业中，发展最好的是食品行业，其次是纺织业，再然后是机械、钢铁一直持续到 80 年代末。日本的工业革命是从棉纺织业开始的。因此，自 19 世纪 80 年代末期钟渊纺织的创立、1889 年尼崎纺织的创立标志着纺织业机械化大生产的来临，纺织业开始超越食品行业，成为发展最好的行业。明治维新之前，日本的棉织业在国际竞争环境下不堪一击，国内棉织业奄奄一息。

日本经过第一次的工业革命的洗礼，1890～1900 年，农业的比重从 47.1% 下降到 39.5%，而工业的比重增加了约 5%，从 13.6% 上升到 18.7%，第三产业的比重也有所增加（见表 5－22）。三次产业就业比重发生着平行的变化。农业的就业比重从 70.1% 下降到 59.1%，而非农产业的比重则从 29.9% 上升到 40.9%（见表 5－23）。

表 5－22 日本 1890～1940 年 NDP 的构成

年代	构成比（%）		
	第一产业	第二产业	第三产业
1890	47.1	13.6	39.4
1900	39.5	18.7	41.8
1910	33.1	23.1	43.8
1920	32.9	26.5	40.6
1930	18.5	32.1	49.4
1940	20.9	45.6	33.5

资料来源：［日］滨野洁，岸田真，井奥成彦. 日本经济史：1600－2000［M］. 彭曦，译. 南京：南京大学出版社，2010：88.

表 5－23 日本 1872～1940 年三次产业就业比重

年代	构成比（%）		
	第一产业	第二产业	第三产业
1872	70.1	29.9	
1880	67.3	32.7	
1890	62.6	37.4	
1900	59.1	40.9	
1910	60.6	16.9	22.6
1920	54.0	21.6	24.4
1930	49.7	20.8	29.5
1940	43.7	26.1	33.5

注：原著表中数据有误。

资料来源：［日］滨野洁，岸田真，井奥成彦. 日本经济史：1600－2000［M］. 彭曦，译. 南京：南京大学出版社，2010：88.

（2）工业化的加速：1901 年至 1920 年。

日本是少有的经济的起伏与战争有关的国家。日本工业资本的原始积累并不充分，在这种军国主义教育的背景下，通过发动战争来掠夺他国的财富为自己的经济发展开拓市场，弥补本国资本和资源不足。战争所带来的经济特征，要么是经济空前的繁荣，要么是空前的衰退。日俄战争刺激了日本的电力、钢铁、煤炭、化学、机械等重工业行业的发展。仅以日本的造船业为例，1913 年日本的造船水平仅为 5.1 万吨级，而到了 1919 年这一数字上升到 63.4 万吨级。随着造船业的繁荣，与造船业相关行业尤其是钢铁业也得到了快速发展。1904～1914 年间，钢产量由 6 万吨上升到 28.3 万吨，到 1919 年间，钢产量攀升至 52.8 万吨。

日本在第一次世界大战以后，农业在经济总量中的比重从 1900 年的 40%下降到 1920 年的 33%，工业比重为 26.5%，仍低于其他两个产业。尽管，此时的日本已经成为亚洲唯一一个资本主义工业国，但是与欧美国家比较起来，到 1920 年，日本的工业生产只占资本主义世界总产量的 2%，且工业结构仍以轻工业为主。

（3）工业化转向重型化：1921 年至 1938 年。

历史证明，这种通过战争来掠夺他国资源、财富，抢夺他国市场所带来的繁荣最终会覆灭。1918 年 11 月大战刚结束，日本国内就接连出现企业倒闭、工人失业的现象。1920～1921 年的危机中，日本的工业总产值下降 19.9%，采矿业总产值下降 48%。各部门设备 40%～50%被闲置起来，各种工业品价格下降 55%～82%。1923 年发生的关东大地震使得日本的经济从萧条转向混乱的局面。1924 年，日本经济经过萧条、恢复，开始进入了相对稳定时期。1927 年，日本的经济再次陷入危机。

整个 20 年代，日本的工业发展较好的行业是与军工相关的行业，如钢铁、机械、化学等，而轻工业则停滞不前。1921～1929 年，日本的工业生产远远低于其他资本主义国家。1933 年，日本的以军事工业为中心经济逐渐稳定下来。1937 年，日本的工业内部结构发生了转变，重工业占工业比重为 57.8%。1900～1920 年，重化工业对制造业的相对贡献度为 39.6%，低于轻工业 10.9%。而到了 1920～1938 年，重化学对制造业增长的相对贡献度达到了 61.4%，而轻工业只有 28.4%（见表 5-24）。到 1940 年，三次产业比重为 20.9∶45.6∶33.5。

表 5－24　　　　　　　　日本各行业对制造业增长的相对贡献率　　　　　单位：%

行业	1877～1900 年	1900～1920 年	1920～1938 年	1956～1970 年	1971～1987 年
纺织	34.9	28.9	21.6	6.4	－0.1
食品	40.3	21.6	6.8	12.3	5.0
金属	1.5	11.3	17.5	19.5	8.7
机械	4.0	19.4	23.6	27.1	60.4
化学	7.5	8.9	20.3	19.7	22.7
窑业	1.2	2.5	2.8	4.4	1.8
木材、木制品	2.5	1.4	2.8	3.9	－2.1
其他	8.1	6.0	4.6	6.7	3.6
轻工业	75.2	50.5	28.4	18.7	4.9
重化学工业	13.0	39.6	61.4	66.3	91.8
全制造业	100.0	100.0	100.0	100.0	100.0

资料来源：［日］南亮进. 日本的经济发展［M］. 毕志恒，关权，译. 北京：经济管理出版社，1992：107.

2. 工业化的第二阶段：1945 年至 1970 年

第二次世界大战几乎摧垮了日本的经济，但是日本很快就恢复过来。20 世纪 50 年代中期至 60 年代末期，日本的经济实现了高速的增长。而支撑经济高速增长的源泉来自制造业的发展。据统计，50 年代，日本整个制造业增加值的平均增长率为 14.6%，60 年代的制造业的平均增长率为 15%。而制造业中的重化工业发展尤为引人注目。在不到 20 年的时间里，日本的产业结构就转变为重化工业为核心的现代工业结构，使得日本成为亚洲第一个现代化国家。那么，日本在短短 20 年的时间里是如何发展重化工业的？

首先，日本的重工业化发展有一个较好的基础。一方面，明治维新后，日本就踏上了现代化发展道路的征程。日本的经济"成也战争，败也战争"。尽管经历了无数次的战争，但是大多数的战争都是在他国的领土上进行的，日本的许多工业基础得以保存下来。另一方面，第二次世界大战以前，日本的工业产量就已经居世界前几位。1936 年，日本的钢产量居世界第六位，造船业居世界第三位，汽车居世界第八位，其他行业均接近发达国家英、美、法、德。其次，日本的重工业部门发展的时机非常好。日本振兴重、化工业的时候，正好遇上世界技术革新的浪潮。日本非常准确地抓住世界技术革新的浪潮，大力发展重工业。

3. 近代日本产业结构发展：20 世纪 80 年代至今

石油危机以后，日本的产业结构就开始发展转变，从"重厚长大"向"轻薄短小"转变。1955 年，日本的工业占 GDP 比重为 33.7%，到 1970 年，工业占 GDP 比重为 43.1%，其中制造业占 GDP 的比例是 34.8%。日本在短短 15 年的时间就迅速完成了以重化学工业为主体的工业化。与大多数国家一样，日本的第二产业就业比重也经历了先上升，后缓慢下降，最后稳步发展。

早在 20 世纪 60 年代后期，日本社会和学者就开始鼓励和使用后工业化社会。20 世纪 60 年代，日本的制造业以重化学工业为主。70 年代，日本的经济结构已经开始呈现工业化后期的特征。制造业中，电子工业逐渐占据主导。1983 年，电器机械的生产额居日本制造业的第一位。80 年代，日本的经济结构已经进入了一个新的结构转换时期。制造业中，劳动密集型产业、资源密集型产业和资本密集型产业比重大幅下降，而技术密集型产业比重则不断上升。整个 80 年代，日本的电子技术开发达到了巅峰状态，为其产业结构升级提供了强有力的支撑。

二、韩国城镇化与产业结构演进的历程

（一）韩国城镇化的历程

韩国是"亚洲四小龙"之一，也是世界上经济发展最快的国家之一，第二次世界大战之后，韩国的经济飞速发展，城镇化也进入了迅猛发展阶段，取得了令人瞩目的成就。从韩国城镇化发展的历程看，大致可以将其分为三个阶段。

1. 城镇化起步阶段（20 世纪 30 ~ 60 年代）

韩国的城镇化起步阶段主要是 20 世纪 30 ~ 60 年代，此阶段整体特点是城镇化发展缓慢。根据城镇化发展的原因和特点，还可以将此阶段分为两个阶段：第一个阶段是从 20 世纪 30 ~ 40 年代中期，此阶段韩国正处于日本的殖民统治下，因殖民政策变化，日本由剥夺农业转变为剥夺工业，促使韩国城镇化起步，城市人口比例逐步上升到 11.6%。第二个阶段是从 20 世纪 40 年代中期至 60 年代，这一时期城市人口的增长主要源于战争时期难民的迁移。1945 年日本正式投降，大量流落到中国、日本等国家的韩国人回国进入

城市；随后朝鲜战争爆发，大批难民从朝鲜半岛中部或农村涌入城市，同时，战争期间韩国大量进口粮食，导致农业经济受到冲击而破产，农民弃地进城，城市人口大幅度增加，到1960年上升至28.3%。

2. 城镇化迅速发展阶段（20世纪60~90年代）

1960年以后，韩国进入城镇化的快速发展时期。这一时期，从利用外资发展的进口替代战略向出口导向战略转变的工业化进程开始启动，经济开发和工业化步伐加快；同时，韩国政府为增加输出，扩大了原有工厂的生产能力，生产需求大量增加导致农村人口大量流入城市转为生产工人。在随后的经济发展过程中，韩国政府不断根据国情调整产业结构，实现了由农业化向工业化、轻工业向重工业、劳动密集型向技术和知识密集型的转变，有效地促进了韩国经济的飞速发展，从而加速了韩国的城镇化进程，韩国城镇化水平由1960年的28.3%提高到1990年的70%以上，年均增长超过1个百分点，基本实现了城镇化。

3. 城镇化相对稳定阶段（20世纪90年代以后）

经过30多年的发展，韩国的城镇化取得了显著成就，20世纪90年代末韩国的城镇化率已超过70%。随后，因农村地区人口进入老龄化阶段，人口输出能力下降；加上产业结构调整导致城市人口就业结构发生巨大变化，转移进城人口减少，韩国城镇化进入相对稳定阶段。在此阶段，韩国城市人口增速放缓，由之前的每年增加百万人左右下滑到45万人，2000年后降至35万人；在此阶段，城镇化发展的各项政策措施逐渐完善，城市基础设施建设相对比较完备，无论是城市经济还是城镇化率均实现稳定提高。2013年，韩国城市人口占总人口比例达到91.04%，实现高度城镇化。

（二）韩国产业产值结构演进的历程

韩国是二战以后崛起的东亚新兴国家的重要代表。在二战以前，韩国经济具有较为明显的殖民地经济的特征；朝鲜战争期间，韩国的经济也遭到了较为严重的破坏。从20世纪60年代起，韩国开始了近现代意义上的工业化历程，在短短几十年内取得了经济发展、产业结构演进的巨大成就。

1. 产业结构演进的缓慢发展阶段（1960年以前）

韩国1945年独立后，开始由殖民地经济向独立经济的转变。但是，在朝鲜战争期间，韩国经济遭到较为严重的破坏。战后虽然经过了几年的恢复和调整，但是直到1960年，韩国的国民经济仍以农业为主，民族工业和基础工业都比较落后。1960 年的人均 GDP（2005 年不变价美元）约为 1 107 美元。

2. 产业结构演进飞速发展阶段（1960～1988 年）

20 世纪 90 年代以前，韩国的经济发展经历了四次大的产业结构调整。第一次产业结构调整（1953～1961 年）：以恢复经济和发展消费品进口替代工业为中心；第二次产业结构调整（1962～1971 年）：以实施轻纺工业出口导向战略为中心；第三次产业结构调整（20 世纪 70 年代）：以推行重化工业战略为中心；第四次产业结构调整（20 世纪 80 年代至今）：以实现技术立国和经济稳定增长战略为中心。伴随着四次产业结构的调整，韩国完成了从农业国向工业国的转变，产业结构也发生了巨大的变化：农业的产值比重由1960 年的 37.0% 下降到 1988 年的 9.9%，就业比重由 79.5% 下降到 20.7%，下降了 58.8%；工业的产值比重由 20% 上升到 38.4%，上升了 18.4%，就业比重由 5.8% 上升到 34.8%，上升了 29.0%；服务业的产值比重由 43.0%上升到 51.7%，上升了 8.7%，就业比重由 14.7% 上升到 44.5%，上升了29.8%（见表 5 - 25）。伴随着产业结构的调整，韩国的人均 GDP（2005 年不变价美元）由 1960 年的 1 106.8 美元增加到 1988 年的 7 718.0 美元，提高了 7 倍。

表 5 - 25　　　　　　　　　　韩国产业结构与城市化变动情况

年份	人均 GDP（2005 年不变价美元）	产值结构（%）			就业结构（%）			城市化率（%）
		农业占比	工业占比	服务业占比	农业占比	工业占比	服务业占比	
1960	1 106.8	37.0	20.0	43.0	79.5	5.8	14.7	27.7
1970	1 967.9	27.5	24.5	48.0	50.5	17.2	32.3	40.7
1980	3 925.8	15.1	34.2	50.7	34.0	29.0	37.0	56.7
1988	7 718.0	9.9	38.4	51.7	20.7	34.8	44.5	70.4
1990	8 829.1	8.2	38.2	53.6	17.9	35.4	46.7	73.8
1995	12 270.9	5.8	38.4	55.8	12.4	33.3	54.3	78.2
2000	15 162.4	4.4	38.1	57.5	10.6	28.2	61.2	79.6
2005	18 657.5	3.1	37.5	59.4	7.9	27	65.1	81.3
2013	23 875.2	2.3	38.4	59.3	6.1	22.9	71.0	82.2

续表

年份	人均 GDP（2005 年不变价美元）	产值结构（%）			就业结构（%）			城市化率（%）
		农业占比	工业占比	服务业占比	农业占比	工业占比	服务业占比	
变动情况 1960~1988	6 611.2	−27.1	18.4	8.7	−58.8	29	29.8	42.7
变动情况 1988~2013	16 157.2	−7.6	0.0	7.6	−14.6	−11.9	26.5	11.8

资料来源：世界银行数据库［EB/OL］. http：//data. worldbank. org. cn/indicator.

3. 产业结构进一步发展阶段（1988~2013 年）

1988 年以后，韩国政府为了实现技术立国的目标，继续进行经济内部调整和转型。随着产业结构的不断调整和优化，韩国农业的产值比重由 1988 年的 9.9% 下降到 2013 年的 2.3%，下降了 7.6%，就业比重由 20.7% 下降到 6.1%，下降了 14.6%；工业进入稳定时期，工业的产值比重变化较小，就业比重由 34.8% 下降到 22.9%，下降了 11.9%。与此同时，服务业进入快速发展时期，产值比重由 51.7% 提高到 59.3%，上升了 7.6%，就业比重由 44.5% 提高到 71.0%，上升了 26.5%。1988~2013 年，韩国的人均 GDP（2005 年不变价美元）由 1988 年的 7 718 美元增加到 2013 年的 23 875 美元，提高了 3 倍。

总的来说，韩国的产业结构与城市化的互动发展取得了比较明显的成就。韩国在 1960~1988 年近 30 年内完成了发达国家用 100 年进行的产业结构与城市化的互动发展历程，实现了产业结构的优化和城市化的高度发展。韩国通过不同阶段的产业结构调整来促进经济发展，进而推进城市化发展的做法，对于中国城市化具有一定的借鉴意义。

第四节 国外城镇化与产业结构演进的启示

一、市场机制和政府干预共同发挥作用

英国、德国、美国、巴西、日本、韩国等国家的城镇化与产业结构演进

尽管存在一些差距，但都是高度市场化国家。例如美国是完全自上而下的市场化主导发展模式，这种完全市场主导型城镇化与产业结构演进模式，主要借助市场的力量配置和集聚资金、技术、人才等要素，但是同样存在较大的弊端。

单纯依赖市场机制，缺乏政府调控的模式会导致城乡矛盾突出，不利于城镇化与产业结构调整。美国的城市化完全依赖于市场主导调节，城市空间结构的布局和城市规模、功能的发展都源于市场力量的推动，政府发挥的作用较小。因此，在美国城镇化进程中，也曾出现过一些城乡发展与区域发展不协调的因素，比如大量的农村土地被侵占，造成土地资源的浪费；城镇化后期郊区发展迅猛，与中心城区开始恶性竞争，导致了资源过度消费等。单纯的市场作用也无法解决城市贫富悬殊问题，巴西城市化中出现巨大的贫富差距就是放任市场作用的结果。

合理化的政府决策是城镇化和产业结构演进健康有序发展的重要条件。1960 年以后，美国通过在大城市的郊区建设小城市等政策大力推动城市的郊区化发展，进一步缩小了城乡差距，促进了大都市圈的形成。韩国制定了高标准的政府规划，强力推进实施，确保了产业结构和城镇化的有序发展。但是政府过度干预的城镇化与产业发展则扭曲市场的逻辑，阻碍资金、人才等要素自由流动，从而造成市场活力不强。

因此，在城镇化与产业结构演进互动发展中，既要高度重视市场机制的作用，又要充分发挥政府应有的职能。

二、产业结构演进为城镇化发展提供持久动力

重视发展农业，为城镇化发展提供重要的物质资源和人力资源保障。对于处在工业化进程的国家而言，农业的支撑作用非常明显。美国在经济发展中形成了高度发达的现代化的农业，有力地推动了农村劳动力向城市的顺利转移。而巴西在城镇化进程中，较快地出现了大量的农村劳动力进入城市就业，既阻碍了农业现代化的发展，也给城市就业带来了巨大的压力，并造成了失业和贫困等社会问题。城镇化并不是简单地降低农业人口率，而应该是建立在农业发展基础上的人口自然迁移。因此，在城镇化进程中，要高度重视农业的发展，合理把握城镇化推进的速度和质量。

工业化是城镇化的根本动力，城镇化是工业化的必然结果。美国高度重

视工业化对城镇化的推动作用，其产业的合理布局和升级带来了人口聚集和城镇化的快速发展。韩国的四次产业结构调整迅速推进了工业化，提升了城市发展的长远竞争力。韩国以新型工业化带动新型城镇化的发展，实现了工业化与城镇化共同发展。而巴西的城镇化因为种种原因过分依赖发展城市传统服务业，导致了城镇化进程中一系列问题的出现。鉴于此，城镇化应该与工业化的进程保持协调一致，才有利于实现经济与社会的协调发展。

重视第三产业的发展，实现三次产业的协调发展。在农业和工业的生产效率仍然较低的经济体中，第三产业过度增长虽然能加速城镇化的进程，但是会妨碍经济发展，出现过度城镇化。巴西的过度城镇化致使城市人口失控，这与传统服务业的无序发展和恶性增长有着直接关系。因此，在城镇化的过程中要统筹考虑三次产业的合理布局，促进三次产业的协调发展。

三、谨防产业结构转换过程中出现产业空心化

从发达国家的经济发展历程来看，服务业比重逐渐超过农业和工业，虚拟经济占比越来越大，以致出现经济发展"脱实向虚"的现象。一旦一个经济体的经济发展过度重视泡沫经济、房地产，轻视实体经济的发展，必然会陷入产业空心化。爆发于美国的金融危机很好地证明了经济发展过度脱离实体经济的支持，必然带来泡沫膨胀和破裂。因此，在推动城镇化更好促进产业结构演进过程中，要注意实体经济发展的"内""外"动力相结合，一方面要大力推动制造业部门的创新能力，提高自身的技术水平，另一方面要强化虚拟经济部门为实体经济的服务功能，实现实体经济和虚拟经济的协调发展。

四、城市生产要素结构与产业结构紧密联系

首先，缪尔达尔的城市发展积累因果理论认为，在城市发展的早期阶段，决定城市增长的是本地的资源禀赋。当城市发展到一定水平时，城市的要素集聚能力，如劳动力的集聚、资本的集聚等，将决定城市的产业集聚，进而影响城市的经济增长。

其次，当城市发展到一定阶段，劳动力、资本和技术将成为产业结构的主要推动力。美国制造业之所以能取得这么快速的发展，主要基于三点：第

一，由于劳动力、资本等生要素的价格较高，美国制造业的普遍成本比当时的大不列颠要高。那么，在这种情况下，美国的制造业如何与欧洲竞争并从中取得胜利。当时，美国大幅提高生产率来弥补工资和利息水平的差距。第二，劳动生产率不断提高。第三是节约劳动型创新的发展，它降低了成本。美国1800~1840年劳动力对产出增长的贡献率要高于资本的几乎一半，但是1840~1900年，劳动对产出增长的贡献率下降到45%，而资本对产出增长的贡献率上升到35%（见表5-26）。

表5-26　　　　　　　　　　要素对产出增长的贡献率　　　　　　单位：%

年份	劳动力	资本	土地	生产率
1800~1840	54	29	2	15
1840~1900	45	35	2	18

资料来源：斯坦利·L. 恩格尔曼，高德步，蔡挺，张林，李雅菁. 剑桥美国经济史（第三卷）[M]. 蔡挺，张林，李雅菁，译. 北京：中国人民大学出版社，2008：12，53.

最后，伴随着国际产业转移，许多发达国家的工业开始衰退。"绣带复兴"是典型结构转型的例子。芝加哥是美国众多老工业城市的一个，经济结构以制造业和商业贸易为主。20世纪60年代至90年代，芝加哥的产业结构终于从工业向服务业为主转变。1990~2002年期间，芝加哥的商业服务业发展态势甚至可以与纽约媲美。十年间，大芝加哥地区共有外资企业3 400个，提供就业岗位24万个。

五、高度重视城镇化过程中城乡统筹发展

合理地进行城乡统筹，有利于城镇化的发展。第二次世界大战以后，美国高度重视城乡统筹问题，它一方面大力发展农业机械化、扩大农场的经营规模，另一方面重视农民的职业技术教育，鼓励农民发展农业外经济，同时加大对农民的直接经济补贴，重视农村的基础设施及教育、文化、卫生等社会事业建设，促进了农村发展，也缩小了城乡差距。

韩国在推进城镇化与产业结构的互动发展时，重视城乡统筹发展。一是依靠政府行政力量推动农村资源整合，加快中心城镇建设，促进城乡基础设施建设和公共服务的对接；在新城市建设中，发挥地理优势，注重园林、绿

化等硬件建设，努力营造舒适、整洁的生活环境。二是大力发展合作经济，加大对农民工的培训力度，引导农村劳动力有序地向城市转移，完善以工促农、以城带乡的保障机制，大量的公共资源在城乡之间进行合理配置，生产要素在城乡之间快速、自由地流动。这些措施推动了农村的现代化。

巴西在城镇化与产业结构的互动发展过程中，一方面，工业化发展速度低于城镇化发展速度，造成了城镇化的过度发展，导致大量的农村劳动力进城后找不到工作。另一方面，巴西政府忽略了土地制度改革的重要性，使得城市的人口和土地都过于集中，导致了社会不公和城乡经济发展失衡的双重危机。巴西城镇化过程中最突出的问题在于城市中出现了大量的贫民区，导致城市居民失业率偏高，这些贫民被排除在社区生活和正常社会管理之外，成为影响社会安定的危险因素，导致巴西未能实现统筹城乡发展。

第五节　本章小结

本章旨在考察发达国家、发展中国家城镇化与产业结构演进互动发展的历程，借鉴其成功经验。从国际角度来看，城镇化与产业结构的互动发展具有三种代表性的模式：一是欧洲国家模式；二是美洲国家模式；三是东亚国家模式。本章分别选取英国、德国、美国、巴西、日本、韩国作为这三种类型国家的代表，通过对这些国家城镇化与产业结构的互动发展历程进行回顾和总结，提炼出国外发达国家和发展中国家的经验和教训，为我国新型城镇化与产业结构演进的互动发展提供借鉴和启示。

第六章

新型城镇化与产业结构
演进的互动关系实证

从理论上看，新型城镇化与产业结构演进具有密切的关联性，新型城镇化发展支撑了产业结构演进，产业结构演进推进了新型城镇化的发展。本章第一节采用定性分析方法对中国21世纪以来新型城镇化与产业结构演进的互动关系进行时序关联性分析；第二节采用统计学方法对新型城镇化与产业结构演进的互动关系进行静态关联性分析；第三节运用向量自回归模型对二者的互动关系进行动态关联性实证分析。

第一节 中国新型城镇化与产业
结构演进时序关联分析

根据《中国统计年鉴2020》中的数据分析，21世纪以来，随着城镇化率的逐步提高，中国的产业结构由第二产业为主导逐步调整为以第三产业为主导的格局。

一、新型城镇化与三次产业产值结构演变关联分析

（一）城镇化水平与三次产业产值比重分析

根据图6-1，可以观察中国三次产业产值结构变动的总体趋势，第一产业保持了较快增长，但是低于GDP增长速度，2019年占GDP比重为7.11%，比2000年下降了7.56个百分点，这说明第一产业产值比重呈现快速下降趋

势。第二产业呈现比较平稳发展趋势，其产值比重 2019 年为 38.97%，比
2000 年下降了 6.57 个百分点，这说明第二产业产值比重呈现微幅下降趋势。
第三产业呈现较快增长趋势，其产值比重 2019 年为 53.92%，比 2000 年上升
了 14.13 个百分点，这说明第三产业产值比重呈现快速上升趋势。

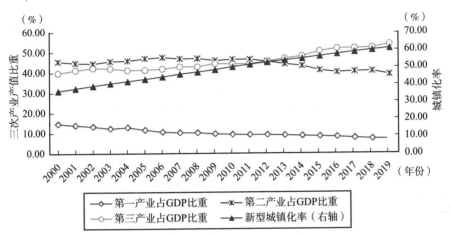

图 6 - 1　2000～2019 年中国新型城镇化水平与三次产业产值比重时序演变趋势

资料来源：根据《中国统计年鉴 2020》数据整理。

总之，21 世纪以来，随着中国新型城镇化快速推进，第一产业比重呈现
较快下降趋势，第二产业比重表现比较平稳，但有微幅波动下降趋势，而第
三产业则呈现快速上升趋势，这符合产业结构演进规律。

（二）城镇化进程与三次产业产值增长速度分析

图 6 - 2 显示，在 21 世纪以来中国城镇化率稳步提升期间，第一产业产
值比重增长率波动性较大，总体上保持了较高负增长率；第二产业产值比重
增长率相对比较平稳，但总体上呈现微幅下降趋势；第三产业产值比重增长
率波动性较大，总体为上升趋势。2000～2011 年，中国三次产业产值比重为
"二、三、一"结构，2012～2019 年，为"三、二、一"结构。同时，城镇
化率虽然在增长，但增长率（增长速度）出现明显趋缓。总体言，21 世纪以
来，中国三次产业产值比重增长率演进完全符合产业结构演进规律。

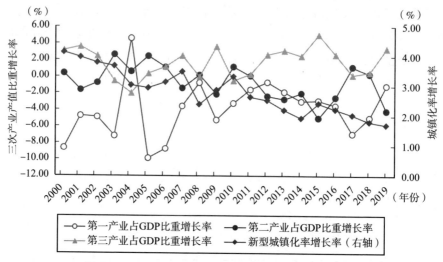

图 6 - 2　2000～2019 年中国新型城镇化率增长率三次
产业产值比重增长率时序演变趋势

资料来源：根据《中国统计年鉴 2020》数据整理。

二、新型城镇化与三次产业就业结构演变关联分析

（一）城镇化水平与三次产业就业比重分析

根据图 6 - 3，2001～2019 年，中国第一产业就业比重由 2000 年的 50%下降到 2019 年的 25.1%，下降了 24.9 个百分点，说明第一产业就业呈现明显下降趋势；第二产业就业比重由 2000 年的 22.5%上升到 2019 年的 27.5%，上升了 5 个百分点，说明第二产业就业呈现明显上升趋势；第三产业就业比重由 2000 年的 27.5%上升到 2019 年的 47.4%，上升了 19.9 个百分点，说明第三产业就业呈现快速上升趋势。可见，21 世纪以来，中国劳动力实现了由第一产业逐渐向第二、三产业转移，而且大部分转移到了第三产业领域，这说明中国第三产业得到了迅速发展，产业就业结构得到了明显优化。由于第二、三产业主要集聚在城镇，这些农村劳动力就业领域结构的变动正好反映了中国城镇化的快速发展。

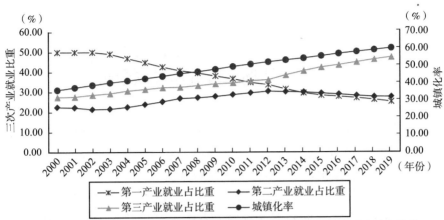

图 6 - 3   2000~2019 年中国新型城镇化水平三次产业就业比重时序演变趋势

资料来源：根据《中国统计年鉴 2020》数据整理。

（二）城镇化进程与三次产业就业增长速度分析

图 6 - 4 显示，2000~2019 年期间，第一产业就业比重增长率虽然出现间或波动现象，但总体上呈现下降趋势，其中 2013 年的增长率下降幅度最大；第二产业就业比重增长率间或波动性较大，总体上呈现下降趋势，其中 2002 年表现为较低的下降；而第三产业就业比重增长率波动性较大，但是表现为较快的正增长。总体而言，21 世纪以来，中国三次产业就业比重逐渐由第一产业向第二、三产业转移。

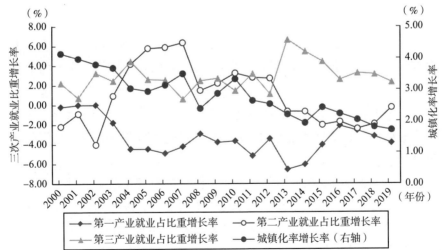

图 6 - 4   2000~2019 年中国新型城镇化率增长率三次产业就业比重增长率时序演变趋势

资料来源：根据《中国统计年鉴 2020》数据整理。

第二节　中国新型城镇化与产业结构演进静态关联分析

新型城镇化水平与三次产业的产值结构、就业结构之间存在着密切的关联性，因此可以运用计量经济学的方法来研究它们之间的相互关系，从定量的角度来探讨新型城镇化与产业结构演进的关联性。

一、模型变量选取与数据来源

皮尔逊相关系数（Pearson correlation coefficient，以下简称 Pearson）也叫皮尔逊积差相关系数，其定义为两个变量之间的协方差和标准差的商。它是用来反映两个变量相似程度的统计量，通常用来度量两个变量之间的线性相关性。其计算公式为：

$$\rho_{X,Y} = \frac{COV(X,\ Y)}{\sigma_X \sigma_Y} = \frac{E[(X-\mu_X)(Y-\mu_Y)]}{\sigma_X \sigma_Y}$$

$$\rho_{X,Y} = \frac{\sum_{i=1}^{n}(X_i - \bar{X})(Y_i - \bar{Y})}{\sqrt{\sum_{i}^{n}(X_i - \bar{X})^2}\sqrt{\sum_{i}^{n}(Y_i - \bar{Y})^2}} \tag{6.1}$$

$\rho_{X,Y}$ 表明两变量之间密切相关的程度。当 $\rho_{X,Y} = 0$ 时，表明变量 X 的变化对变量 Y 的变化没有相关影响；当 $0 < \rho_{X,Y} < 1$ 时，表明变量 X 的变化与变量 Y 的变化呈正相关关系，且 $\rho_{X,Y}$ 值越大表明两者关联程度越高；当 $-1 < \rho_{X,Y} < 0$ 时，表明变量 x 的变化与变量 y 的变化呈负相关关系，且 $\rho_{X,Y}$ 值越小表明两者负关联程度越高；$\rho_{X,Y}$ 值越接近 0 则表明两变量之间的相关程度越低。

本书在实证分析新型城镇化与产业结构演进两者互动关系时，选取"常住人口城镇化率"变量代表新型城镇化水平（UR），以区别以往学术界选取"户籍人口城镇化率"代表传统城镇化水平；在实证分析两者协调关系时，则构建综合评价指标体系测度新型城镇化水平。同时采用第一、二、三产业增加值变量代表产值结构水平，依次命名为 $G1$、$G2$ 和 $G3$；采用第一、二、三产业就业人数变量代表就业结构水平，依次命名为 J1、J2 和 J3。

各变量均选取 2000～2019 年全国的 31 个省（市）面板数据，原始数据来源于国家统计局官方网站发布的《中国统计年鉴 2020》，数据处理均在 Eviews12.0 软件上完成。

二、相关系数计算与分析

利用式（6.1）皮尔逊积差相关系数模型，将 UR、G1、G2、G3、J1、J2 和 J3 的原始数据代入该模型，则可分别计算出新型城镇化与产值结构、就业结构的相关系数。数据分析和处理均在 Eviews12.0 软件上完成，计算结果见表 6–1。

表 6–1　　　　　　2001～2019 年中国新型城镇化水平

与产业结构演进水平的相关系数

	UR	G1	G2	G3
UR	1.0000	− 0.9747	− 0.7425	0.9366
G1	− 0.9747	1.0000	0.6101	− 0.8648
G2	− 0.7425	0.6101	1.0000	− 0.9255
G3	0.9366	− 0.8648	− 0.9255	1.0000
	UR	J1	J2	J3
UR	1.0000	− 0.9959	0.8140	0.9762
J1	− 0.9959	1.0000	− 0.8464	− 0.9661
J2	0.8140	− 0.8464	1.0000	0.6801
J3	0.9762	− 0.9661	0.6801	1.0000

资料来源：原始数据来自《中国统计年鉴 2020》。

根据表 6–1 发现，从产值结构看，城镇化水平与第一产业产值比重的相关系数为 − 0.9747，表明呈显著负相关关系；与第二产业产值比重的相关系数为 − 0.7425，呈比较高的负相关关系；与第三产业产值比重的相关系数为 0.9366，呈显著的正相关关系。从就业结构看，城镇化水平与第一产业就业比重的相关系数为 − 0.9959，表明呈显著负相关关系；与第二产业就业比重的相关系数为 0.8140，呈显著的正相关关系；与第三产业就业比重的相关系数为 0.9762，呈显著的正相关关系。

库兹涅茨定理认为，随着产业结构演进，第一产业产值比重与就业比重会逐渐下降；第二、三产业产值比重与就业比重会不断上升。钱纳里标准结构理论则认为产业产值比重与就业比重由第一产业向第二产业、再向第三产业逐渐发展提升的过程就是城镇化发展的过程。因此，城镇化水平与第一产业产值比重和就业比重会呈现高度负相关，与第二产业产值比重和就业比重呈现由高度正相关逐渐转为弱正相关或负相关，与第三产业的产值比重和就业比重则呈现持续高度正相关。

综合而言，通过对 21 世纪以来中国新型城镇化与产业结构演进静态关联性分析，可以得出如下结论：

首先，从产值结构看，中国新型城镇化水平与第一产业产值水平呈高度负相关，而与第二产业产值水平呈较高负相关，与第三产业产值水平呈高度正相关。这个结论与库兹涅茨和钱纳里的相关经典理论完全吻合。说明 21 世纪前中国工业存在超前发展，21 世纪以来，产业结构通过不断调整逐渐摆脱了严重失衡，工业比重相对下降，目前已步入工业化后期。其次，从就业结构看，新型城镇化水平与第一产业就业比重呈高度负相关，而与第二、三产业就业比重呈高度正相关。这个结论与相关经典理论相一致，说明在中国第一产业就业比重下降的同时，农村大量剩余劳动力转移到了城镇的第二、三产业，既给第二、三产业发展供应了劳动力，也促进了新型城镇化发展。综上所述，静态相关性计量分析，不仅验证了城镇化与产业结构演进的互动发展规律，同时也证明了中国新型城镇化与产业结构演进的关联发展趋势。

第三节　中国新型城镇化与产业
结构演进动态关联分析

静态相关性分析只是从静态角度简单描述了变量之间的线性关联关系，因此还需要从动态视角进一步分析变量之间互动演变关系。在参考齐红倩等[1]研

---

[1] 齐红倩、席旭文、高群媛：《中国城镇化发展水平测度及其经济增长效应的时变特征》，载于《经济学家》2015 年第 11 期。

究基础上，本节采用向量自回归模型（VAR）对中国新型城镇化和产业结构演进的互动关系进行计量分析。

一、互动关系实证模型选取

向量自回归（Vector Auto - Regression，VAR）模型出现于 20 世纪 80 年代初的一种新型计量经济学建模技术，它是利用数据建立的一组相互联系的方程。该模型把系统中每一个内生变量作为因变量，将所有内生变量的滞后值作为自变量来构造模型，并将单变量自回归模型推广到多元时间序列变量组成的向量自回归模型。该模型避免了单方程计量经济模型不能描述多变量之间相互影响关系的缺陷，通常用于研究相互联系的时间序列变量之间的动态变化规律。

向量自回归模型一般公式表示如下：

$$Y_t = \Gamma_0 + \sum_{k=1}^{p} \Gamma_{tk}(L) Y_{i,t-k} + \sum_{j=1}^{m} \Re_{ij}(L) X_{i,t-j} + u_{it} \qquad (6.2)$$

在式（6.2）中，Y_t 是被解释变量，$Y_{i,t-k}$ 和 $X_{i,t-j}$ 都为解释变量，这里 $Y_{i,t-k}$ 为内生性解释变量，$X_{i,t-j}$ 为外生性解释变量，Γ_{tk}、$\Re_{ij}$ 分别为 $M \times M$ 的待估计系数矩阵，L 是滞后算子，p 为内生性解释变量的滞后阶数，m 为外生性解释变量的滞后阶数，Γ_0 为 $M \times 1$ 截距矩阵，M 是被解释变量个数，u_{it} 为不可观测的 $M \times 1$ 随机扰动向量。

通常对向量自回归模型的估计过程如下：首先，使用协整检验和格兰杰因果检验，判断变量间的相互关系；其次，构建时间序列数据向量自回归模型，并进行误差项的脉冲响应分析，观察误差项的影响因素大小和各变量相互之间的冲击效果。

时间序列数据向量自回归模型的 p 阶 VAR(p) 模型如下：

$$Y_t = \Gamma_0 + \Gamma_1(L) Y_{t-1} + \Gamma_2(L) Y_{t-2} + \cdots \Gamma_p(L) Y_{t-p} + u_t \qquad (6.3)$$

在式（6.3）中，$\Gamma_1(L)$，$\Gamma_2(L)$，$\cdots$，$\Gamma_p(L)$ 均为 $M \times 1$ 待估系数矩阵，Γ_0 为常数系数向量，p 为滞后阶数，u_t 为随机扰动项。由此可见，式（6.3）是式（6.2）的特殊形式。

一般来说，VAR(p) 模型要求内生变量是平稳的，如果变量不平稳，可以进行差分得到平稳序列。当然也可以进行协整检验，如果变量之间存在协整关系，也可以直接建立 VAR 模型。

二、新型城镇化与三次产业产值结构演变协整分析

（一）变量选取与数据来源

本节选取"常住人口城镇化率"变量代表新型城镇化水平（*UR*），以区别以往学术界选取"户籍人口城镇化率"代表传统城镇化水平。分别选取三次产业增加值变量衡量产业结构演进水平，并依次表示为 *G1*、*G2* 和 *G3*。各变量均选取 2000～2019 年全国 31 个省（市）面板数据，为消除数据的异方差，对数据进行对数化处理，经济时间序列数据对数化后不改变其特征，分析结果的经济意义是合理的。因此，可以将以上四个变量转化为对数化后的新变量，分别计为 Ln*UR*、Ln*G1*、Ln*G2*、Ln*G3*。

本节数据来源于国家统计局发布的《中国统计年鉴 2020》，数据处理均在 Eviews12.0 软件上完成。

（二）平稳性检验

时间序列数据一般是伴随时间变化而具有较强变动趋势的非平稳数据，对非平稳时间序列数据进行回归，容易产生"伪回归"或者"虚假回归"，其回归结果不一定能反映出时间序列的真实关系，甚至会出现错误结果。所以在构建 VAR 模型之前要对研究变量的时间序列数据进行平稳性检验。

一般来说，检验时间序列平稳性的方法比较多，如自相关检验法、图形检验法、单位根检验法等，前两类方法简单实用，但主观性较强，难以能得出客观的评价结果。单位根检验法通过统计量进行检验，比较客观准确，该方法通过检验时间序列中是否存在单位根，而决定该时间序列是平稳序列还是非平稳序列。

单位根检验法又有很多，如 PP 检验、KPSS 检验、ERS 检验、DFGLS 检验、EF 检验、NP 检验、DF 检验、ADF 检验等。其中，DF 检验（迪基—富勒检验）和检验（扩展的迪基—富勒检验）在实践中应用最广。本节采用 ADF 检验法对时间序列进行平稳性检验。

检验步骤：ADF 检验一般有三种模型：

$$\Delta x_t = \rho x_{t-1} + \sum_{i=1}^{m} B_i \Delta x_{t-1} + u_t \tag{6.4}$$

$$\Delta x_t = c + \rho x_{t-1} + \sum_{i=1}^{m} B_i \Delta x_{t-1} + u_t, \; c \text{ 为常数项} \tag{6.5}$$

$$\Delta x_t = c + Bt + \rho x_{t-1} + \sum_{i=1}^{m} B_i \Delta x_{t-1} + u_t, \; c \text{ 为常数项}, \; t \text{ 为时间趋势项}$$

$$\tag{6.6}$$

模型（6.6）带有常数项和时间趋势项，模型（6.5）只带有常数项，模型（6.4）既不带有常数项，也不带有时间趋势项。零假设都是 $\rho = 0$，即有一个单位根。对 x_{t-1} 前的系数进行检验，何时拒绝 $\rho = 0$，何时就停止检验，此时原时间序列 Δx_t 不存在单位根，为平稳序列。检验的顺序从模型（6.6）开始，到模型（6.5），最后模型（6.4）。检验结果见表 6-2。

表 6-2　　　　　　　　　　　　原时间序列 ADF 检验结果

变量	检验形式	ADF 值	1% 临界值	5% 临界值	10% 临界值	结论
Ln$G1$	（C，0，1）	-1.7938	-3.8574	-3.0404	-2.6606	非平稳
Ln$G2$	（C，0，0）	-3.1008**	-3.8315	-3.0300	-2.6552	平稳
Ln$G3$	（C，0，0）	-3.4563**	-3.8315	-3.0300	-2.6552	平稳
LnUR	（C，0，0）	-9.3052***	-3.8315	-3.0300	-2.6552	平稳

注：*、**、*** 分别代表所在行变量序列在 10%、5% 和 1% 的显著水平下是平稳序列；检验类型（C，T，P）中，C 表示常数项，T 表示趋势项，P 代表最优滞后阶数，根据 AIC 和 SC 最小准则确定，Ln 表示各变量的对数。

根据表 6-2 发现，在 10% 的临界值下，变量 Ln$G1$ 没有通过 ADF 检验，说明这些时间序列数据是不平稳的。因此，需要对原时间序列进行一阶差分处理，然后再对差分序列进行 ADF 单位根检验，其检验结果见表 6-3。

表 6-3　　　　　　　　　　　　一阶差分序列 ADF 检验结果

变量	检验形式	ADF 值	1% 临界值	5% 临界值	10% 临界值	结论
DLn$G1$	（C，0，0）	-1.7066	-2.6998	-1.9614	-1.6266	非平稳
DLn$G2$	（C，T，4）	-4.8590***	-4.8001	-3.7912	-3.3423	平稳
DLn$G3$	（C，T，0）	-4.1715**	-4.5716	-3.6908	-3.2869	平稳
DLnUR	（C，T，1）	-4.3258**	-4.66162	-3.7105	-3.2978	平稳

注：*、**、*** 分别代表所在行变量序列在 10%、5%、1% 的显著水平下是平稳序列；检验类型（C，T，P）中，C 表示常数项，T 表示趋势项，P 代表最优滞后阶数，根据 AIC 和 SC 最小准则确定，Ln 表示各变量的对数。

从表 6 - 3 发现，经过一阶差分处理后仍有变量 $DLnG1$ 没有通过 ADF 检验，因此，还需要对原时间序列进行二阶差分处理，然后再对差分序列进行 ADF 单位根检验，其检验结果见表 6 - 4。

表 6 - 4 二阶差分序列 ADF 检验结果

变量	检验形式	ADF 值	1% 临界值	5% 临界值	10% 临界值	结论
$D(LnG1，2)$	(0，0，0)	- 4. 1279 ***	- 2. 7081	- 1. 9628	- 1. 6061	平稳
$D(LnG2，2)$	(C，0，4)	- 4. 1763 ***	- 4. 0579	- 3. 1199	- 2. 7011	平稳
$D(LnG3，2)$	(0，0，0)	- 6. 2727 ***	- 2. 7081	- 1. 9628	- 1. 6061	平稳
$D(LnUR，2)$	(C，0，1)	- 5. 2280 ***	- 3. 9204	- 3. 0656	- 2. 6736	平稳

注：*、**、*** 分别代表所在行变量序列在 10%、5%、1% 的显著水平下是平稳序列；检验类型（C，T，P）中，C 表示常数项，T 表示趋势项，P 代表最优滞后阶数，根据 AIC 和 SC 最小准则确定，Ln 表示各变量的对数。

从表 6 - 4 发现，经过二阶差分处理后的变量 $D(LnG1，2)$、$D(LnG2，2)$、$D(LnG3，2)$ 和 $D(LnUR，2)$ 均通过了 ADF 检验，原水平序列是 $I(2)$ 阶单整的，符合协整检验要求。

（三）协整检验

由于时间序列数据是不平稳的，因此需要对原变量进行协整检验。如果两个经济变量之间存在着协整关系，即意味着他们之间有着长期的均衡关系，如果两个经济变量之间不存在协整关系，则他们之间不具有长期的均衡关系。本节采用基于回归系数 Johansen 检验方法进行协整检验，检验结果见表 6 - 5。

表 6 - 5 原时间序列协整检验结果

Maximum Rank	Eigenvalue	Trace Statistic	5% Critical Value	probability
0	0. 8644	79. 2990	47. 8561	0. 0000
1	0. 8020	43. 3325	29. 7971	0. 0008
2	0. 4599	14. 1852	15. 4947	0. 0780
3	0. 1580	3. 0961	3. 8415	0. 0785

从表 6－5 发现，在 Rank＝0，1，2，3 时，迹统计量值均小于 5％ 显著性水平的临界值，均接受不存在协整关系的原假设，可以判断变量之间存在 4 个协整关系。因此，说明 VAR 模型变量序列之间存在长期的协整关系。

（四）最优滞后阶数选择

建立 VAR 模型需要确定内生变量的最优滞后阶数，最优滞后阶数的选择对 VAR 模型影响非常敏感，如果最优滞后阶数选择不当将会直接影响模型的准确性和计量效果。最优滞后阶数选择的方法有赤地信息准则 AIC、LR 统计量、施瓦茨准则 SBIC 等方法。本节采用 Eviews12.0 软件来确定最优滞后阶数，选择结果见表 6－6。

表 6－6　　　　　　　　VAR 模型最优滞后阶数选择结果

滞后阶数	LogL	LR	FPE	AIC	SC	HQ
0	85. 4918	NA	0. 0000	－ 9. 0546	－ 8. 8568	－ 9. 0274
1	199. 0323	164. 0029	0. 0000	－ 19. 8925	－ 18. 9032	－ 19. 7561
2	226. 8468	27. 8146 *	1. 08e － 14 *	－ 21. 2052 *	－ 19. 4245 *	－ 20. 9597 *

注：＊表示按照标准自动选择的滞后阶数。

从表 6－6 发现，可以选择显著性变量对应最多的阶数作为 VAR 模型的最优滞后阶数，因此，选择 1 作为最优滞后阶数，根据检验结果构建 VAR （2）模型。

（五）VAR 模型构建及稳定性检验

根据向量 $Y_t = (\mathrm{Ln}G1\,\mathrm{Ln}G2\,\mathrm{Ln}G3\,\mathrm{Ln}UR)'$，通过 Eviews12.0 软件可以得到估计结果，其 VAR （2）模型如下：

$$
Y_t = \begin{bmatrix} \mathrm{Ln}G1_t \\ \mathrm{Ln}G2_t \\ \mathrm{Ln}G3_t \\ \mathrm{Ln}UR_t \end{bmatrix} = \begin{bmatrix} 2.3288 \\ 4.0054 \\ 0.0051 \\ 1.4436 \end{bmatrix} + \begin{bmatrix} 1.3545 & 0.1749 & -0.6.43 & 12.2652 \\ -0.1292 & 0.9027 & -0.4259 & 3.3070 \\ -0.3095 & 0.2182 & 0.0848 & 5.9377 \\ -0.0576 & 0.0190 & 0.0432 & 0.5475 \end{bmatrix} \begin{bmatrix} \mathrm{Ln}G1_{t-1} \\ \mathrm{Ln}G2_{t-1} \\ \mathrm{Ln}G3_{t-1} \\ \mathrm{Ln}UR_{t-1} \end{bmatrix}
$$

$$
+\begin{bmatrix} -0.7675 & 0.5110 & 0.6.43 & -13.8451 \\ 0.0171 & -0.1960 & 0.8896 & -4.6703 \\ -0.0548 & 0.3476 & 0.6062 & -5.9086 \\ 0.0596 & -0.0036 & 0.0622 & -0.1930 \end{bmatrix}\begin{bmatrix} \mathrm{Ln}G1_{t-2} \\ \mathrm{Ln}G2_{t-2} \\ \mathrm{Ln}G3_{t-2} \\ \mathrm{Ln}UR_{t-2} \end{bmatrix}+\begin{bmatrix} \varepsilon_1 \\ \varepsilon_2 \\ \varepsilon_3 \\ \varepsilon_4 \end{bmatrix}
$$

在估计模型之后，可以通过 AR 根图对 VAR 模型进行稳定性检验，从图 6-5 可见，VAR 模型所有根的倒数都位于单位 1 的圆环内，这表明该模型整体具有稳定性。

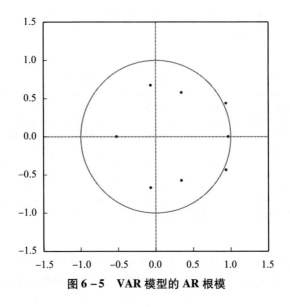

图 6-5　VAR 模型的 AR 根模

（六）格兰杰因果关系检验

格兰杰因果关系检验是由经济学家克莱夫·格兰杰（Clive W. J. Granger）提出的通过过去的时间序列值来预测未来值的一种计量分析方法，它可以用来检验变量之间是否在数据上存在动态相关关系。如果通过变量 X 的变化可以预测变量 Y 的变化趋势，则认为 X 是 Y 的格兰杰原因，反之则认为 X 不是 Y 的格兰杰原因。

根据上述分析，VAR（2）模型具备格兰杰因果关系检验的条件，因此可以对模型中的变量进行 Granger 因果关系检验，其检验结果见表 6-7。

表 6 - 7　　　　　　　　　　格兰杰因果关系检验结果

Null hypothesis		F Statistics	probability	Refuse or Accept
Equation	Excluded			
LnG1	LnG2	0. 3156	0. 7348	Accept
LnG1	LnG3	4. 1489	0. 0404	Refuse **
LnG1	LnUR	0. 8563	0. 4473	Accept
LnG2	LnG1	0. 3865	0. 6870	Accept
LnG2	LnG3	0. 4422	0. 6519	Accept
LnG2	LnUR	1. 6025	0. 2387	Accept
LnG3	LnG1	0. 2535	0. 7799	Accept
LnG3	LnG2	2. 5371	0. 1174	Accept
LnG3	LnUR	1. 9058	0. 1880	Accept
LnUR	LnG1	3. 0009	0. 0848	Refuse *
LnUR	LnG2	1. 2746	0. 3123	Accept
LnUR	LnG3	1. 4643	0. 2670	Accept

备注：Refuse *、Refuse **、Refuse *** 分别表示显著性水平在10%、5%、1%上显著。

根据表 6 - 7 可以发现，在样本区间 2000～2019 年的情况下，当滞后期为 2 时，在 5% 显著性水平下，第一产业增加值是第三产业增加值的格兰杰原因，反向不构成格兰杰原因，其他变量之间均不构成格兰杰原因；在 10% 显著性水平下，城镇化是第一产业增加值的格兰杰原因，反向不构成格兰杰原因，其余各变量之间均不构成格兰杰原因。

Granger 检验结果表明，在四个变量之间，第一产业对第三产业、城镇化对第一产业发展影响比较显著，其余变量两两之间的影响均不显著。究其原因，21 世纪以来，中国的新型城镇化还主要是人口城镇化，新型城镇化发展吸引了农业领域大批剩余劳动力，影响了第一产业发展；第三产业发展为大批进城的农业剩余劳动力安排了就业岗位，从而影响了第一产业发展；第三产业起点低发展较晚，导致其对城镇化影响比较弱。21 世纪前，由于中国产业结构失衡，工业所占比重超高，进入 21 世纪后，随着产业结构不断调整，工业比重相对下降，第二产业与城镇化之间的影响比较弱。

（七）脉冲响应函数

为了进一步考察新型城镇化与产业产值结构演进的短期动态关系，本节引入脉冲响应函数分析二者的关系。脉冲响应函数是描述模型内生变量对误差冲击的动态反应程度，并从动态反应中判断变量之间的时滞关系。检验结果见图 6 − 6。

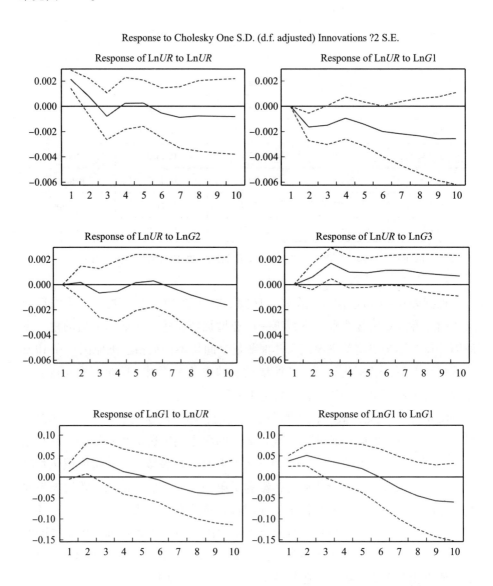

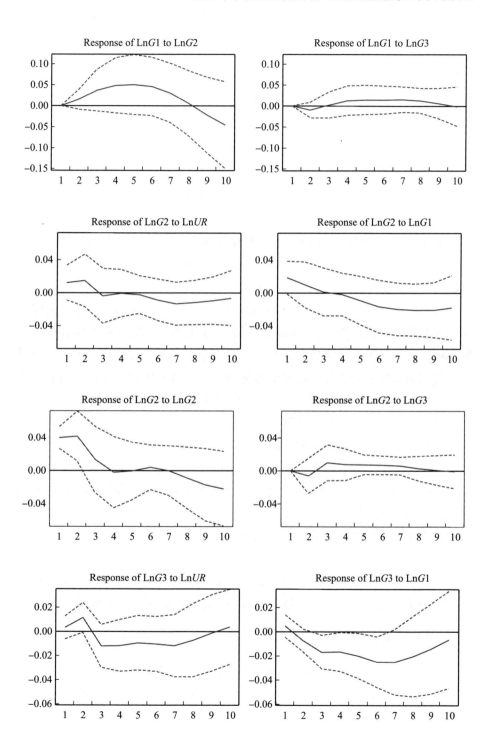

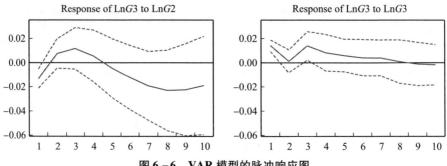

图 6 - 6   VAR 模型的脉冲响应图

图 6 - 6 是期数为 10 期的 VAR 模型脉冲响应图，其中上部分显示的为 $LnG1$、$LnG2$、$LnG3$ 受到 $LnUR$ 的短期脉冲冲击的响应效果图，左边部分显示的为 $LnUR$ 受到 $LnG1$、$LnG2$、$LnG3$ 的短期脉冲冲击的响应效果图。

从城镇化对产业影响看，$LnUR$ 对 $LnG1$ 具有滞后 1 期的持久显著负向影响，而且负向影响逐渐增强；$LnUR$ 对 $LnG2$ 具有滞后 1 期的持久显著正负交错影响，说明在工业化中后期，工业化不再主要表现为数量规模扩张，而是逐步转化为质量水平提升，在这个转化过程中，城镇化对第二产业的影响比较弱；$LnUR$ 对 $LnG3$ 具有滞后 1 期的持久显著正向影响。

从产业发展对城镇化影响看，$LnG1$ 对 $LnUR$ 具有滞后 1 期的持久显著影响，这种影响由正向逐渐转为负向；$LnG2$ 对 $LnUR$ 具有滞后 1 期持久的正向转为弱负向影响，这说明在工业化中后期第二产业对城镇化发展影响相对减弱；$LnG3$ 对 $LnUR$ 影响由正向转为负向又转为正向影响，说明第三产业对城镇化的影响在缓慢增强。

综合分析脉冲响应效果，发现城镇化对三次产业冲击的脉冲响应效果要比三次产业对城镇化冲击的脉冲响应效果强。这既说明在工业化中后期，城镇化对产业结构演进的促进作用要大于产业结构演进对城镇化的影响；同时表明中国的产业结构不合理，导致其对城镇化的影响作用出现减弱趋势。

（八）方差分解

为进一步分析外部结构冲击对内生变量影响的贡献度，则可建立预测方差分解模型。通过对城镇化水平和三次产业增加值的预测均方误差进行分解，结果如图 6 - 7 所示。

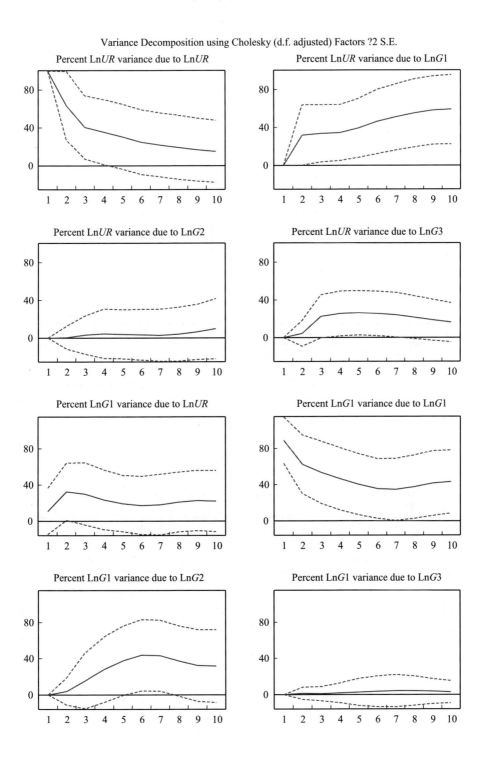

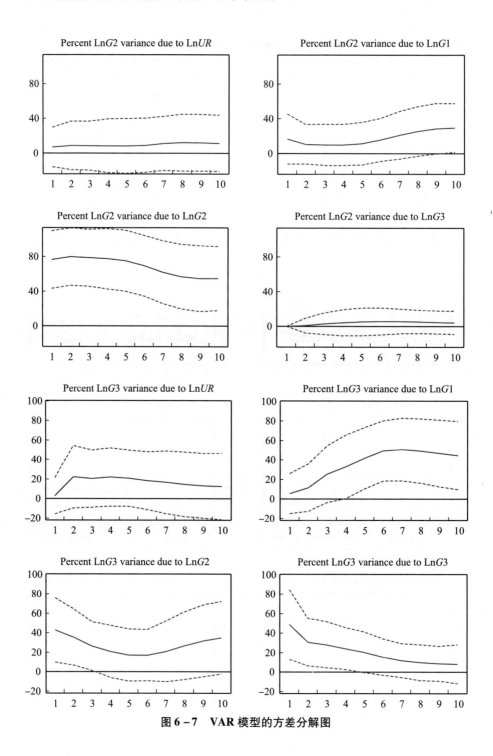

图 6-7 VAR 模型的方差分解图

根据图 6 - 7，可发现 VAR 模型的方差分解效果：

从城镇化对三次产业的影响看，LnUR 对 LnG1、LnG2、LnG3 的贡献度分别在 50%、15%、35% 左右，且通常具有一定滞后期且比较稳定，说明城镇化对产业结构演进的影响作用的过程相对缓慢，但是效果较为持久。其贡献度对第一产业最大，对第三产业次之，对第二产业最小，这表明在工业化中后期，新型城镇化对第一产业反哺作用越来越明显，而对第二产业作用相对逐渐减弱，对第三产业影响越来越大，这反映新型城镇化发展将对产业结构演进升级产生持续深远的影响。

从三次产业对城镇化的影响看，LnG1、LnG2、LnG3 对 LnUR 的贡献度分别在 35%、15%、25% 左右，三次产业对城镇化贡献度均较大，其中第一产业贡献度最大，其次是第三产业，第二产业贡献度最小。这表明工业进入中后期，第一产业对城镇化作用仍然比较大，第二产业对城镇化的作用相对逐渐较弱，第三产业对城镇化的作用逐渐提高。这既说明第三产业已成为城镇化的根本动力，同时印证了产业结构演进是城镇化动力的理论观点。

三、新型城镇化与三次产业就业结构演变协整分析

（一）变量选取与数据来源

本节同样选取"常住人口城镇化率"变量代表新型城镇化水平（UR），以区别以往学术界选取"户籍人口城镇化率"代表传统城镇化水平。选取三次产业的就业人数衡量产业结构演进水平，依次表示为 J1、J2 和 J3。各变量均选取 2000~2019 年 31 个省份面板数据，为消除数据的异方差，对数据进行对数化处理，经济时间序列数据对数化后不改变其特征，分析结果的经济意义是合理的。因此，可将以上四个变量转化为对数化后的新变量：LnUR、LnJ1、LnJ2、LnJ3。本节数据来源于国家统计局发布的《中国统计年鉴 2020》，数据处理均在 Eviews12.0 软件上完成。

（二）平稳性检验

为避免所采用的时间序列数据不平稳而出现"伪回归"，本节同样采用 ADF 检验法中的模型式（6.4）、式（6.5）、式（6.6）对原时间序列数据进行平稳性检验，检验结果见表 6 - 8。

表6-8 原时间序列 ADF 检验结果

变量	检验形式	ADF 值	1% 临界值	5% 临界值	10% 临界值	结论
LnJ1	(0, 0, 0)	-4.0850***	-2.6924	-1.9602	-1.6071	平稳
LnJ2	(C, T, 0)	-2.3010	-4.5326	-3.6736	-3.2774	非平稳
LnJ3	(C, T, 4)	0.6093	-4.7284	-3.7597	-3.3250	非平稳
LnUR	(C, 0, 0)	-9.3052***	-3.8315	-3.0300	-2.6552	平稳

注：*、**、***分别代表所在行变量序列在10%、5%、1%的显著水平下是平稳序列；检验类型（C，T，P）中，C表示常数项，T表示趋势项，P代表最优滞后阶数，根据 AIC 和 SC 最小准则确定，Ln 表示各变量的对数。

根据表6-8发现，在10%、5%、1%的临界值下，变量 LnJ2、LnJ3 没有通过 ADF 检验，说明这些时间序列数据是不平稳的。因此，需要对原时间序列进行差分处理，然后再对差分序列进行 ADF 单位根检验，其检验结果见表6-9。

表6-9 一阶差分序列 ADF 检验结果

变量	检验形式	ADF 值	1% 临界值	5% 临界值	10% 临界值	结论
DLnJ1	(C, 0, 1)	-3.0470**	-3.8574	-3.0404	-2.6606	平稳
DLnJ2	(0, 0, 1)	-3.5789***	-2.6998	-1.9614	-1.6066	平稳
DLnJ3	(C, T, 4)	-3.7978**	-4.8001	-3.7912	-3.3423	平稳
DLnUR	(C, T, 1)	-4.3258**	-4.6162	-3.7105	-3.2978	平稳

注：*、**、***分别代表所在行变量序列在10%、5%、1%的显著水平下是平稳序列；检验类型（C，T，P）中，C表示常数项，T表示趋势项，P代表最优滞后阶数，根据 AIC 和 SC 最小准则确定，Ln 表示各变量的对数。

从表6-9发现，经过一阶差分处理后的变量 DLnUR、DLnJ1、DLnJ2、DLnJ3 均通过了 ADF 检验，因此，符合协整检验要求。

（三）协整检验

原时间序列数据是不平稳的，因此需要对原变量作协整检验来考察其是否存在稳定的长期均衡关系。本节采用基于回归系数 Johansen 检验方法进行协整检验，检验结果见表6-10。

表 6 – 10 原时间序列协整检验结果

Maximum Rank	Eigenvalue	Trace Statistic	5% Critical Value	probability
0	0.997911	136.563	47.85613	0
1	0.701011	31.65838	29.79707	0.0302
2	0.449302	11.13344	15.49471	0.2034
3	0.056671	0.991783	3.841466	0.3193

从表 6 – 10 发现，在 Rank = 0，1 时，迹统计量值均大于 5% 显著性水平的临界值，应该拒绝不存在协整关系的原假设；在 Rank = 2，3 时，迹统计量值均小于 5% 显著性水平的临界值，应该接受不存在协整关系的原假设。综合而言，可以判断变量间存在 2 个协整关系。因此，说明 VAR 模型变量序列之间存在长期的协整关系。

（四）最优滞后阶数选择

在建立 VAR 模型中，需要确定内生变量的最优滞后阶数，如果最优滞后期取值不当则会直接影响模型的准确性和计量的效果。本节采用 Eviews12.0 软件来确定最优滞后阶数，选择结果见表 6 – 11。

表 6 – 11 VAR 模型最优滞后阶数选择结果

滞后阶数	LogL	LR	FPE	AIC	SC	HQ
0	102.1347	NA	0.0000	– 10.9039	– 10.7060	– 10.8766
1	198.5119	139.2116 *	0.0000	– 19.8347	– 18.8454	– 19.6983
2	223.0643	24.5523	1.64e – 14 *	– 20.7849 *	– 19.0042 *	– 20.5394 *

注：* 表示按照标准自动选择的滞后阶数。

从表 6 – 11 发现，变量 *LR* 选滞后一期；变量 FPE、AIC、SC、HQ 选择后二期，可以选择显著性变量对应最多的阶数作为 VAR 模型的最优滞后阶数，因此，选择 2 作为最优滞后阶数，根据检验结果构建 VAR（2）模型。

（五）VAR 模型构建及稳定性检验

本节定义向量 $Y_t = (LnJ1 LnJ2 LnJ3 LnUR)'$，通过 Eviews12.0 软件可以得

到估计结果，其 VAR（2）模型如下：

$$Y_t = \begin{bmatrix} \mathrm{Ln}J1_t \\ \mathrm{Ln}J2_t \\ \mathrm{Ln}J3_t \\ \mathrm{Ln}UR_t \end{bmatrix} = \begin{bmatrix} 2.9811 \\ 10.4760 \\ -9.2384 \\ 0.5813 \end{bmatrix} + \begin{bmatrix} 0.8624 & -0.3208 & 0.2062 & 3.0901 \\ -0.8089 & -0.1322 & 0.6509 & 0.1141 \\ -0.5334 & -0.4390 & 0.8273 & 3.8629 \\ 0.0165 & -0.0291 & -0.0069 & 0.8830 \end{bmatrix} \begin{bmatrix} \mathrm{Ln}J1_{t-1} \\ \mathrm{Ln}J2_{t-1} \\ \mathrm{Ln}J3_{t-1} \\ \mathrm{Ln}UR_{t-1} \end{bmatrix}$$

$$+ \begin{bmatrix} -0.1627 & 0.3177 & 0.0526 & -4.0921 \\ 0.9260 & -0.0114 & -0.0188 & -2.6517 \\ 1.1692 & 0.8688 & -0.3362 & -1.7295 \\ 0.0275 & -0.0145 & 0.0355 & -0.0342 \end{bmatrix} \begin{bmatrix} \mathrm{Ln}J1_{t-2} \\ \mathrm{Ln}J2_{t-2} \\ \mathrm{Ln}J3_{t-2} \\ \mathrm{Ln}UR_{t-2} \end{bmatrix} + \begin{bmatrix} \varepsilon_1 \\ \varepsilon_2 \\ \varepsilon_3 \\ \varepsilon_4 \end{bmatrix}$$

在估计模型之后，可以通过 AR 根模对 VAR 模型进行稳定性检验，如图 6-8 所示，所有方程根模倒数都在单位圆内，说明 VAR（2）模型整体具有稳定性。

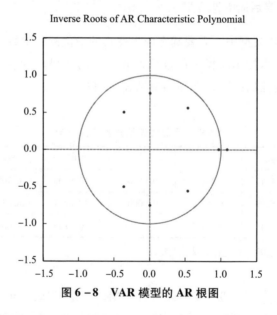

图 6-8　VAR 模型的 AR 根图

（六）格兰杰因果关系检验

格兰杰因果关系检验可以用来检验经济变量在数据上是否存在动态相关关系，它可以表明一个变量的变化是否可以预测另一变量的变化趋势。

根据上述的分析，由于 VAR（2）模型平稳，具备格兰杰因果关系检验的条件，因此可以对模型中的变量进行 Granger 因果关系检验，其检验结果见表6－12。

表6－12 格兰杰因果关系检验结果

Null hypothesis		F Statistics	probability	Refuse or Accept
Equation	Excluded			
Ln$J1$	Ln$J2$	6.7990	0.0095	Refuse ***
Ln$J1$	Ln$J3$	1.9965	0.1753	Accept
Ln$J1$	LnUR	0.9822	0.4006	Accept
Ln$J2$	Ln$J1$	2.4750	0.1228	Accept
Ln$J2$	Ln$J3$	0.8422	0.4530	Accept
Ln$J2$	LnUR	0.7798	0.4788	Accept
Ln$J3$	Ln$J1$	0.7084	0.5105	Accept
Ln$J3$	Ln$J2$	5.7449	0.0163	Refuse **
Ln$J3$	LnUR	1.7162	0.2181	Accept
LnUR	Ln$J1$	1.0025	0.3937	Accept
LnUR	Ln$J2$	4.3592	0.0356	Refuse **
LnUR	Ln$J3$	0.8671	0.4431	Accept

注：*、**、*** 分别表示显著性水平在10%、5%、1%上显著。

从表6－12发现，在1%显著性水平下，只有第一产业是第二产业变化的格兰杰原因，反向不构成格兰杰原因；其他变量间的格兰杰原因不明显。在5%的显著性水平下，第三产业是第二产业变化的格兰杰原因，城镇化是第二产业变化的格兰杰原因，反向均不构成格兰杰原因；其他变量间的格兰杰原因不明显。Granger 因果关系检验表明，新型城镇化发展吸引了大量第一产业领域剩余劳动力向城镇集聚，为第二、三产业发展提供了劳动力供应。至于第二、三产业对城镇化格兰杰原因不明显，主要原因是21世纪以来，工业化已进入中后期，工业的主导地位逐渐减弱，第三产业实力还不雄厚。

（七）脉冲响应函数

为了进一步考察新型城镇化与三次产业就业结构演变的短期动态关系，本节引入脉冲响应函数分析二者的关系。脉冲响应函数检验结果见图6－9。

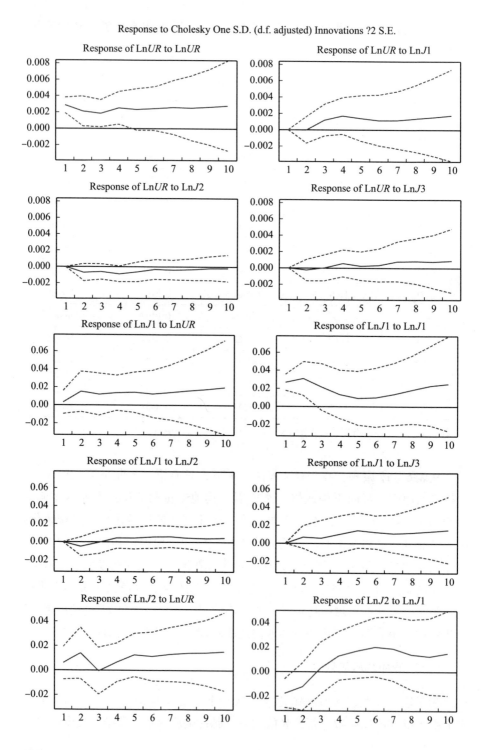

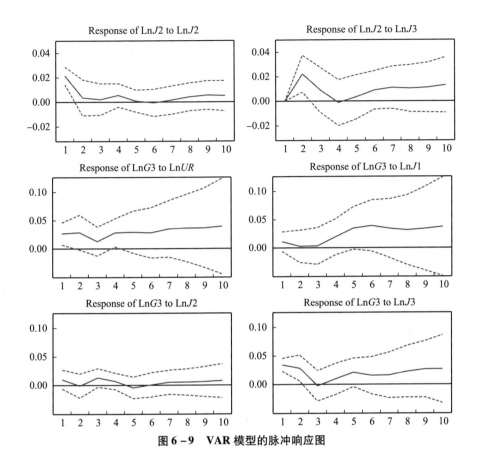

图 6-9 VAR 模型的脉冲响应图

根据图 6-9，可发现 VAR 模型的脉冲响应效果：

从城镇化对产业影响看，LnUR 对 LnJ1 具有滞后 1 期的持久显著正向影响；LnUR 对 LnJ2 具有滞后 1 期的弱负向影响，且负向影响逐渐减弱；LnUR 对 LnJ3 具有滞后 1 期缓慢提高的正向影响。说明在工业化中后期，第二产业不再主要表现为数量规模扩张，而是逐步转化为质量水平提升，在这个时期，城镇化对第一产业具有反哺作用，对第二产业影响比较弱，对第三产业影响较大。

从产业发展对城镇化影响看，LnJ1 对 LnUR 具有显著正向影响，而且变化幅度比较大，说明第一产业对城镇化的影响比较大；LnJ2、LnJ3 对 LnUR 均具有显著正向影响，变化幅度较大且具有波动性，LnJ3 增长幅度高于 LnJ2，说明在工业化中后期，第二、三产业是带动城镇化发展的主要动力，第三产业的作用已超越第二产业。

综合分析脉冲响应效果，发现城镇化对三次产业就业冲击的脉冲响应效果要比三次产业就业对城镇化冲击的脉冲响应效果弱。这说明新型城镇化内部结构功能存在一定问题，城镇功能没有得到充分发挥。

（八）方差分解

为进一步分析外部冲击对内生变量影响的贡献度，对城镇化水平和三次产业就业人数的预测均方误差进行分解，结果见图 6 – 10。

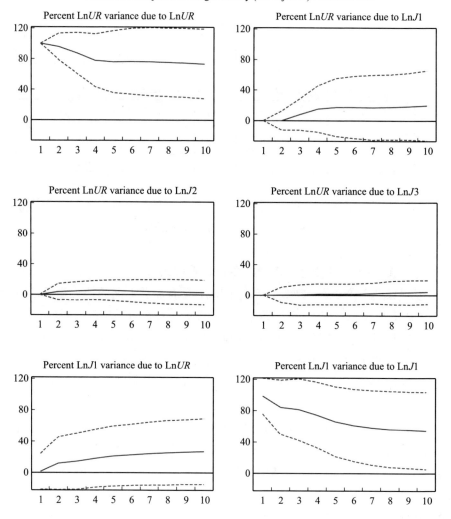

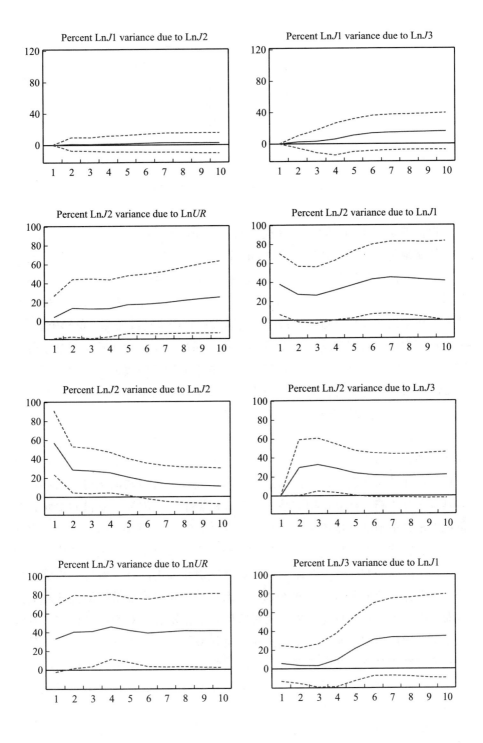

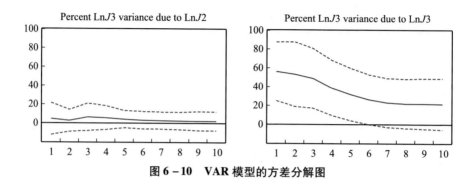

图 6 - 10   VAR 模型的方差分解图

根据图 6 - 10，可发现 VAR 模型的方差分解效果：

从城镇化对三次产业影响看，LnUR 对 LnJ1、LnJ2、LnJ3 的贡献度通常在 1~2 期之后才显现出来，其贡献度较为稳定，说明城镇化对产业结构演进的影响作用的过程相对缓慢，但是效果较为持久。因此，新型城镇化发展对产业结构演进的优化升级和经济的可持续发展将产生持续而深远的影响。

从三次产业对城镇化的影响看，LnJ1、LnJ2、LnJ3 对 LnUR 贡献度分别在 25%、30%、45% 左右，三次产业对城镇化贡献度均较大，其中第三产业的贡献度最大且稳定，说明第三产业对城镇化具有根本动力的作用，同时印证了产业结构演进是城镇化动力的理论观点。

综合而言，通过对 2000~2019 年中国新型城镇化与产业结构演进动态关联性分析，得出如下结论：首先，协整检验显示，21 世纪以来，中国新型城镇化与产业结构演进间存在长期稳定的均衡关系，新型城镇化与三次产业演进具有相互影响、相互作用关系。其次，根据格兰杰因果关系检验显示，21 世纪以来，中国新型城镇化对三次产业发展影响比较明显，而三次产业发展对城镇化影响并不明显。再次，根据脉冲响应效果显示，发现城镇化对三次产业冲击的脉冲响应效果要比三次产业对城镇化冲击的脉冲响应效果强。最后，方差分解结果显示，21 世纪以来，新型城镇化对产业结构演进的影响具有滞后性，但是效果较为持久，说明新型城镇化发展将对产业结构演进升级产生深远而持续的影响。产业结构演进对新型城镇化的贡献大而稳定，且高于新型城镇化对产业结构演进的贡献，其中第三产业贡献最大，第二产业次之，第一产业最小。说明产业结构演进是新型城镇化的动力，第三产业已成为新型城镇化发展主要动力。

根据上述的实证结论，可以得到如下启示：

第一，要加快推进农业现代化，促进农业内部结构升级，扩大农业人口向城镇转移规模，通过农业现代化发展使产业结构升级和新型城镇化协调发展。第二，在工业化中后期，第二产业对第一、三产业和城镇化发展仍将起着重要作用。因此，应该加快推进第二产业内部结构的高级化发展，大力发展新兴产业与高端制造产业，带动新型城镇化的高质量发展。第三，第三产业是未来促进产业结构升级和新型城镇化发展的主要力量。因此，应该加快发展各类生产性和生活性服务业，壮大第三产业发展规模。

第四节 本章小结

新型城镇化与产业结构演进存在内在的关联互动关系。本章旨在采用计量分析方法对新型城镇化与产业结构演进的关联性进行实证分析。

从时序关联性视角，分析发现中国新型城镇化与产业结构演进已进入有序发展状态。从静态关联性视角，采用皮尔逊相关系数模型分析，显示 21 世纪以来中国新型城镇化与产业结构演进的关联性逐渐增强。

从动态关联性视角，采用向量自回归模型分析，实证显示：中国新型城镇化与产业结构演进存在长期稳定的均衡关系，新型城镇化推动了三次产业的发展，三次产业演进又促进了新型城镇化的发展；新型城镇化对产业结构演进具有滞后性的持久影响；而产业结构演进对新型城镇化影响具有更为显著的持久影响。总体而言，21 世纪以来中国新型城镇化与产业结构演进存在长期稳定的关联互动关系。

第七章

新型城镇化与产业结构演进的
综合评价指标构建

    评价指标体系的设计及指标的遴选是评价系统发展状况的前提和基础，本章第一节通过对现有相关文献进行评述，找出对新型城镇化与产业结构演进评价指标体系构建存在的不足及需要改进之处；第二节依据新型城镇化与产业结构演进复合系统特征，设计评价指标体系构建的原则；第三节依据构建原则，在借鉴现有研究成果的基础上，遴选确立新型城镇化评价指标体系并进行具体解释；第四节依据同样方法，遴选确立产业结构演进评价指标体系并进行具体解释；第五节分析各种赋权方法的优劣势，确立对复杂评价指标体系综合赋权方法；第六节采用综合赋权方法对一级指标和二级指标赋权。

第一节　评价指标体系构建的评述与原则

一、评价指标体系构建的评述

    关于新型城镇化与产业结构演进协调发展评价体系的构建，国内外尤其是国内学者做了比较积极的探索，并且取得了许多具有指导意义的研究成果。

在新型城镇化综合评价指标体系构建方面，党兴华等[①]从经济、社会、资源、人口、环境 5 个维度选取 58 个指标，建立城市群评价体系，评价了陕西省城市群经济社会协调发展现状。何文举[②]从城市化速度、空间结构质量、城市经济水平、城市可持续发展潜力、城市社会发展水平、城市人居生活质量、城市燃料利用率 7 个维度选取 63 个指标，建立城市化质量评价指标体系，评价了湖南区域城市协调发展现状。城市中国计划[③]从人口转移、经济建设、基础设施、空间格局、居民生活、社会保障、资源环境、城乡统筹 8 个维度选取 34 个指标，构建新型城镇化质量评价体系，对中国区域城市群协调发展状况进行了评价。

在产业结构演进综合评价指标体系构建方面，张晓棠[④]从产值结构、就业结构 2 个维度选取 6 个评价指标，评价了陕西省城市化与产业结构协调发展情况。李春生[⑤]选取农业现代化、新型工业化、服务业现代化 3 个维度的 16 个指标，评价了中国产业结构演进与城市化协调发展状况。刘淑茹等[⑥]从产值比、就业比、结构效益 3 个维度选取 12 个评价指标，对中国新型城镇化与产业结构演进的协调性进行了测度。

综合已有研究，发现国内外学者对新型城镇化与产业结构演进评价指标体系的建构还没有形成统一公认的评价标准，且具有以下五个特点：

第一，研究视角上存在较大区别，更多地仍然体现在对传统城镇化的评价，涉及对新型城镇化内涵评价的维度与具体指标不多见。第二，指标体系没有从宏观上和质量上综合反映评价对象的核心内涵。多数指标体系虽然比较全面，但是核心与特色体现不够充分；而有些指标体系尽管相对简单，但往往是针对某一地区或某一城市或某一产业建立的，缺乏普适性和可迁移性。第三，很多指标信息难以具体量化。由于数据统计的局限或在各区域的统计中参差不齐，而导致评价的可操作性不强。甚至出现有的

① 党兴华、赵璟、张迎旭：《城市群协调发展评价理论与方法研究》，载于《当代经济科学》2007 年第 6 期。

② 何文举：《湖南城市化及其影响因素实证研究》，湖南大学博士学位论文，2014 年。

③ 城市中国计划：《国家新型城镇化指标体系及若干问题研究》，人民日报出版社 2015 年版。

④ 张晓棠：《陕西省城市化与产业结构协调发展水平研究》，载于《经济管理》2005 年第 1 期。

⑤ 李春生：《我国产业结构演进与城镇化协调发展研究》，首都经济贸易大学博士学位论文，2016 年。

⑥ 刘淑茹、魏晓晓：《新时代新型城镇化与产业结构协调发展测度》，载于《湖南社会科学》2019 年 1 期。

指标只是单纯建立一个体系，其实际应用价值不大，在实际中难以普遍推广。第四，指标体系设计上没有融入与时俱进的新发展理念，没有或者不能充分体现出当代科技和信息化高速发展的新特点。第五，现有研究对产业结构演变综合评价所选取的指标体系大同小异，多数仍然采用传统国际标准结构。

根据以上评述，现有评价体系虽然可为本书提供一定基础，但是由于其存在一些缺陷和不足，不能完全满足当前区域协调发展研究的需要。针对此问题，本书试图改善并规避现有评价指标体系中存在的缺陷，使指标体系能充分体现高质量协调发展的时代特征。

二、评价指标体系设计的原则

新型城镇化与产业结构演进是一个动态的、复杂的系统，同时具备动态系统和复杂系统的特征。它是由多子系统、多变量组成的规模庞大的多层次动态系统，系统内外部关系较为复杂，使得系统行为具有多样性和非线性特点。针对该系统特征以及当前区域协调发展评价指标体系存在的缺陷，本书为该体系的设计和指标的遴选确定以下几项原则。

第一，系统性与全面性。指标体系应当具有全局性和整体性，既比较全面又能自成系统。既能充分反映区域协调发展的实质内涵，又要能够客观反映不同时期、不同区域协调发展的主要状况或主要特征，并且构成一个相对完备的系统，能够综合反映系统中各个子系统状况。

第二，层次性与结构性。指标体系设计应具有多重性，应根据系统之间的相互关系和逻辑划分层次与设计结构。使指标体系层次分明，结构清晰，指标数目合理，并且形成一个有机的整体。

第三，可操作性与适用性。指标体系的设计应具有可操作性，不能只适应某一区域或某一产业，而应在全国范围内甚至国外具有相对适用性和推广性。因此，应该从多方位多视角设计指标体系，使其尽量反映不同地区的不同特点。

第四，继承性和创新性。评价体系设计既要继承已有的体系，特别是要注重与国家颁布的宜居城市、生态城市、绿色城市、产业结构演进相关评价标准相衔接；更要在现有基础之上体现与时俱进，采用新技术、新知识和新理念，创造性地设计具有超前性和预见性的评价指标，赋予具有鲜明时代特征的评价维度。

三、单个评价指标设置的原则

第一，代表性与独立性。新型城镇化与产业结构演进的发展涉及面非常广，是一个复杂巨系统，指标选取不可能涵盖系统中的所有问题，但必须能够较全面地反映当前迫切需要解决或了解的不协调的核心问题。因此，需要选择具有代表性、典型性和信息量大的指标；同时应尽量避免指标之间的交叉重复，确保指标的相对独立性。

第二，可测性与可比性。指标选择应注重概念明确直观，易于量化计算，数据容易获取，数据来源可靠，数据准确性高，处理方法简单科学。同时应注意指标计算范围和度量标准的一致性，能在不同时间、空间、横向和纵向等方面进行比较分析，能够综合评价系统协调发展状况及变化趋势。

第三，综合性与全面性。新型城镇化与产业结构演进系统包含着若干子系统，每个子系统都是一个非常复杂的系统，受到诸多因素的影响。因此，为减少评价指标数量与评价的繁杂度，应尽量选取能够反映综合信息的指标，从整体上全面反映被评价对象的本质特征。

第二节　新型城镇化评价指标体系构建

一、新型城镇化评价指标筛选思路

学者张维维[1]指出指标体系构建实际上是一个概念分析、维度考察、指标选择的逻辑过程，概念分析则是逻辑的起点。根据第二章对新型城镇化内涵分析，新型城镇化至少包含三个层面特点：首先，经济发展、社会发展和生态发展相统一。充分体现区域经济发展水平提高、产业结构优化升

---

[1]　张维维：《我国经济社会发展的动态监测、影响机理及实现路径研究》，浙江大学博士学位论文，2014 年。

级、社会基础实施与公共服务完善、居民生活水平提升、生态环境良好宜居等。其次，经济效率、社会效率和生态效率同步提升。能够同时带来规模经济效益、人力资本效益、生态环境效益等诸多好处。最后，区域经济结构协调发展。充分体现城镇化与工业化、信息化、农业现代化协同发展，尤其是城乡统筹协调发展。这些正是中国特色新型城镇化推进的关键和质量评价的标准。因此，在构建新型城镇化系统、评价新型城镇化发展水平时，除了应该遵循评价指标体系构建的基本原则外，还要重点考虑以下几个方面的因素：

第一，既考量传统意义上的城镇经济发展水平，又要对城镇化质量和内涵进行全面评价。第二，新型城镇化与产业结构演进是互动发展的，存在着相互影响、相互制约的紧密联系，因此，所选评价指标应该与产业结构演进也存在相互衔接性。第三，根据中国的发展实际，东中西部各地区的新型城镇化存在较大差异，因此，所选评价指标应能够鲜明地显示各区域新型城镇化的差异。

二、新型城镇化评价维度与指标筛选

指标体系的筛选是一项复杂的系统工程，要求评价者对评价系统有充分的认识及全面的知识。目前，筛选指标的方法主要有频度分析法、理论分析法、专家咨询法、主成分分析法等。在参考梁坤等[1]、高杰等[2]研究基础上，本书综合运用多种方法对评价维度与评价指标进行筛选。

（一）采用频度分析法筛选评价维度

构建一套科学合理的综合评价指标体系，不仅要遵循一定的构建原则，也要遵循优化理论的基本环节，如评价维度的筛选与优化等环节。根据上述评价指标筛选方法筛选新型城镇化评价维度。

---

① 梁坤、杜靖川、吕宛青：《西南地区旅游产业与城镇化耦合协调度的时空特征分析》，载于《经济管理》2015 年第 12 期。

② 高杰、孙林岩、李满圆：《区间估计：AHP 指标筛选的一种方法》，载于《系统工程理论与实践》2005 年第 10 期。

第一步，采用频度分析法初选维度。通过中国知网数据库检索到关于新型城镇化水平文献218篇，其中最具代表性的文献34篇。针对这些文献，遴选出维度频次最高的分别为：人口发展、经济发展、社会发展、生态环境、基础设施、空间结构、城乡协调、居民生活、集约效率和竞争力10个维度。

第二步，采用理论分析法优化维度。在维度初选基础上，根据新型城镇化的内涵与特征，依据创新、协调、绿色、开放、共享的新发展理念。通过补充优化，第二轮共筛选出人口发展、经济发展、社会发展、生态环境、居民生活、基础设施、空间结构、城乡协调、集约效率、文化传承10个维度。

第三步，采用专家咨询法评判维度。通过邀请10位专家对第二轮筛选出的评价维度进行多次评判筛选，专家意见趋于集中，最终确定人口城镇化、经济城镇化、社会城镇化、生活城镇化、环境城镇化、空间城镇化、统筹城镇化7个维度。

（二）采用主成分分析法筛选评价指标

为减少指标所反映信息的交叉，尽可能避免重叠关系，提高指标间的相对独立性，使分析评价结果更具客观性和准确性，本书采用主成分分析法剔除重复的关系指标。

第一步：采用频度分析法初选评价指标。首先，采用频度分析法建立指标集。从国内外关于新型城镇化发展水平、协调发展的相关研究文献收集评价指标，建立原始指标集。通过频度统计，选择使用频度较高的指标。其次，采用理论分析法优化指标。根据新型城镇化系统的内涵、特征、基本要素及协调发展的运行机理等理论进行分析、比较、综合，选择重要性和针对性强的指标。再次，采用专家咨询法评判指标。邀请10位专家对筛选出的评价指标进行多次评判调整，最后共初选出46个新型城镇化评价指标（见表7-1）。

表 7 - 1　　　　　　　　　　初选新型城镇化综合评价指标体系

一级指标	二级指标	初选权值	一级指标	二级指标	初选权值
人口城镇化	X_1 常住人口城镇化率	0.0253	环境城镇化	X_{26} 城镇建成区绿化覆盖率	0.0239
	X_2 城镇人口出生率	0.0152		X_{27} 城镇人均公园绿地面积	0.0247
	X_3 城镇人口密度	0.0221		X_{28} 城镇生活垃圾无害处理率	0.0248
	X_4 城镇人口受高等教育比例	0.0249		X_{29} 工业废水排放量	0.0235
	X_5 城镇人口自然增长率	剔除		X_{30} 工业废气排放量	0.0183
	X_6 城镇老龄人口抚养比重	剔除		X_{31} 单位 GDP 能源消耗量	0.0252
经济城镇化	X_7 人均国内生产总值	0.0253		X_{32} 城镇污水排放处理率	剔除
	X_8 地方财政收入	0.0253		X_{33} 城镇空气质量达标率	剔除
	X_9 城镇进出口总额	0.0248		X_{34} 工业废渣综合利用率	剔除
	X_{10} 城镇实际利用外资	0.0250	空间城镇化	X_{35} 城镇拥有道路长度	0.0250
	X_{11} 城镇固定资产投资	0.0251		X_{36} 城镇人均道路面积	0.0246
	X_{12} 地方财政支出占 GDP 比重	剔除		X_{37} 城镇建成区面积	0.0253
	X_{13} 地方财政收入占 GDP 比重	剔除		X_{38} 城镇建设用地占比重	0.0232
社会城镇化	X_{14} 城镇拥有公交车辆数	0.0252		X_{39} 城镇人均城区面积	剔除
	X_{15} 城镇拥有在校大学生数	0.0243		X_{40} 城镇人均公交线路长度	剔除
	X_{16} 城镇投入 R&D 经费	0.0249	统筹城镇化	X_{41} 城乡居民收入差异系数	0.0088
	X_{17} 城镇拥有授权专利数	0.0245		X_{42} 城乡居民消费差异系数	0.0179
	X_{18} 城镇拥有执业医师数	0.0243		X_{43} 城乡恩格尔系数差异程度	0.0181
	X_{19} 城镇互联网宽带用户	0.0244		X_{44} 城乡固定资产投资差异系数	0.0116
	X_{20} 城镇拥有医院床位数	剔除		X_{45} 城乡二元对比系数	剔除
生活城镇化	X_{21} 城镇居民人均可支配收入	0.0252		X_{46} 城乡居民居住面积比例	剔除
	X_{22} 城镇居民人均消费支出	0.0253	备注： (1) 通过频度分析法、理论分析法及专家咨询法共初选指标 46 个，重点参考文献 [206] ~ [227]。 (2) 通过主成分分析法，剔除权值 0.0088 以下的 13 个指标，挑选出 33 个具有代表性指标			
	X_{23} 城镇居民人均文教娱乐支出	0.0250			
	X_{24} 城镇居民人均医疗保健支出	0.0176			
	X_{25} 城镇人均日生活用电量	剔除			

第二步：构建指标相关系数矩阵。针对初选的 46 个指标，选取 2000 ~ 2019 年 31 个省份的面板数据平均数（原始数据来自《中国统计年鉴》），构造数据矩阵。假定被评价对象有 n 年，每年由 p 个指标构成，则可建立数据矩阵：$X = (x_{ij})_{n*p}$，$(i = 1, 2, \cdots, n; j = 1, 2, \cdots, p)$，式中 x_{ij} 表示第 i 年的第 j 项指标的数值。令 $Z = [x_{ij}]_{n \times p}^{T}$，则相关系数矩阵：

$$R = [S_{ij}]_{p \times p} = \frac{ZZ^{T}}{n-1}, \text{ 其中 } S_{ij} = \frac{\sum Z_{kj} \cdot Z_{kj}}{n-1}, i, j = 1, 2, \cdots, p, k = 1,$$

$2, \cdots, n$。

第三步：求解样相关系数矩阵的特征根。通过求解特征方程 $|S - \lambda I_p| = 0$，得到 m 个特征根，确定主成分按 $\dfrac{\sum\limits_{j=1}^{m} \lambda_j}{\sum\limits_{j}^{p} \lambda_j} \geqslant 0.85$ 确定 m 值，使信息的利用率达到 85% 以上，对每个 λ_j，$j = 1, 2, \cdots, m$，解方程组得单位特征向量 b_j^0。

第四步：求解 m 个主成分。将标准化后的指标转换为主成分：

$U_{ij} = z_j^T b_j^0$，$j = 1, 2, \cdots, m$。

U_1 称为第一主成分，U_2 称为第二主成分，$\cdots$，U_n 称为第 p 主成分。

第五步：对 m 个主成分进行综合评价。对 m 个主成分进行加权求和，即得最终评价值，权数为每个主成分的方差贡献率。

对所求出的 46 个指标主成分权值进行排序，确定阈值 0.0088，剔除相关度小于阈值的 13 个指标（见表 7-1），最终精选出 33 个相对独立性较强的评价指标（见表 7-2）。

表 7-2　　　　　　　精选新型城镇化综合评价指标体系

目标层	一级指标		二级指标		
系统层	子系统层	子系统元素	评价层	单位	属性
新型城镇化系统	人口城镇化（U_a）	人口规模	U_1 常住人口城镇化率	%	正向
		人口增长	U_2 城镇人口出生率	‰	正向
		人口密度	U_3 城镇人口密度	人/平方公里	正向
		人口素质	U_4 城镇人口受高等教育比例	%	正向

目标层	一级指标		二级指标		
系统层	子系统层	子系统元素	评价层	单位	属性
新型城镇化系统	经济城镇化（U_b）	经济增长	U_5 人均国内生产总值	万元/人	正向
		财政水平	U_6 地方财政收入	亿元	正向
		开放水平	U_7 城镇进出口总额	亿美元	正向
		开放水平	U_8 城镇实际利用外资	亿美元	正向
		投资水平	U_9 城镇固定资产投资	亿元	正向
	社会城镇化（U_c）	公共设施	U_{10} 城镇拥有公交车辆数	万辆	正向
		教育水平	U_{11} 城镇拥有在校大学生数	万人	正向
		科技水平	U_{12} 城镇投入 R&D 经费	亿元	正向
		创新水平	U_{13} 城镇拥有授权专利数	万件	正向
		医疗水平	U_{14} 城镇拥有执业医师数	万人	正向
		通信水平	U_{15} 城镇互联网宽带用户	万户	正向
	生活城镇化（U_d）	收入水平	U_{16} 城镇居民人均可支配收入	万元/人	正向
		消费水平	U_{17} 城镇居民人均消费支出	万元/人	正向
		文化水平	U_{18} 城镇居民人均文教娱乐支出	万元/人	正向
		保健水平	U_{19} 城镇居民人均医疗保健支出	万元/人	正向
	环境城镇化（U_e）	生态水平	U_{20} 城镇建成区绿化覆盖率	%	正向
		生态水平	U_{21} 城镇人均公园绿地面积	平方米/人	正向
		可持续发展	U_{22} 城镇生活垃圾无害处理率	%	正向
		水源质量	U_{23} 工业废水排放量	亿吨	负向
		空气质量	U_{24} 工业废气排放量	万吨	负向
		可持续发展	U_{25} 单位 GDP 能源消耗量	吨标准煤/万元	负向
	空间城镇化（U_f）	空间水平	U_{26} 城镇拥有道路长度	万公里	正向
		空间水平	U_{27} 城镇人均道路面积	平方米/人	正向
		空间规模	U_{28} 城镇建成区面积	平方公里	正向
		空间效应	U_{29} 城镇建设用地占比重	%	正向
	统筹城镇化（U_g）	收入差距	U_{30} 城乡居民收入差异系数		正向
		消费差距	U_{31} 城乡居民消费差异系数		正向
		生活差距	U_{32} 城乡恩格尔系数差异程度		正向
		投资差距	U_{33} 城乡固定资产投资差异系数		正向

三、新型城镇化评价指标体系的解释

通过综合利用频度分析法、理论分析法、专家咨询法、主成分分析法最后筛选出的 33 个评价指标,充分反映了新型城镇化的内涵质量。

(一) 人口城镇化子系统评价指标体系

新型城镇化是农村人口向城市转移的必然过程,因此,衡量新型城镇化发展水平,首先要考虑人口发展。经过在现有研究基础上遴选优化,最终选取 4 个评价指标。

U_1:常住人口城镇化率 = 城镇常住人口数/人口总数 × 100%,反映人口向城镇集聚水平、城镇规模及区域差异。U_2:城镇人口出生率 = 城镇年出生人数/年平均人数 × 1 000%,衡量城镇人口增长状况。U_3:城镇人口密度 = 城镇人口数/城镇土地面积,衡量城镇人口分布状况。U_4:城镇人口受高等教育比例 = 劳动年龄人口大专以上学历人口数/劳动年龄人口总数 × 100%,反映劳动人口受教育程度及区域差异。

(二) 经济城镇化子系统评价指标体系

城镇化是经济发展的一个必然过程和结果,因此,在评价新型城镇化发展水平时,必须考虑城镇经济发展。经过在现有研究基础上遴选优化,最终选取 5 个评价指标。

U_5:人均国内生产总值 = GDP 总额/人口总数,衡量区域经济发展状况差异。U_6:地方财政收入占 GDP 比重 = 地方财政收入总额/GDP × 100%,反映地方财政可能使用和支配 GDP 的规模差异。U_7:进出口总额占 GDP 比重 = 进出口总额/GDP × 100%,反映区域外贸依存度,衡量地区对外开放程度的差异。U_8:实际利用外资金额 = 区域与外商签订合同后实际收到的外资金额,反映区域城市对外开放程度的差异。U_9:城镇固定资产投资 = 固定资产投资总额,反映区域建设投资水平和发展的经济实力。

(三) 社会城镇化子系统评价指标体系

社会发展反映城镇化社会功能,衡量社会公共服务体系、保障事业发展完善程度。经过在现有研究基础上遴选优化,最终选取 6 个评价指标。

U_{10}：城镇拥有公交车辆数＝公共交通车辆总数，反映城镇公共基础设施水平及居民出行方便状况。U_{11}：城镇拥有在校大学生数＝城镇在校大学生总数，反映区域城镇高等教育发展水平差异。U_{12}：城镇投入 R&D 经费＝城镇投入研究与试验经费总额，反映区域研究与试验发展经费投入强度和科技水平。U_{13}：城镇拥有专利授权数＝城镇获批国家专利授权总数，反映城镇创新水平。U_{14}：城镇拥有执业医师数＝城镇执业医师总数，反映城镇医疗水平。U_{15}：城镇互联网宽带用户＝城镇接入互联网用户总数，反映城镇信息化发达程度。

（四）生活城镇化子系统评价指标体系

新型城镇化是城镇居民的幸福指数不断提升的过程。因此，在评价新型城镇化发展水平时，必须考虑城镇居民生活发展。经过在现有研究基础上遴选优化，最终选取 4 个评价指标。

U_{16}：城镇人均可支配收入＝（城镇家庭总收入－交纳的所得税－个人交纳的社会保障支出－记账补贴）/家庭人口总数，反映区域城镇居民生活水平差异。U_{17}：城镇人均消费支出＝城镇家庭居民个人消费总额/家庭人口总数，反映城镇居民物质和生活消费差异。U_{18}：城镇人均文教娱乐支出＝文教娱乐支出总额/常住人口总数，反映居民文化消费水平和生活质量提高情况。U_{19}：城镇人均医疗保健支出＝医疗保健支出总额/常住人口总数，反映居民健康水平与生活质量提高情况。

（五）环境城镇化子系统评价指标体系

新型城镇化是人与自然和谐相处、共同发展的过程。因此，在评价新型城镇化发展水平时，必须考虑城镇生态环境发展。经过在现有研究基础上遴选优化，最终选取 6 个评价指标。

U_{20}：城镇建成区绿化覆盖率＝建成区绿化覆盖总面积/城镇总面积×100%，反映区域城镇生态环境建设状况差异。U_{21}：城镇人均公园绿地面积＝公园绿地总面积/常住人口总数，反映城镇生态环境建设规模差异。U_{22}：城镇生活垃圾无害处理率＝无害化处理垃圾量/垃圾生产总量×100%，反映城镇治污净化能力差异及可持续发展能力。U_{23}：城镇工业废水排放量＝全年工业生产排放废水总量，此指标为逆向指标，反映区域城镇治污净化能力差异及水源质量。U_{24}：城镇工业废气排放量＝全年工业生产排放废气总量，此指标为逆向指标，反映区域城镇治污净化能力差异及空气质量。U_{25}：单位 GDP 能源消耗量 = 能源消费总量/国内（地区）生产总值，此指标为逆向指标，值越低反映节能降耗水平越高，反映城镇可持续发展能力。

（六）空间城镇化子系统评价指标体系

城镇演化的过程是城镇地域空间范围不断拓展的过程，空间结构是衡量城镇规模大小的重要因素。因此，在评价新型城镇化发展水平时，必须考虑城镇空间结构发展。经过在现有研究基础上遴选优化，最终选取 4 个评价指标。

U_{26}：城镇拥有道路长度 = 城镇道路总长度，反映道路网络空间规模及空间水平。U_{27}：城镇人均道路面积 = 道路总面积/常住人口总数，反映区域城镇道路网络空间规模及空间水平。U_{28}：城镇建成区面积 = 建成区总面积，反映区域城镇空间规模差异。U_{29}：城镇建设用地占比重 = 建设用地总面积/建成区总面积，反映区域城镇土地集约利用率及空间集聚效应。

（七）统筹城镇化子系统评价指标体系

新型城镇化具有扩张效应，能够带动郊区和农村发展，缩小城乡差距，促进城乡协调发展，最终消除城乡二元经济结构现象。因此，在评价新型城镇化发展水平时，必须考虑城乡协调发展。经过在现有研究基础上遴选优化，最终选取 4 个评价指标。

U_{30}：城乡居民收入差异系数 = （城镇人均可支配收入 – 农村人均可支配收入）/城镇人均可支配收入×100%，反映区域城乡居民人均可支配收入水平差异。U_{31}：城乡居民消费差异系数 = （城镇人均消费支出 – 农村人均消费支出）/城镇人均消费支出×100%，反映城乡居民人均消费支出水平差异。U_{32}：城乡恩格尔系数差异程度 = （城镇恩格尔系数 – 农村恩格尔系数）/城镇恩格尔系数×100%，衡量城乡居民家庭收入中（或总支出中）用来购买食物的支出所占的比例的差异，反映城乡居民家庭富裕程度的差异。U_{33}：城乡固定资产投资差异系数 = （城镇固定资产投资 – 农村固定资产投资）/城镇固定资产投资×100%，反映区域城乡固定资产投资规模差异状况。

综上可见，在新型城镇化综合评价指标体系构建中，考虑到新型城镇化与产业结构演进存在互动发展的内在关联性，构建了一些既充分反映新型城镇化水平又反映产业结构演进水平的指标，如人均国内生产总值、地方财政收入、城镇进出口总额、城镇实际利用外资、城镇固定资产投资等指标，既反映了城镇经济实力，也反映了城镇产业发展基础。

第三节　产业结构演进评价指标体系构建

一、产业结构演进评价指标筛选思路

关于产业结构演进评价体系的构建，不能完全采用传统的国际标准结构，因为新时代的产业背景与国际标准结构依托的产业背景相比，已经发生了根本性改变。因此，在构建产业结构演进系统、评价产业结构演进发展水平时，除了应该遵循评价指标体系构建的基本原则外，还要重点考虑几个方面因素：第一，要重点考察三次产业生产能力，即三次产业产值结构；第二，要重点考察三次产业对劳动力利用情况，即就业结构；第三，要重点考察三次产业内部新技术发展情况，即高技术产业产值结构；第四，所选指标应能够体现区域产业结构演进的差异。

二、产业结构演进评价维度与指标筛选

（一）采用频度分析法筛选评价维度

根据评价指标体系构建原则与思路，对于产业结构演进评价维度进行筛选。

第一步，采用频度分析法初选维度。通过中国知网数据库检索到关于产业结构水平文献223篇，其中最具代表性的文献19篇。这些文献对产业结构演进水平评价采用传统视角的较多，遴选频次最高的是产值结构、就业结构、合理化、高级化、结构效益、工业现代化、农业现代化、服务业现代化、创新化、高新产业产值率、地区生产总值和外贸进出口总额12个维度。

第二步，采用理论分析法优化维度。在维度初选基础上，考虑到产业结构演进升级表现在宏观上就是三次产业结构的合理化和高级化，同时考虑到产业结构演进升级最终是要看效益与效果。因此，通过补充优化，第二轮共

筛选出农业现代化、工业现代化、服务业现代化、产值结构、就业结构、结构效益6个维度。

第三步，采用专家咨询法评判维度。通过邀请10位相关专家对第二轮筛选出的评价维度进行多次评判筛选，对各位专家打分去掉最高分和最低分，取专家的平均分值，最终确定农业现代化、工业现代化、服务业现代化3个维度（见表7-3）。

表7-3   初选产业结构演进综合评价指标体系

一级指标	二级指标	初选权值	一级指标	二级指标	初选权值
农业现代化	X1 第一产业增加值	0.0554	服务业现代化	X11 第三产业增加值	0.0706
	X2 第一产业就业人数	0.0686		X12 第三产业就业人数	0.0710
	X3 农业机械化总动力	0.0720		X13 信息技术产业增加值	0.0661
	X4 第一产业产值占 GDP 比重	剔除		X14 第三产业产值占 GDP 比重	剔除
	X5 第一产业就业人数占比	剔除		X15 第三产业就业人数占比	剔除
工业现代化	X6 第二产业增加值	0.0723	备注： （1）通过频度分析法、理论分析法及专家咨询法共初选指标15个，重点参考文献［228］~［232］。 （2）通过主成分分析法，剔除权值 0.0554 以下的 6 个指标，挑选出 9 个具有代表性指标		
	X7 第二产业就业人数	0.0582			
	X8 高技术产业增加值	0.0721			
	X9 第二产业产值占 GDP 比重	剔除			
	X10 第二产业就业人数占比	剔除			

（二）采用主成分分析法筛选评价指标

第一步：采用频度分析法初选评价指标。首先，采用频度分析法建立指标集。从国内外关于产业结构演进发展水平、协调发展的相关研究文献收集评价指标，建立原始指标集。通过频度统计，选择使用频度较高的指标。其次，采用理论分析法优化指标。根据产业结构演进系统的内涵、特征、基本要素及协调发展的运行机理等理论进行分析、比较、综合，选择重要性和针对性强的指标。最后，采用专家咨询法评判指标。邀请10位专家对筛选出的评价指标进行多次评判调整，最终共初选出15个产业结构演进评价指标（见

表7-3）。

第二步：采用主成分分析法精选指标。首先，针对初选的15个指标，选取2000～2019年31个省份面板数据平均数（原始数据来自《中国统计年鉴》），构造原始数据矩阵；其次，采用主成分分析法筛选指标，对求出的主成分权值进行排序，确定阈值0.0554，剔除小于阈值的6个指标（见表7-1），最终精选出9个相对独立性较强的评价指标（见表7-4）。

表7-4　　　　　　　　精产业结构演进综合评价指标体系

目标层	一级指标		二级指标		
系统层	子系统层	子系统元素	评价层	单位	属性
产业结构演进系统	农业现代化（I_a）	生产能力	I_1 第一产业增加值	亿元	正向
		劳动力利用	I_2 第一产业就业人数	万人	逆向
		农业水平	I_3 农业机械化总动力	万千瓦	正向
	工业现代化（I_b）	生产能力	I_4 第二产业增加值	亿元	正向
		劳动力利用	I_5 第二产业就业人数	万人	正向
		制造业水平	I_6 高技术产业增加值	亿元	正向
	服务业现代化（I_c）	生产能力	I_7 第三产业增加值	亿元	正向
		劳动力利用	I_8 第三产业就业人数	万人	正向
		信息化水平	I_9 信息技术产业增加值	亿元	正向

三、产业结构演进评价指标体系的解释

通过综合利用频度分析法、理论分析法、专家咨询法、主成分分析法，最后筛选出9个评价指标，充分反映了产业结构演进的内涵质量。

（一）农业现代化子系统评价指标体系

农业现代化是反映产业结构演进的一个主要内容，同时也反映对新型城镇化发展的贡献程度。因此，在评价产业结构演进水平时，首先要考虑农业现代化发展水平。经过在现有研究基础上遴选优化，最终选取3个评

价指标。

I_1：第一产业增加值＝每年第一产业单位产值的增加值，反映第一产业规模化生产能力和农业内部结构。I_2：第一产业就业人数＝每年第一产业领域从业人员总数，反映农业领域劳动力利用情况和农业生产效率。I_3：农业机械化总动力＝每年农业领域各种动力机械化动力总和，反映农业机械化、农业产业化水平及农业生产效率。

（二）工业现代化子系统评价指标体系

工业现代化是反映产业结构演进的一个重要内容，同时也反映工业企业集聚对新型城镇化发展的贡献程度。因此，在评价产业结构演进水平时，要重点考虑工业现代化发展水平。经过在现有研究基础上遴选优化，最终选取3个评价指标。

I_4：第二产业增加值＝每年第二产业单位产值的增加值，反映第二产业规模化生产能力和第二产业内部结构。I_5：第二产业就业人数＝每年第二产业领域从业人员总数，反映第二产业领域劳动力利用情况和生产效率。I_6：高技术产业增加值＝每年高新技术产业单位产值的增加值，反映第二产业领域制造业水平和内部结构的高级化程度。

（三）服务业现代化子系统评价指标体系

服务业现代化是反映产业结构演进的最重要的内容，同时也反映服务企业集聚对新型城镇化发展的贡献程度。因此，在评价产业结构演进水平时，要重点考虑服务业现代化发展水平。经过在现有研究基础上遴选优化，最终选取3个评价指标。

I_7：第三产业增加值＝每年第三产业单位产值的增加值，反映第三产业规模化生产能力和第三产业内部结构。I_8：第三产业就业人数＝每年第三产业领域从业人员总数，反映第三产业领域劳动力利用情况和生产效率。I_9：信息技术产业增加值＝每年信息技术产业单位产值的增加值，反映第三产业领域现代服务业水平和内部结构的高级化程度。

综上可见，在产业结构演进综合评价指标体系构建中，考虑到产业结构演进与新型城镇化存在互动发展的内在关联性，构建了一些既充分反映产业结构演进水平又反映新型城镇化发展水平的指标，如：农业机械化总动力指标反映了新型城镇化对农业的反哺作用；第二、三产业就业人数指标反映了新型城镇化对农村人口的吸纳能力；高技术产业增加值指标同时反映了城镇科技创新水平；信息技术产业增加值指标反映了城镇信息化发展水平。

第四节　新型城镇化与产业结构演进协调发展评价体系构建

　　按照评价的思路，评价新型城镇化与产业结构演进协调发展水平，首先需要从发展度视角进行评价，即分别评价新型城镇化子系统、产业结构演进子系统及复合系统发展水平；其次，需要从协调度视角，分别评价新型城镇化与产业结构演进两子系统内部及两子系统间协调度；最后，从协调发展度视角，分别评价新型城镇化与产业结构演进两子系统内部及两子系统间协调发展度。具体评价指标体系如表7-5所示：

表7-5　　　　　　新型城镇化与产业结构演进协调发展评价体系

目标层	一级指标	二级指标	属性
新型城镇化与产业结构演进协调发展水平	发展度	新型城镇化系统发展水平	正向
		产业结构演进系统发展水平	正向
		新型城镇发展与产业结构演进复合系统综合发展水平	正向
	协调度	新型城镇化子系统内部协调度	正向
		产业结构演进子系统内部协调度	正向
		新型城镇化与产业结构演进两系统间协调度	正向
	协调发展度	新型城镇化子系统内部协调发展度	正向
		产业结构演进子系统内部协调发展度	正向
		新型城镇化与产业结构演进两系统间协调发展度	正向

第五节　评价指标体系综合赋权方法选择

一、评价指标综合赋权思路

在指标多而复杂的综合评价分析中，各评价指标权重分配的差异会直接导致评价对象优劣顺序的改变，因而，权重的合理性、准确性会直接影响到评价结果的可靠性和科学性。通常在权重分配时需考虑三个因素：（1）指标独立性大小，即与其他指标重复的信息量；（2）指标变异程度大小，即指标能够分辨出被评价对象之间的差异能力；（3）评价者的主观偏好。概括而言，指标权重分配方法有三类：主观赋权、客观赋权和组合赋权。

主观赋权是指专家通过知识、经验、直觉或偏好直接对评价对象权重系数作出主观判断的评价方法，常用的方法有层次分析法、德尔菲法、模糊综合评价法等，其中使用最广泛的是层次分析法[①]。赵颖智[②]采用层次分析法研究了中国城镇化与农业现代化的协调情况。毛丽芹和李振华（2017）利用主成分分析法和层次系数法，实证分析了天津市新型城镇化与产业结构互动关系。

客观赋权是指根据实际数据来研究指标与重要性的关系。采用数学原理和方法客观分配，分配更合理科学。此方法计算过程较复杂，增加了测度和分析的难度。常用的方法有熵值法、变异系数法、主成分分析法、复相关系数法等，其中熵值法使用最广泛，因为其具有绝对的客观性，且能深刻反映指标信息的效用价值。吴穹等[③]均采用熵值赋权方法研究了中国产

[①]　彭张林、张强、杨善林：《综合评价理论与方法研究综述》，载于《中国管理科学》2015年第11期。

[②]　赵颖智：《中国城镇化与农业现代化发展的协调度研究》，载于《宏观质量研究》2013年第3期。

[③]　吴穹、仲伟周、张跃胜：《产业结构调整与中国新型城镇化》，载于《城市发展研究》2018年第1期。

业结构调整与新型城镇化关系。吴倮①采用主成分分析法分析了深圳、大连、厦门、宁波、青岛新型城镇化与旅游产业耦合协调情况。

主观赋权方法和客观赋权方法各有其优劣势，单独使用时均难达到最佳权值结果，但是两者之间具有明显互补性功能，如果采用将两者结合使用的新方法将会取得最佳效果。

二、评价指标综合赋权方法

在本书评价指标赋权过程中，考虑到所选取的评价指标层级较多数目较多，且各指标间关系非常复杂；同时，基于熵值法、层次分析法和主成分分析法特点，因此，在参考吴穹等②、魏敏等③等现有研究基础上，首先尝试采用熵值法对评价指标进行客观赋权，采用层次分析法对评价指标进行主观赋权，其次采用线性加权法计算出二级指标的综合权值；最后采用主成分分析法和乘法合成法计算出一级指标的权值。

为了避免主观赋权的缺陷性，突出客观赋权真实性，力争提高指标权值的准确性和合理性，在采用线性加权法计算指标的综合权值时，将熵值法求出的客观权重比重设为 $\alpha = 0.6$，将层次分析求出的主观权重比重设为 $\beta = 0.4$。

（一）采用熵值法对二级指标客观赋权

熵值法就是根据各指标传输给决策者的信息量的大小来确定指标权数的方法。某项评价指标的差异越大，熵值越小，该指标包含和传输的信息越多，相应权重越大。熵值法的基本原理是将原始数据的差异大小作为权重确定的依据，它不能体现指标的独立性大小以及评价者对指标价值的理解，因而在评价指标独立性较强时适宜采用。熵值法的步骤如下：

第一步：构造原始数据矩阵。假定被评价对象有 n 年，即 n 个样本，每

① 吴倮：《旅游产业与新型城镇化发展质量耦合协调关系研究》，东北财经大学博士学位论文，2017 年。

② 吴穹、仲伟周、张跃胜：《产业结构调整与中国新型城镇化》，载于《城市发展研究》2018年第 1 期。

③ 魏敏、胡振华：《区域新型城镇化与产业结构演变耦合协调性研究》，载于《中国科技论坛》2019 年第 10 期。

年由 p 个指标构成。据此则可建立原始数据矩阵：

$X = (x_{ij})_{n*p}$，$(i = 1, 2, \cdots, n; j = 1, 2, \cdots, p)$，式中 x_{ij} 表示第 i 年的第 j 项指标的数值。

第二步：将原始数据标准化处理。本书新型城镇化与产业结构演进协调发展度的取值范围为 $[0, 1]$，因此采用极值法对原始数据进行标准化处理，标准化的矩阵为 R。

对于正向指标则：　$r_{ij} = (x_{ij} - x_{\min}) / (x_{\max} - x_{\min})$　　　　　(7.1)

对于负向指标则：　$r_{ij} = (x_{\max} - x_{ij}) / (x_{\max} - x_{\min})$　　　　　(7.2)

式（7.1）、式（7.2）中 x_{ij} 为原始值，r_{ij} 为标准化后的值，$r_{ij} \in [0.1]$；$x_{\min}$ 和 $x_{\max}$ 分别为第 j 项指标的极小值和极大值。

第三步：确定各项指标信息熵值 e_j。首先计算第 i 年的第 j 项指标值的比重 p_{ij}：

$p_{ij} = r_{ij} / \sum_{i=1}^{n} r_{ij}$，然后计算第 j 项指标的熵值 e_j：$e_j = -k \sum_{i=1}^{n} p_{ij} \ln p_{ij}$，其中 $k = 1 / \ln n$。

第四步：计算各项指标权重 w_j。第 j 项指标的归一化熵权 w_j：

$$w_j = (1 - e_j) / \sum_{j=1}^{p} (1 - e_j)，当且仅当 \sum_{j=1}^{p} w_j = 1。 \qquad (7.3)$$

（二）采用层次分析法对二级指标主观赋权

层次分析法是评价者通过分析复杂系统所包含的因素及其相互关系，采用将问题或对象系统分解为多个层次，然后由粗到细、由表及里，从全局到局部逐步深入进行分析的方法。该方法将人们的主观判断进行了科学的整理和综合，其权数体现评价者对各指标的主观价值判断大小，所需定量信息较少，但要求评价者对评价本质、包含的要素及其相互之间的逻辑关系掌握得十分透彻。该方法对指标结构复杂而且缺乏必要的数据情况下的评价非常实用，它能大大提高综合评价的有效性、可靠性和可行性。层次分析法的步骤如下：

第一步：构造判断矩阵。选取 10 位专家对同一层次内 n 个指标相对重要性进行判断。引入 9 分位比例标度（见表 7-6），判断矩阵 A 中各元素 a_{ij} 为行指标相对 j 列指标进行重要性两两比较的值。

表7-6 　　　　　　　　9分位的相对重要性的比例标度

甲指标比乙指标	极重要	很重要	重要	略重要	同等	略次要	次要	很次要	极次要
甲指标评价值	9	7	5	3	1	1/3	1/5	1/7	1/9
备注	取 8，6，4，2，1/2，1/4，1/6，1/8 为上述评价值的中间值								

显然，在判断矩阵 A 中，$a_{ij} > 0$，$a_{ii} = 1$，$a_{ij} = 1/a$（其中 i，$j = 1$，2，…，n）。因此，判断矩阵 A 实为一个正交矩阵，且左上至右下对角线位置上的元素为 1，其两侧对称位置上的元素互为倒数。在进行每次判断时，只需要作 $n(n-1)/2$ 次比较。

按照 9 分位相对重要性比例标度要求，请对新型城镇化和产业结构演进领域比较熟悉的 7 位专家，针对新型城镇化评价指标体系中 7 个一级指标的各个指标和产业结构演进评价指标体系中 3 个一级指标的各个指标，逐一判断其重要性程度，然后将 7 位专家的判断矩阵中的各个值进行算术平均处理，求出综合判断矩阵。

第二步：计算指标权重 ω_i。将判断矩阵 A 的各行向量进行几何平均，然后归一化，得到的行向量则为权重向量。设 A 的最大特征根为 λ_{max}，其相应的特征向量为 W，则有 $AW = \lambda_{max} W$，而判断矩阵每一行元素的乘积为 M_i：$M_i = \prod_{j=1}^{n} b_{ij}$，$i = 1$，2，…，$n$；然后计算 M_i 的 n 次方根：$\overline{w}_i = \sqrt[n]{M_i}$；最后对向量 $\omega = [\overline{w}_1, \overline{w}_2, \cdots, \overline{w}_n,]^T$ 归一化，则得指标权重：

$$\omega_i = \overline{w}_i / \sum_{i=1}^{n} \overline{w}_i \tag{7.4}$$

第三步：进行一致性检验。首先计算判断矩阵的最大特征根：$\lambda_{max} = \frac{1}{n} \sum_{i=1}^{n} \frac{(AW)_i}{\omega_i}$；然后作判断矩阵一致性的检验：$CI = \frac{\lambda_{max} - n}{n-1}$。引入判断矩阵的平均随机一致性指标值 RI。1~15 阶判断矩阵的 RI 值如表 7-7 所示。当维数（N）大于 2，判断矩阵的一致性比率 $CR = CI/RI < 0.10$ 时，一般认为判断矩阵具有满意的一致性，否则需要调整判断矩阵，而使之具有满意的一致性。

表 7 – 7 平均随机一致性指标 *RI*

维数	1	2	3	4	5	6	7	8
RI	0	0	0.52	0.89	1.12	1.26	1.36	1.41
维数	9	10	11	12	13	14	15	
RI	1.46	1.49	1.52	1.54	1.56	1.58	1.59	

（三）采用线性加权法计算二级指标综合权值

第一步：由熵值法求出的客观权重：$W_j' = (W_1', W_2', \cdots, W_n')^T$，且满足 $0 \leqslant W_j' \leqslant 1$，$\sum\limits_{j=1}^{n} W_j' = 1$。

第二步：由层次分析法求出的主观权重：$W_j'' = (W_1'', W_2'', \cdots, W_n'')^T$，且满足 $0 \leqslant W_j'' \leqslant 1$，$\sum\limits_{j=1}^{n} W_j'' = 1$。

第三步：将 W_j' 和 W_j'' 进行线性加权。k、$1-k$ 分别表示 W_j' 和 W_j'' 的重要程度，且满足单位化约束条件 $k + (1-k) = 1$，为了避免主观赋权判断的缺陷，突出客观赋权比重，设 $k = 0.6$，则可求得综合权重向量为：

$$W_j''' = kW_j' + (1-k)W_j'' \tag{7.5}$$

（四）采用主成分分析法对一级指标客观赋权

第一步：根据熵值法和层次分析法求得的各二级指标综合权重，构造数据矩阵。假定被评价对象有 n 年，每年由 p 个指标构成，则可建立数据矩阵：$X = (x_{ij})_{n*p}$，$(i = 1, 2, \cdots, n; j = 1, 2, \cdots, p)$，式中 x_{ij} 表示第 i 年的第 j 项指标的数值。

第二步：求相关系数矩阵 S。令 $Z = [x_{ij}]_{n \times p}^T$，则 $R = [S_{ij}]_{p \times p} = \dfrac{ZZ^T}{n-1}$，

其中 $S_{ij} = \dfrac{\sum Z_{kj} \cdot Z_{kj}}{n-1}$，$i, j = 1, 2, \cdots, p$，$k = 1, 2, \cdots, n$。

第三步：求解样相关系数矩阵 S 的 m 个特征根。通过求解特征方程 $|S - \lambda I_p| = 0$，得 m 个特征根，确定主成分按 $\dfrac{\sum\limits_{j=1}^{m} \lambda_j}{\sum\limits_{j}^{p} \lambda_j} \geqslant 0.85$ 确定 m 值，使信息的利用率达到85%以上，对每个 λ_j，$j = 1, 2, \cdots, m$，解方程组得单位特

征向量 b_j^0。

第四步：求解 m 个主成分。将标准化后的指标转换为主成分：

$U_{ij} = z_j^T b_j^0$，$j = 1$，2，$\cdots$，m。

U_1 称为第一主成分，U_2 称为第二主成分，$\cdots$，U_n 称为第 m 主成分。

第五步：对 m 个主成分进行综合评价。对 m 个主成分进行加权求和，即得最终评价值，权数为每个主成分的方差贡献率：

$$W_j''' = \frac{\sum\limits_{i=1}^{n}(x_{ji} - \bar{x_i})^2}{\sum\limits_{j=1}^{m}\sum\limits_{i=1}^{n}(x_{ji} - \bar{x_i})^2} \tag{7.6}$$

（五）采用乘法合成法和线性加权法计算一级指标最终权值

第一步：假设子系统层所对应的二级指标数目为 m，由综合赋权法式（7.5）求出的各二级指标综合权重为：

$W_1''' = (W_{11}''', W_{12}''', \cdots, W_{1m}''')^T$，$W_2''' = (W_{21}''', W_{22}''', \cdots, W_{2m}''')^T$，$\cdots$，$W_n''' = (W_{n1}''', W_{n2}''', \cdots, W_{n2}''', \cdots, W_{nm}''')^T$。且满足 $0 \leqslant W_{1i}''' \leqslant 1$，$\sum\limits_{i=1}^{m} W_{1i}''' = 1$，$0 \leqslant W_{2i}''' \leqslant 1$，$\sum\limits_{i=1}^{m} W_{2i}''' = 1$，$\cdots$，$0 \leqslant W_{ni}''' \leqslant 1$，$\sum\limits_{i=1}^{m} W_{ni}''' = 1$。

第二步：假设子系统层所对应的二级指标数目为 m，由主成分分析法式（7.6）求出的各二级指标权重为：

$W_j'''' = (W_1'''', W_2'''', \cdots, W_n^m)^T$，且满足 $0 \leqslant W_j^m \leqslant 1$，$\sum\limits_{j=1}^{n} W_j^m = 1$。

第三步：假设各子系统层所对应的二级指标数目为 m，采用乘法合成法则可计算各二级指标的合成权重：

$$W_j = W_j''' \times W_j'''' \tag{7.7}$$

$j = 1$，2，$\cdots$，m，$0 \leqslant W_x \leqslant 1$，$\sum\limits_{x=1}^{n} W_x = 1$

第四步，计算一级指标最终权重。假设系统层共有一级指标数目为 z，根据式（7.7），采用线性加权法则可求出一级指标综合权重：

$$W_i = \sum\limits_{j=1}^{m} W_j''' \times W_j'''' \tag{7.8}$$

式中 $i = 1$，2，$\cdots$，z；$j = 1$，2，$\cdots$，m。

第六节　评价指标体系的综合赋权

一、原始数据获取与标准化处理

本书对新型城镇化与产业结构演进综合评价指标选取 2000～2019 年 31 个省（市）面板数据，原始数据来源于：国家统计局发布的 2000～2020 年《中国统计年鉴》《中国城市统计年鉴》《中国能源统计年鉴》《中国固定资产投资统计年鉴》；生态环境部官网发布的 2000～2020 年《中国环境统计公报》；国家住房和城乡建设部官网发布的 2000～2020 年《中国城乡建设统计年鉴》。在数据的收集整理中，坚持同一指标选同一数据库的原则。对极个别无法获取的数据，采用缺失值处理，处理方法为：对缺失一年的数据，采用均值插值法进行补齐；对缺失值在时间序列两端或缺失两年以上的数据，采用线性插值法进行补齐。

本书选用极值法对原始数据进行标准化处理，原始数据处理和数据分析均在 Eviews12.0 软件上进行。处理步骤为：

第一步：构造原始数据矩阵。假定被评价对象有 n 年，即 n 个样本，每年由 p 个指标构成，则可建立原始数据矩阵：

$$X = (x_{ij})_{n*p} \tag{7.9}$$

式中，$i = 1, 2, \cdots, n$；$j = 1, 2, \cdots, p$，x_{ij} 表示第 i 年的第 j 项指标的数值。

第二步：构建标准化数据矩阵 R。采用极值法对原始数据进行标准化处理：

对于正向指标则：$r_{ij} = (x_{ij} - x_{\min})/(x_{\max} - x_{\min})$，$r_{ij} \in [0.1]$ （7.10）

对于负向指标则：$r_{ij} = (x_{\max} - x_{ij})/(x_{\max} - x_{\min})$，$r_{ij} \in [0.1]$ （7.11）

式（7.10）、式（7.11）中 x_{ij} 和 r_{ij} 分别为原始值和标准化后的值；$x_{\min}$ 和 $x_{\max}$ 分别为第 j 项指标的极小值和极大值。

二、采用综合赋权法对评价指标赋权

（一）采用综合赋权法计算新型城镇化评价指标权重

首先，利用 31 个省份标准化后面板数据，计算新型城镇化评价指标标准化数据的平均值。然后，采用熵值法式（7.3）对评价指标进行客观赋权（U_{q1}），采用层次分析法式（7.4）对评价指标进行主观赋权（U_{q2}），采用线性加权法式（7.5）求出二级指标的综合权值（U_{qo}）。在此基础上，采用主成分分析法式（7.6）对一级指标客观赋权。最后，采用乘法合成法式（7.7）和线性加权法式（7.8）计算一级指标综合权值（U_{qz}）（见表7-8）。数据分析均在 Eviews12.0 软件上进行。

表7-8　　　　　　　　　新型城镇化综合评价指标体系权重

一级指标	二级指标				一级指标	二级指标			
U_{qz}	指标	U_{q1}	U_{q2}	U_{qo}	U_{qz}	指标	U_{q1}	U_{q2}	U_{qo}
人口城镇化 U_a (0.1754)	U_1	0.2804	0.4673	0.3552	环境城镇化 U_e (0.1718)	U_{20}	0.1140	0.3788	0.2199
	U_2	0.1442	0.2772	0.1974		U_{21}	0.0983	0.2490	0.1586
	U_3	0.2623	0.1601	0.2214		U_{22}	0.2029	0.1594	0.1855
	U_4	0.3130	0.0954	0.2260		U_{23}	0.3145	0.1009	0.2291
经济城镇化 U_b (0.1561)	U_5	0.2107	0.4185	0.2938		U_{24}	0.0910	0.0642	0.0803
	U_6	0.2307	0.2625	0.2434		U_{25}	0.1792	0.0478	0.1266
	U_7	0.1574	0.1599	0.1584	空间城镇化 U_f (0.1558)	U_{26}	0.2720	0.4673	0.3501
	U_8	0.1518	0.0973	0.1300		U_{27}	0.1921	0.2772	0.2262
	U_9	0.2494	0.0618	0.1743		U_{28}	0.2852	0.1601	0.2351
社会城镇化 U_c (0.1473)	U_{10}	0.1248	0.3788	0.2264		U_{29}	0.2507	0.0954	0.1886
	U_{11}	0.0757	0.2490	0.1450	统筹城镇化 U_g (0.0475)	U_{30}	0.2137	0.4673	0.3151
	U_{12}	0.1924	0.1594	0.1792		U_{31}	0.2283	0.2772	0.2478
	U_{13}	0.2355	0.1009	0.1816		U_{32}	0.2157	0.1601	0.1934
	U_{14}	0.1672	0.0642	0.1260		U_{33}	0.3424	0.0954	0.2436
	U_{15}	0.2045	0.0478	0.1418					
生活城镇化 U_d (0.1460)	U_{16}	0.2613	0.4673	0.3437					
	U_{17}	0.2556	0.2772	0.2642					
	U_{18}	0.2355	0.1601	0.2053					
	U_{19}	0.2476	0.0954	0.1868					

（二）采用综合赋权法计算产业结构演进评价指标权重

首先，利用31个省（市）标准化后面板数据，计算新型城镇化评价指标标准化数据的平均值。其次，采用熵值法式（7.3）对评价指标进行客观赋权（U_{q1}），采用层次分析法式（7.4）对评价指标进行主观赋权（U_{q2}），采用线性加权法式（7.5）求出二级指标的综合权值（U_{qo}）。在此基础上，采用主成分分析法式（7.6）对一级指标客观赋权。最后，采用乘法合成法式（7.7）和线性加权法式（7.8）计算一级指标综合权值（U_{qz}）（见表7-9）。数据分析均在Eviews12.0软件上进行。

表7-9　　　　　　　产业结构演进综合评价指标体系权值

一级指标	二级指标			
I_{qz}	评价指标	I_{q1}	I_{q2}	I_{qo}
农业现代化 I_a （0.2734）	I_1	0.3633	0.5396	0.4338
	I_2	0.2472	0.2970	0.2671
	I_3	0.3895	0.1634	0.2991
工业现代化 I_b （0.3051）	I_4	0.3428	0.5396	0.4215
	I_5	0.2819	0.2970	0.2879
	I_6	0.3752	0.1634	0.2905
服务业现代化 I_c （0.4215）	I_7	0.2901	0.5396	0.3899
	I_8	0.3300	0.2970	0.3168
	I_9	0.3799	0.1634	0.2933

第七节 本章小结

本章旨在构建一套科学合理的评价指标体系和指标综合赋权方法对评价指标精确赋权。通过对已有文献梳理，发现目前对新型城镇化与产业结构演进协调发展评价指标体系的建构还没有形成统一公认的评价标准，且存在五个明显特点：一是指标体系分析视角存在较大差异；二是指标体系没有从宏观上和质量上综合反映评价对象的核心内涵，缺乏普适性和可迁移性；三是很多指标信息难以具体量化，缺乏实际应用价值；四是指标体系设计思路没有融入与时俱进的新发展理念，不能完全满足当前区域协调发展研究的需要；五是对产业结构演变综合评价所选取的指标体系多数仍然采用的传统国际标准结构，不能全面客观反映产业结构演进的新内涵。针对现有研究存在的不足，依据新型城镇化与产业结构演进复合系统特征，设计了评价指标体系构建的原则；依据构建原则，在借鉴现有研究基础上，采用主成分分析法筛选指标，从人口城镇化、经济城镇化、社会城镇化、生活城镇化、环境城镇化、空间城镇化、统筹城镇化7个维度，遴选了33个评价指标，构建了新型城镇化综合评价指标体系；从农业现代化、工业现代化、服务业现代化3个维度，遴选了9个评价指标，构建了产业结构演进综合评价指标体系；并对新型城镇化与产业结构演进评价指标进行了具体解释。通过分析各种赋权方法的优劣势，尝试采用层次分析法、熵值法和线性加权法对二级指标进行主客观综合赋权，在此基础上，再采用主成分分析法和乘法合成法对一级指标进行综合赋权。

第八章

新型城镇化与产业结构演进的
综合发展水平评价

新型城镇化和产业结构演进是经济系统中两个比较复杂的子系统，涉及诸多影响因素和变量，只有通过对二者发展水平进行综合评价，才能全面把握其演进的真实发展情况。本章第一节在借鉴现有研究基础上构建发展水平评价模型和综合发展水平评价模型；第二节对中国新型城镇化与产业结构演进发展水平进行时序特征评价；第三节对中国新型城镇化与产业结构演进发展水平进行区域比较评价。

第一节　发展水平评价模型及评价标准构建

一、发展水平评价模型

根据第五章第五节评价指标综合赋权方法，首先计算出原始数据标准化后的数据及评价指标的综合权值，然后将系统中每个评价指标的综合权值与标准化后的数据相乘，再采用线性加权法求和，则可以计算出子系统的发展水平，即发展度。

假设有一个复合系统由 n 子系统组成，每一个子系统有 m 个评价指标，分别为：x_1，x_2，$\cdots$，x_m，则每一个子系统的发展水平（即发展度）评价函数为：

$$f(y_i) = \sum_{j=1}^{m} \alpha_{ij} x_{ij} = \sum_{j=1}^{m} \left(\frac{k(1-e_j)}{\sum\limits_{j=1}^{m}(1-e_j)} + \frac{(1-k)\overline{w_i}}{\sum\limits_{i=1}^{n}\overline{w_i}} \right) x_{ij} \qquad (8.1)$$

式（8.1）中，α_{ij} 为第 i 子系统 y_i 的第 j 个指标 x_j 的综合权重，$i = 1$，

2，$\cdots$，n，$j = 1$，2，$\cdots$，m，y 为相应系统发展度的特征向量。

二、综合发展水平评价模型

根据式（8.1）的发展水平模型，先计算出系统中各子系统的发展水平，在此基础上，采用线性加权法求和，则可计算出复合系统在 t 时刻的综合发展水平，即总发展度。总发展度模型为：

$$f(y_t) = \sum_{i=1}^{z} W_i f(y_i) = \sum_{i=1}^{z} \left(\sum_{j=1}^{m} W_j''' W_j'''' \right) \left(\sum_{j=1}^{m} \left(\frac{k(1-e_j)}{\sum\limits_{j=1}^{m}(1-e_j)} + \frac{(1-k)\overline{w_i}}{\sum\limits_{i=1}^{n}\overline{w_i}} \right) x_{ij} \right)$$

$$= \sum_{i=1}^{z} \sum_{j=1}^{m} \frac{\sum\limits_{i=1}^{n}(x_{ji} - \overline{x_i})^2}{\sum\limits_{j=1}^{m}\sum\limits_{i=1}^{n}(x_{ji} - \overline{x_i})^2} \left(\frac{k(1-e_j)}{\sum\limits_{j=1}^{m}(1-e_j)} + \frac{(1-k)\overline{w_i}}{\sum\limits_{i=1}^{n}\overline{w_i}} \right)^2 x_{ij} \qquad (8.2)$$

式（8.2）中，$w_i > 0$ 为系统发展度系数，且 $w_1 + w_2 + \cdots + w_n = 1$，分别表示各子系统发展度所占的综合权重；$f(y_t)$ 表示复合系统在 t 时刻的总发展度。

三、发展水平等级评价标准

为了更准评价系统或要素发展水平即发展度的高低，则需要建立一个度量标准，在参考刘华兵[1]、李春生[2]等研究基础上，本书将发展水平划分为五个等级，具体见表 8-1。

表 8-1 发展水平（度）等级划分评价标准

低水平 （低度）	较低水平 （较低度）	中等水平 （中等度）	较高水平 （较高度）	高水平 （高度）
(0.00, 0.50]	(0.50, 0.60]	(0.60, 0.70]	(0.70, 0.80]	(0.80, 1.00]

---

[1] 刘华兵：《基于"原始"+"现代"的省域城镇化协调发展研究》，重庆大学博士学位论文，2015 年。

[2] 李春生：《我国产业结构演进与城镇化协调发展研究》，首都经济贸易大学博士学位论文，2016 年。

第二节　中国新型城镇化与产业结构演进发展水平时序评价

一、新型城镇化子系统发展水平评价

（一）新型城镇化系统内部子系统发展水平测度与评价

测度步骤与结论：本节采用发展水平评价模型式（8.1）测度新型城镇化系统内部子系统发展水平值。

将 2000～2019 年 31 个省份新型城镇化评价指标面板数据标准化后的数据和各指标的综合权值代入发展水平模型式（8.1），利用 Eviews12.0 软件处理数据，则可计算出 31 个省新型城镇化系统内部 7 个子系统的历年发展度（即发展水平），然后计算各子系统发展水平的平均值（见表 8-2）。

表 8-2　　　　　　　　2000～2019 年中国新型城镇化系统内部
子系统发展水平（发展度）评价

年份	人口城镇化 $f(U_a)$	经济城镇化 $f(U_b)$	社会城镇化 $f(U_c)$	生活城镇化 $f(U_d)$	环境城镇化 $f(U_e)$	空间城镇化 $f(U_f)$	统筹城镇化 $f(U_g)$
2000	0.1334	0.0087	0.0325	0.0085	0.3530	0.0754	0.3562
2001	0.1706	0.0208	0.0548	0.0349	0.3802	0.1400	0.4240
2002	0.3003	0.0418	0.0577	0.0617	0.3655	0.1095	0.6345
2003	0.2073	0.0519	0.1230	0.1074	0.3887	0.1536	0.5899
2004	0.2434	0.0785	0.1532	0.1340	0.4317	0.1937	0.5965
2005	0.2953	0.1104	0.1881	0.1742	0.4338	0.2587	0.5815
2006	0.4114	0.1524	0.2147	0.1980	0.4184	0.2748	0.6098
2007	0.4175	0.2143	0.2583	0.2324	0.4875	0.3068	0.6235
2008	0.4328	0.2708	0.3035	0.2832	0.5407	0.3552	0.6246

续表

年份	人口城镇化 $f(U_a)$	经济城镇化 $f(U_b)$	社会城镇化 $f(U_c)$	生活城镇化 $f(U_d)$	环境城镇化 $f(U_e)$	空间城镇化 $f(U_f)$	统筹城镇化 $f(U_g)$
2009	0.4628	0.2967	0.3594	0.3241	0.6297	0.3882	0.6434
2010	0.5175	0.3869	0.3897	0.3581	0.6777	0.4488	0.5928
2011	0.5471	0.4867	0.4345	0.4178	0.5550	0.4960	0.6157
2012	0.5861	0.5747	0.4965	0.4789	0.5901	0.5424	0.6163
2013	0.6138	0.6539	0.5550	0.5322	0.6089	0.5980	0.5454
2014	0.6494	0.7177	0.6009	0.5942	0.6358	0.6510	0.4645
2015	0.6933	0.7421	0.6760	0.6550	0.6406	0.6821	0.4563
2016	0.7181	0.7635	0.7378	0.7386	0.6918	0.7196	0.4455
2017	0.7597	0.8020	0.8217	0.8114	0.7294	0.7626	0.4398
2018	0.7584	0.8455	0.9056	0.9036	0.7448	0.8224	0.3951
2019	0.7602	0.8907	0.9622	0.9597	0.7618	0.8922	0.2584

　　为更加直观地对新型城镇化内部各子系统的演变情况进行比较分析，可以采用 Excel 将表 8 - 2 的数据可视化（见图 8 - 1）。

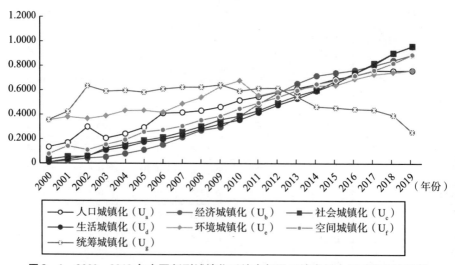

图 8 - 1　2000~2019 年中国新型城镇化系统内部子系统发展水平时序演变趋势

结论评价：通过图 8－1 可以发现，中国新型城镇化子系统内部各子系统发展水平随着时间的演进都实现了较快提升，但是提高的速度和程度各有差异。概括起来，具有以下几个特点。

一是各子系统发展水平普遍较高。根据发展水平等级评价标准，经过 20 年的演进，新型城镇化内部 7 个子系统中已发展到高水平的为社会城镇化、生活城镇化、空间城镇化、经济城镇化 4 个子系统；处于较高水平的为环境城镇化、人口城镇化 2 个子系统；处于低水平的为统筹城镇化子系统。说明 21 世纪以来，中国新型城镇化得到了全面发展，尤其是城镇基础设施和公共服务设施得到了全面改善，城镇居民生活水平得到了明显提升，城镇空间规模得到了较大拓展，城镇经济实力得到了普遍提高；但同时表明，空间城镇化（即土地城镇化）超过了人口城镇化，人口城镇化、环境城镇化明显滞后，尤其是统筹城镇化更为滞后。

二是各子系统发展速度不均衡。平均增长速度最快的是生活城镇化（28.26%）、经济城镇化（27.60%）、社会城镇化（19.51%）和空间城镇化（13.89%），较快的是人口城镇化（9.59%）和环境城镇化（4.13%），较慢的是统筹城镇化（－1.67%）。

三是各子系统演进具有波动性。演变轨迹波动性最大的是统筹城镇化子系统，尤其是 2012 年后波动性最大；其次是人口城镇化、环境城镇化子系统出现微幅波动性；其他子系统的演变轨迹比较平稳。出现波动性的原因主要是受金融危机、房地产泡沫和经济下行等因素的影响。

（二）新型城镇化子系统发展水平测度与评价

测度步骤与结论：本节采用综合发展水平评价模型式（8.2）测度新型城镇化子系统综合发展水平值。

将利用主成分分析法计算出的新型城镇化内部 7 个系统的权值和新型城镇化内部 7 个子系统的历年发展水平值代入综合发展水平模型式（8.2），利用 Eviews12.0 软件处理数据，则可计算出新型城镇化子系统的历年综合发展度，即综合发展水平值 $f(y_t)$（见表 8－3）。

为了更加直观地分析中国新型城镇化系统发展水演变的趋势，可用 Excel 对表 8－3 的数据可视化（见图 8－2）。

表 8 - 3　　　　　2000 ~ 2019 年中国新型城镇化子系统发展水平评价

年份	新型城镇化系统发展水平 $f(y_t)$	年份	新型城镇化系统发展水平 $f(y_t)$
2000	0.1201	2010	0.4754
2001	0.1536	2011	0.4988
2002	0.1867	2012	0.5507
2003	0.1970	2013	0.5929
2004	0.2298	2014	0.6339
2005	0.2646	2015	0.6707
2006	0.3001	2016	0.7138
2007	0.3398	2017	0.7630
2008	0.3821	2018	0.8052
2009	0.4270	2019	0.8364

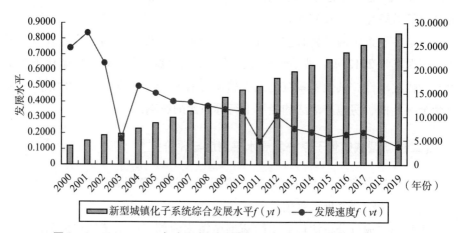

图 8 - 2　2000 ~ 2019 年中国新型城镇化子系统发展水平时序演变趋势

　　结论评价：通过图 8 - 2 可以发现，2000 ~ 2019 年中国新型城镇化子系统发展水平取得了较大进展，并且具有以下特点。

　　一是发展水平比较高。根据发展水平等级评价标准，经过 20 年发展，中国新型城镇化系统发展水平取得了较大进展，由低水平（0.1201）发展到了高水平（0.8364），但距离最高水平仍然存在一定距离，这反映新型城镇化子系统整体水平仍然有待提高。

二是发展速度比较快。在 20 年期间，中国新型城镇化子系统综合水平保持了一定增长，综合发展水平增长了 6.96 倍，平均发展速度为 10.75%，但低于 GDP 平均增长速度（12.79%），主要是 21 世纪初城镇发展基础比较薄弱。这表明新型城镇化系统内部各子系统发展速度仍有待提高。

三是发展速度具有波动性。从演进趋势看，2003 年、2011 年、2015 年增长速度波动性最大，主要是受到非典蔓延、金融危机、房地产泡沫和经济下行等方面因素的影响；在 2000～2002 年期间，中国处于工业化初期，新型城镇化增长速度最快，在 2003～2012 年期间，中国处于工业化中期，新型城镇化也处于较快增长期；在 2013 年之后的工业化中后期，新型城镇化步入平稳增长态势。这种演变的特征与城镇化发展规律完全相吻合。

四是新型城镇化系统内部仍然存在明显问题。人口城镇化发展明显滞后，空间城镇化超过了人口城镇化，土地利用集约化程度偏低，空间城镇化质量偏低；城镇吸纳农村剩余劳动力就业动力不足，导致农村人口向城镇转移速度趋缓；环境城镇化发展明显滞后，城镇生态环境污染严重，环境治理投入不足，环境水平改善亟待加快；统筹城镇化发展更为滞后，城乡二元结构性仍然非常明显，这应该引起区域政府高度重视。

综上可见，从所测出的新型城镇化子系统发展水平、发展速度及其演变规律看，与中国在不同时段的发展实际也非常吻合，这说明本书构建的新型城镇化综合评价指标体系具有较强的有效性和科学性。

二、产业结构演进子系统发展水平评价

（一）产业结构演进系统内部子系统发展水平测度与评价

测度步骤与结论：本节采用 6.1.1 构建的发展水平评价模型式（8.1）测度产业结构演进系统内部子系统发展水平值。

将 2000～2019 年 31 个省份产业结构演进评价指标面板数据标准化后的数据和各指标的综合权值代入发展水平模型式（8.1），利用 Eviews12.0 软件处理数据，则可计算出 31 个省份产业结构演进系统内部 3 个子系统的历年发展度（即发展水平），然后计算各子系统发展水平的平均值（见表 8-4）。

表8-4　2000~2019年中国产业结构演进系统内部子系统发展水平评价

年份	农业现代化 $f(I_a)$	工业现代化 $f(I_b)$	服务业现代化 $f(I_c)$	年份	农业现代化 $f(I_a)$	工业现代化 $f(I_b)$	服务业现代化 $f(I_c)$
2000	0.0866	0.0369	0.0277	2010	0.5137	0.5376	0.3085
2001	0.1008	0.0391	0.0386	2011	0.5919	0.6644	0.3682
2002	0.1239	0.0562	0.0599	2012	0.6633	0.7171	0.4181
2003	0.1503	0.0927	0.0762	2013	0.7087	0.7733	0.4991
2004	0.1991	0.1426	0.1071	2014	0.7545	0.8148	0.5663
2005	0.2431	0.1887	0.1302	2015	0.7889	0.7884	0.6364
2006	0.2810	0.2430	0.1608	2016	0.7477	0.8029	0.7038
2007	0.3432	0.3225	0.1932	2017	0.7420	0.8341	0.7684
2008	0.4085	0.3985	0.2310	2018	0.7845	0.8226	0.8549
2009	0.4504	0.4327	0.2646	2019	0.8554	0.8349	0.9500

　　为便于更加直观地对中国产业结构演进系统内部各子系统的演变情况进行比较分析，可采用 Excel 将表8-4 的数据可视化（见图8-3）。

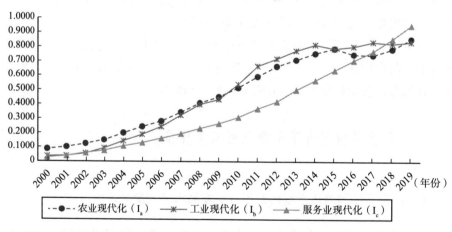

图8-3　2000~2019年中国产业结构演进系统内部子系统发展水平时序演变趋势

　　结论评价：通过图8-3可以发现，中国产业结构演进系统内部各子系统发展水平随着时间演进都实现了逐渐提升，但是提高的速度和程度各有差异，且具有以下几个特点。

　　一是各子系统发展水平普遍较高。根据发展水平评价标准，经过20年演进，农业现代化、工业现代化、服务业现代化3个子系统分别由低水平（0.0866、0.0369、0.0277）发展到了高水平（0.8554、0.8349、0.9500），发展水平最高的是服务业现代化子系统，其次是农业现代化子系统，最低的是工业现代化子系统。工业现代化在2010年后超越了农业现代化水平，2019年又低于农业现代化；服务业现代化由于发展基础比较薄弱，在2017年后才超越农业现代化，在2018年后才超越工业现代化。这三个子系统发展水平距离最高水平仍然存在一定差距。

二是各子系统发展速度明显不均衡。平均增长速度最快的是服务业现代化子系统（20.45%），其次是工业现代化（17.85%），较慢的是农业现代化（12.81%）。说明农业现代化和工业现代化的速度有待加快。

三是各子系统演进轨迹比较平稳。服务业现代化子系统演进轨迹比较平稳，农业现代化与工业现代化子系统的演进轨迹略有波动性，其原因主要是受到了金融危机、房地产泡沫、去产能及经济下行等因素影响。

（二）产业结构演进子系统发展水平测度与评价

测度步骤与结论：本节采用综合发展水平评价模型式（8.2）测度产业结构演进子系统综合发展水平值。

将利用主成分分析法计算出的新型城镇化内部3个系统的权值和产业结构演进内部3个子系统的历年发展水平值（表8-4）代入综合发展水平模型式（8.2），利用 Eviews12.0 软件处理数据，则可计算出产业结构演进子系统的历年综合发展度，即综合发展水平值 $f(x_t)$（见表8-5）。

表8-5   **2000~2019年中国产业结构演进子系统发展水平评价**

年份	产业结构演进系统发展水平 $f(x_t)$	年份	产业结构演进系统发展水平 $f(x_t)$
2000	0.0466	2010	0.4345
2001	0.0558	2011	0.5198
2002	0.0762	2012	0.5764
2003	0.1015	2013	0.6401
2004	0.1431	2014	0.6936
2005	0.1789	2015	0.7245
2006	0.2188	2016	0.7460
2007	0.2737	2017	0.7812
2008	0.3306	2018	0.8258
2009	0.3667	2019	0.8890

为便于更直观地发现中国产业结构演进系统发展水平演变趋势，可采用 Excel 对表 8-5 的数据可视化（见图 8-4）。

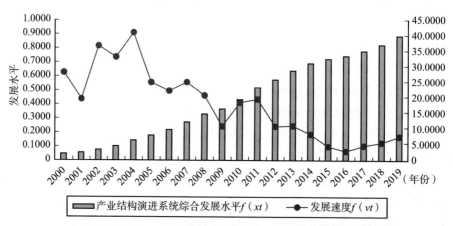

图 8-4　2000~2019 年中国产业结构演进子系统发展水平时序演变趋势

结论评价：通过图 8-4 可以发现，2000~2019 年中国产业结构演进子系统发展水平取得了较大进展，并且具有以下特点。

一是发展水平较高。经过 20 年发展，中国产业结构演进系统发展水平取得了较大进展，由低水平（0.0466）发展到了高水平（0.8890），但距离最高水平仍然存在一定距离，这反映了产业结构演进子系统的整体水平还有待提高。

二是发展速度较快。经过 20 年发展，中国产业结构演进系统发展水平增长了 19.08 倍，平均增长速度为 16.79%，但是产业结构演进系统内部各子系统发展速度仍有待提高。

三是发展速度波动性较大。在 20 年期间，产业结构演进轨迹在 2001 年、2003 年、2009 年、2012 年、2016 年出现了较大波动，2015 年之后呈现相对平稳的增长趋势。主要原因是受金融危机、房地产泡沫、去产能、经济下行等因素影响。从理论上而言，这种演变特征与产业结构演进规律完全相吻合。

四是产业结构演进系统内部仍然存在明显问题。农业现代化发展明显滞后，农业机械化、规模化、产业化水平不高，农业劳动效率有待提高；农业产值水平尤其是产品附加值不高，内部结构有待优化。工业现代化发展相对滞后，制造产业中高科技含量和高附加值产业缺乏，导致高技术产业发展水平整体不高、发展速度比较缓慢。服务业现代化尤其是新兴服务业发展水平、发展速度仍有待进一步提升。综合而言，加快推进三次产业内部结构升级，应该引起政府高度重视。

综上可见，从所测出的产业结构演进子系统发展水平、发展速度及其演变规律看，与中国在不同时段的发展实际也非常吻合，这说明本书所构建的产业结构演进综合评价指标体系具有较强的有效性和科学性。

三、新型城镇化与产业结构演进复合系统综合发展水平评价

测度步骤与结论：本节采用 6.1.2 构建的综合发展水平评价模型式（8.2）测度新型城镇化与产业结构演进复合系统综合发展水平值。

将历年新型城镇化子系统综合发展水平值和产业结构演进子系统综合发展水平值代入总发展度模型式（8.2），利用 Eviews12.0 软件处理数据，则可计算出新型城镇化和产业结构演进复合系统综合发展水平值，即综合发展度（见表 8-6）。

表 8-6　　　　2000～2019 年中国新型城镇化与产业结构
演进复合系统综合发展水平评价

年份	$f(y)-f(x)$	滞后类型	复合系统发展水平$f(y, x)$	年份	$f(y)-f(x)$	滞后类型	复合系统发展水平$f(y, x)$
2000	0.0735	产业滞后	0.0833	2010	0.0409	产业滞后	0.4550
2001	0.0978	产业滞后	0.1047	2011	-0.0209	城镇滞后	0.5093
2002	0.1105	产业滞后	0.1315	2012	-0.0256	城镇滞后	0.5635
2003	0.0955	产业滞后	0.1492	2013	-0.0472	城镇滞后	0.6165
2004	0.0867	产业滞后	0.1864	2014	-0.0597	城镇滞后	0.6637
2005	0.0857	产业滞后	0.2217	2015	-0.0538	城镇滞后	0.6976
2006	0.0814	产业滞后	0.2595	2016	-0.0323	城镇滞后	0.7299
2007	0.0662	产业滞后	0.3068	2017	-0.0182	城镇滞后	0.7721
2008	0.0515	产业滞后	0.3564	2018	-0.0207	城镇滞后	0.8155
2009	0.0603	产业滞后	0.3968	2019	-0.0527	城镇滞后	0.8627

为了便于更直观地发现中国新型城镇化与产业结构演进复合系统综合发展水平演变趋势，可以采用 Excel 对表 8 - 6 的发展水平值可视化（见图 8 - 5）。

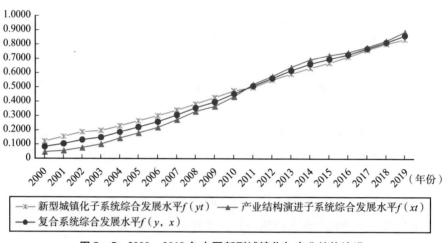

图 8 - 5　2000 ~ 2019 年中国新型城镇化与产业结构演进复合系统综合发展水平时序演变趋势

结论评价：通过图 8 - 5 可以发现，2000 ~ 2019 年中国新型城镇化与产业结构演进复合系统综合发展水平实现了由低向高的有序发展，并且具有以下特点。

一是综合发展水平较高。经过 20 年发展，中国新型城镇化与产业结构演进复合系统综合发展水平保持了持续增长，已达到高水平，但是距离最高水平仍然存在一定距离。

二是发展速度总体较快，而且具有较大波动性。在 20 年期间，复合系统综合发展水平增长了 10.35 倍，平均增长速度为 13.09%，明显高于 GDP 增长速度（12.79%）。复合系统发展速度具有较大波动性，尤其在 2003 年、2009 年、2016 年更为明显，2016 年后进入比较平稳的增长态势，这主要是受金融危机、房地产泡沫和经济下行等因素影响。从理论上言，这种演变特征与城镇化及产业结构演进规律完全相吻合。

三是新型城镇化明显滞后。复合系统综合发展水平及其发展速度反映的是新型城镇化和产业结构演进两个子系统的平均水平，在 2000 ~ 2010 年，新型城镇化综合发展水平超前于产业结构演进综合发展水平，而在 2011 ~ 2019

年，新型城镇化综合发展水平滞后于产业结构演进综合发展水平。这说明现阶段新型城镇化系统综合发展水平具有明显滞后性。

第三节　中国新型城镇化与产业结构演进发展水平区域评价

中国地域广阔，不同省域的实际情况和发展环境存在较大差异。为了进一步研究中国新型城镇化与产业结构演进水平的区域差异情况，本节选取采用计量经济学方法，对中国东北地区、东部地区、中部地区、西部地区四大区域的新型城镇化与产业结构演进发展水平进行比较评价。

一、四大区域新型城镇化子系统发展水平评价

测度步骤与结论：本节采用发展水平评价模型式（8.1）测度四大区域新型城镇化系统内部子系统发展水平值，采用综合发展水平评价模型式（8.2）测度四大区域的新型城镇化子系统综合发展水平值。

本着前后一致的原则，本节沿用第五章构建的新型城镇化综合评价指标体系以及新型城镇化综合评价指标的权重。首先，将31个省份面板数据标准化。其次，分别计算四大区域新型城镇化评价指标的标准化平均数值。再次，将标准化平均数值和指标权重代入发展水平评价模型式（8.1），计算出新型城镇化内部各子系统发展水平值。最后，将各子系统发展水平值代入综合发展水平评价模型式（8.2），则可计算出 2000～2019 年四大区新型城镇化系统综合发展水平值（见表 8-7），数据处理利用 Eviews12.0 软件完成。

表 8-7　　2000～2019 年中国四大地区新型城镇化子系统发展水平测度结果

年份	东北地区 新型城镇化 子系统综合水平 $f(y_t)$	东部地区 新型城镇化 子系统综合水平 $f(y_t)$	中部地区 新型城镇化 子系统综合水平 $f(y_t)$	西部地区 新型城镇化 子系统综合水平 $f(y_t)$
2000	0.0986	0.1356	0.0935	0.1258

续表

年份	东北地区 新型城镇化 子系统综合水平 $f(y_t)$	东部地区 新型城镇化 子系统综合水平 $f(y_t)$	中部地区 新型城镇化 子系统综合水平 $f(y_t)$	西部地区 新型城镇化 子系统综合水平 $f(y_t)$
2001	0.1517	0.1510	0.1477	0.1592
2002	0.1790	0.1905	0.1680	0.1948
2003	0.2014	0.2039	0.1741	0.2016
2004	0.2367	0.2506	0.1991	0.2260
2005	0.2694	0.2965	0.2321	0.2531
2006	0.3059	0.3350	0.2772	0.2812
2007	0.3532	0.3667	0.3344	0.3168
2008	0.4069	0.4113	0.3754	0.3550
2009	0.4639	0.4538	0.4220	0.3978
2010	0.5372	0.5017	0.4660	0.4426
2011	0.5504	0.5240	0.4881	0.4703
2012	0.6135	0.5704	0.5457	0.5212
2013	0.6783	0.6042	0.5863	0.5654
2014	0.7126	0.6430	0.6294	0.6089
2015	0.7185	0.6787	0.6714	0.6516
2016	0.7412	0.7200	0.7270	0.6951
2017	0.7698	0.7755	0.7805	0.7421
2018	0.8006	0.8098	0.8429	0.7836
2019	0.8138	0.8373	0.8787	0.8200
均值	0.4801	0.4730	0.4520	0.4406

为更加直观地对四大区域新型城镇化子系统演变情况进行比较分析，可以采用 Excel 将表 8 - 7 的数据可视化（见图 8 - 6）。

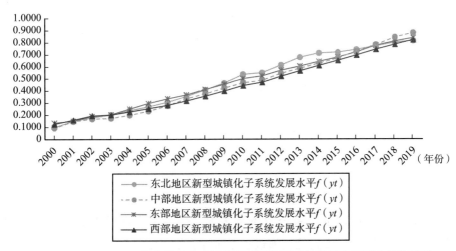

图 8 - 6 2000 ~ 2019 年中国四大区域新型城镇化子系统发展水平时序演变趋势

结论评价：根据发展水平等级评价标准，分析表 8 - 7 和图 8 - 6 可见，2000 ~ 2019 年四大区域新型城镇化发展水平平均值具有以下几个特点。

一是发展水平存在明显区域差异。经过 20 年的发展，新型城镇化子系统综合发展水平均值较高的是东北地区（0.4801）和东部地区（0.4730），略低的是中部地区（0.4520），最低的是西部地区（0.4406）。可见，新型城镇化发展水平的提高与地区经济发展密切相关，而且呈现由东部向中部再向西部递减分布的趋势。

二是发展速度存在区域不均衡性。经过 20 年的发展，东北地区新型城镇化子系统发展水平增长了 8.25 倍，增长速度为 12.25%；东部地区新型城镇化子系统发展水平增长了 6.17 倍，增长速度为 10.21%；中部地区新型城镇化子系统发展水平增长了 9.40 倍，增长速度为 13.02%；西部地区新型城镇化子系统发展水平增长了 6.52 倍，增长速度为 10.50%。

三发展轨迹普遍比较平稳。东部地区、中部地区、西部地区新型城镇化子系统发展水平演进轨迹比较平稳；在 2009 ~ 2016 年期间，东北地区新型城镇化子系统发展水平演进轨迹略有波动性，这与国家实施东北振兴战略相关；

四是各区域新型城镇化系统内部存在明显问题。实证发现：东北地区新型城镇化系统内部人口城镇化、经济城镇化、环境城镇化、统筹城镇化相对滞后，空间城镇化超前人口城镇化；东部地区新型城镇化系统内部环境城镇化、统筹城镇化相对滞后；中西部地区新型城镇化系统内部人口城镇化、环境城镇化、统筹城镇化相对滞后，空间城镇化超前人口城镇化。这些问题应该引起区域政府的高度重视并采取相关措施尽快解决。

综上可见，从横向分区域测度的新型城镇化发展水平、发展速度及其演变规律结果看，与从纵向测度的全国整体发展状况基本一致，同时与四大区域发展实际非常吻合。

二、四大区域产业结构演进子系统发展水平评价

测度步骤与结论：本节采用发展水平评价模型式（8.1）测度四大区域产业结构演进系统内部子系统发展水平值，采用综合发展水平评价模型式（8.2）测度四大区域产业结构演进子系统综合发展水平值。

本着前后一致的原则，本节沿用第五章构建的产业结构演进综合评价指标体系以及产业结构演进综合评价指标的权重。首先，将31个省份面板数据标准化；接着，分别计算四大区域产业结构演进评价指标的标准化平均数值。然后，将标准化平均数值和指标权重代入发展水平评价模型式（8.1），计算出产业结构演进内部各子系统发展水平值。最后，将各子系统发展水平值代入综合发展水平评价模型式（8.2），则可计算出2000~2019年四大区产业结构演进系统综合发展水平值（见表8-8），数据处理利用Eviews12.0软件完成。

表8-8　　　2000~2019年中国四大区域产业结构演进子系统发展水平测度结果

年份	东北地区产业结构演进子系统综合水平 $f(x_t)$	东部地区产业结构演进子系统综合水平 $f(x_t)$	中部地区产业结构演进子系统综合水平 $f(x_t)$	西部地区产业结构演进子系统综合水平 $f(x_t)$
2000	0.0986	0.1356	0.0935	0.1258
2001	0.1517	0.1510	0.1477	0.1592
2002	0.1790	0.1905	0.1680	0.1948
2003	0.2014	0.2039	0.1741	0.2016
2004	0.2367	0.2506	0.1991	0.2260
2005	0.2694	0.2965	0.2321	0.2531
2006	0.3059	0.3350	0.2772	0.2812
2007	0.3532	0.3667	0.3344	0.3168

续表

年份	东北地区 产业结构演进 子系统综合水平 $f(x_t)$	东部地区 产业结构演进 子系统综合水平 $f(x_t)$	中部地区 产业结构演进 子系统综合水平 $f(x_t)$	西部地区 产业结构演进 子系统综合水平 $f(x_t)$
2008	0.4069	0.4113	0.3754	0.3550
2009	0.4639	0.4538	0.4220	0.3978
2010	0.5372	0.5017	0.4660	0.4426
2011	0.5504	0.5240	0.4881	0.4703
2012	0.6135	0.5704	0.5457	0.5212
2013	0.6783	0.6042	0.5863	0.5654
2014	0.7126	0.6430	0.6294	0.6089
2015	0.7185	0.6787	0.6714	0.6516
2016	0.7412	0.7200	0.7270	0.6951
2017	0.7698	0.7755	0.7805	0.7421
2018	0.8006	0.8098	0.8429	0.7836
2019	0.8138	0.8373	0.8787	0.8200
均值	0.4527	0.4477	0.4354	0.4098

为更加直观地对四大区域产业结构演进子系统演变情况进行比较分析，可以采用 Excel 将表8－8 的数据可视化（见图8－7）。

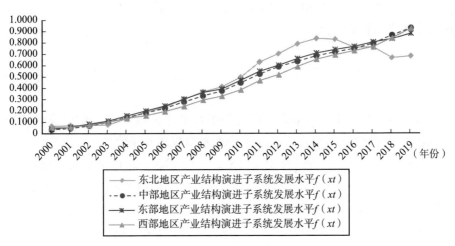

图8－7　2000～2019 年中国四大区域产业结构演进子系统发展水平时序演变趋势

结论评价：根据发展水平等级评价标准，分析表8-8和图8-7可见，2000~2019年四大区域产业结构演进发展水平平均值具有以下几个特点。

一是发展水平均值存在明显区域差异。经过20年发展，新型城镇化子系统综合发展水平均值较高的是东北地区（0.4527）和东部地区（0.4477），略低的是中部地区（0.4354），最低的是西部地区（0.4098）。可见，产业结构演进发展水平呈现由东部向中部再向西部递减分布趋势。

二是发展速度存在区域不均衡。经过20年发展，东北地区产业结构演进子系统发展水平增长了10.60倍，增长速度为13.23%；东部地区产业结构演进子系统发展水平增长了22.35倍，增长速度为17.76%；中部地区产业结构演进子系统发展水平增长了26.43倍，增长速度为18.81%；西部地区产业结构演进子系统发展水平增长了17.21倍，增长速度为16.15%。

三发展轨迹存在明显区域差异。东部地区、中部地区、西部地区产业结构演进轨迹比较平稳；在2009~2019年期间，东北地区产业结构演进轨迹具有较大波动性，这与国家实施东北振兴战略相关。

四是各区域产业结构演进系统内部存在明显问题。实证发现：四大区域产业结构演进系统内部的农业现代化、工业现代化两个子系统发展水平偏低，尤其是东北地区工业现代化发展水平最低；四大区域的服务业现代化发展水平仍有待提高。这些问题应该引起区域政府的高度重视并采取相关措施尽快解决。

综上可见，从横向分区域测度的产业结构演进发展水平、发展速度及其演变规律结果看，与从纵向测度的全国整体发展状况基本一致，同时与四大区域发展实际非常吻合。

三、四大区域新型城镇化与产业结构演进复合系统发展水平评价

测度步骤与结论：本节采用综合发展水平评价模型式（8.2）测度四大区域新型城镇化与产业结构演进复合系统综合发展水平值。

根据综合发展水平评价模型式（8.2），将2000~2019年四大区域新型城镇化系统综合发展水平值（见表8-7）和产业结构演进系统综合发展水平值（见表8-8）代入该模型，利用Eviews12.0软件处理数据，则可计算出2000~2019年四大区域新型城镇化和产业结构演进复合系统综合发展水平平均值（见表8-9）。

表8-9 2000~2019年中国四大区域新型城镇化与产业结构演进复合系统发展水平测度结果

年份	东北地区			东部地区			中部地区			西部地区		
	$f(y)-f(x)$	综合发展水平	滞后类型	$f(y)-f(x)$	综合发展水平	滞后类型	$f(y)-f(x)$	综合发展水平	滞后类型	$f(y)-f(x)$	综合发展水平	滞后类型
2000	0.0344	0.0814	产业滞后	0.0961	0.0876	产业滞后	0.0584	0.0643	产业滞后	0.0720	0.0899	产业滞后
2001	0.0802	0.1116	产业滞后	0.0927	0.1047	产业滞后	0.1014	0.0970	产业滞后	0.1048	0.1068	产业滞后
2002	0.1058	0.1261	产业滞后	0.1063	0.1373	产业滞后	0.1004	0.1178	产业滞后	0.1201	0.1348	产业滞后
2003	0.1252	0.1388	产业滞后	0.0928	0.1575	产业滞后	0.0743	0.1369	产业滞后	0.1009	0.1511	产业滞后
2004	0.1036	0.1849	产业滞后	0.0945	0.2033	产业滞后	0.0555	0.1714	产业滞后	0.0915	0.1803	产业滞后
2005	0.0826	0.2281	产业滞后	0.0971	0.2480	产业滞后	0.0505	0.2069	产业滞后	0.0947	0.2057	产业滞后
2006	0.0740	0.2689	产业滞后	0.0929	0.2885	产业滞后	0.0548	0.2498	产业滞后	0.0869	0.2377	产业滞后
2007	0.0506	0.3278	产业滞后	0.0631	0.3352	产业滞后	0.0556	0.3066	产业滞后	0.0779	0.2779	产业滞后
2008	0.0401	0.3868	产业滞后	0.0492	0.3867	产业滞后	0.0439	0.3535	产业滞后	0.0600	0.3249	产业滞后
2009	0.0531	0.4374	产业滞后	0.0613	0.4231	产业滞后	0.0470	0.3985	产业滞后	0.0679	0.3639	产业滞后
2010	0.0423	0.5160	城镇滞后	0.0329	0.4853	产业滞后	0.0194	0.4564	产业滞后	0.0579	0.4137	产业滞后
2011	-0.0787	0.5897	城镇滞后	-0.0241	0.5360	城镇滞后	-0.0361	0.5061	城镇滞后	0.0037	0.4684	产业滞后
2012	-0.0886	0.6578	城镇滞后	-0.0302	0.5855	城镇滞后	-0.0425	0.5669	城镇滞后	0.0024	0.5200	产业滞后
2013	-0.1094	0.7330	城镇滞后	-0.0553	0.6318	城镇滞后	-0.0493	0.6110	城镇滞后	-0.0239	0.5773	城镇滞后
2014	-0.1219	0.7735	城镇滞后	-0.0641	0.6750	城镇滞后	-0.0528	0.6558	城镇滞后	-0.0439	0.6309	城镇滞后

年份	东北地区			东部地区			中部地区			西部地区		
	$f(y)-f(x)$	综合发展水平	滞后类型	$f(y)-f(x)$	综合发展水平	滞后类型	$f(y)-f(x)$	综合发展水平	滞后类型	$f(y)-f(x)$	综合发展水平	滞后类型
2015	-0.1097	0.7734	城镇滞后	-0.0591	0.7082	城镇滞后	-0.0451	0.6940	城镇滞后	-0.0398	0.6715	城镇滞后
2016	-0.0155	0.7490	城镇滞后	-0.0446	0.7423	城镇滞后	-0.0192	0.7366	城镇滞后	-0.0327	0.7114	城镇滞后
2017	0.0107	0.7644	产业滞后	-0.0281	0.7895	城镇滞后	-0.0115	0.7863	城镇滞后	-0.0206	0.7524	城镇滞后
2018	0.1354	0.7328	产业滞后	-0.0236	0.8216	城镇滞后	-0.0219	0.8539	城镇滞后	-0.0566	0.8119	城镇滞后
2019	0.1334	0.7471	产业滞后	-0.0450	0.8598	城镇滞后	-0.0502	0.9038	城镇滞后	-0.1068	0.8734	城镇滞后
均值	0.0274	0.4664	产业滞后	0.0252	0.4603	产业滞后	0.0166	0.4437	产业滞后	0.0308	0.4252	产业滞后

为更直观地查找东北、东部、中部、西部四大区域的新型城镇化与产业结构演进复合系统综合发展水平差异，可以采用 Excel 将表 8－9 中的四大区域新型城镇化与产业结构演进复合系统综合发展水平值可视化（见图 8－8）。

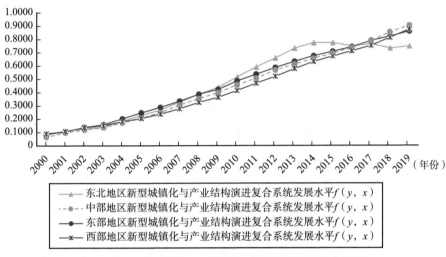

图 8－8　2000～2019 年中国四大区域新型城镇化与产业结构演进复合系统发展水平时序演变趋势

结论评价：根据发展水平等级评价标准，分析表 8－9 和图 8－8 可见，2000～2019 年四大区域新型城镇化与产业结构演进复合系统综合发展水平具有以下几个特点。

一是发展水平均值存在明显区域差异。经过 20 年的发展，新型城镇化与产业结构演进复合系统综合发展水平均值较高的是东北地区（0.4664）和东部地区（0.4603），略低的是中部地区（0.4437），最低的是西部地区（0.4252）。可见，新型城镇化与产业结构演进复合系统综合发展水平均值呈现由东部向中部再向西部递减的分布趋势。

二是发展速度存在区域不均衡性。经过 20 年的发展，东北地区复合系统综合发展水平增长了 9.18 倍，增长速度为 12.90%；东部地区复合系统综合发展水平增长了 9.82 倍，增长速度为 13.03%；中部地区复合系统综合发展水平增长了 14.05 倍，增长速度为 15.34%；西部地区复合系统综合发展水平增长了 9.72 倍，增长速度为 12.83%。

三发展轨迹存在明显区域差异。东部地区、中部地区、西部地区新型城镇化与产业结构演进复合系统发展轨迹比较平稳；在 2009～2019 年期间，东北地区复合系统发展轨迹具有较大波动性，这与国家实施东部振兴战略相关。

四是复合系统内部存在明显问题。实证发现：现阶段东部、中部和西部地区新型城镇化明显滞后于产业结构演进；而东北地区则是产业结构演进明显滞后于新型城镇化发展。

综上可见，从横向分区域测度的新型城镇化与产业结构演进复合系统发展水平、发展速度及其演变规律结果看，与从纵向测度的全国整体发展状况基本一致，同时与四大区域发展实际非常吻合。这说明中国通过实施"四化"战略后，新型城镇化与产业结构演进得到了较快发展，但是也存在明显区域差异性，这应该引起区域政府的高度重视。

第四节　本 章 小 结

本章旨在对中国新型城镇化与产业结构演进的发展水平进行综合评价，并查找其发展中存在的问题。通过构建发展水平评价模型和综合发展水平评价模型，从纵向和横向视角分别对中国新型城镇化与产业结构演进两子系统内部、两子系统及复合系统发展水平进行测度与评价。

纵向实证发现：2000～2019 年中国新型城镇化与产业结构演进两子系统内部、两子系统及复合系统发展水平逐渐提高，达到了较高水平，符合城镇化和产业结构演进的一般理论。但两子系统内部和两子系统发展水平不均衡。新型城镇化子系统综合发展水平明显滞后，其内部人口城镇化、环境城镇化、统筹城镇化子系统发展相对滞后；产业结构演进子系统综合发展水平超前，但其内部农业现代化、工业现代化子系统发展相对滞后。

横向实证发现：2000～2019 年四大区域新型城镇化与产业结构演进两子系统内部、两子系统及复合系统发展水平普遍较高，且存在明显不均衡性。四大区域产业结构演进子系统发展水平普遍较高，而新型城镇化子系统发展水平普遍滞后，其中东北地区产业结构演进滞后于新型城镇化，东部、中部、西部地区新型城镇化滞后于产业结构演进。东北地区新型城镇化系统内部人口城镇化、经济城镇化、环境城镇化、统筹城镇化相对滞后；东部地区环境城镇化、统筹城镇化相对滞后；中西部地区人口城镇化、环境城镇化、统筹城镇化相对滞后；东北、中部、西部地区空间城镇化超前人口城镇化。东北地区产业结构演进系统内部工业现代化、服务业现代化相对滞后，其他地区农业现代化、服务业现代化相对滞后。各子系统与复合系统发展水平均呈现东部地区最高，中部地区次之，西部和东北地区最低的演变趋势，应当引起政府的高度重视并采取相关措施尽快解决。

第九章

新型城镇化与产业结构
演进的协调发展度评价

为了更加客观准确地评价新型城镇化与产业结构演进的协调匹配状态及协调发展程度，在前面几章研究的基础上，本章第一节构建协调发展评价综合模型，包括协调度评价模型、协调发展度评价模型及协调度、协调发展度等级评价标准。第二节从纵向测度评价中国新型城镇化与产业结构演进协调发展状况。第三节从横向测度评价四大区域新型城镇化与产业结构演进协调发展差异状况。第四节实证分析新型城镇化与产业结构演进协调发展影响因素。

第一节　新型城镇化与产业结构
演进协调发展评价方法

一、协调度评价模型评述

目前，学术界主要是采用协调度模型测量系统的协调性。协调度（Coordination Degree，CD）是系统协同效应的度量，指系统之间或系统内部各子系统之间或各要素之间相互作用、彼此影响、和谐一致的程度。协调度越大，说明系统间相互影响的程度越大。协调度测算模型是系统协调发展定量评价方法的核心，目前，诸多学者采用不同的数学方法，从多维视角对协调性的定量评价和测量展开了研究，并形成了多种协调度评价模型。被广泛应用的协调度评价模型主要有以下几种：

（一）耦合系数协调度模型

该模型以系统演化理论为基础，在计算耦合度基础上分析系统协调度。具体计算公式如下：

$$C_n = \left\{ \frac{(U_1 \times U_2 \cdots U_n)}{\prod (U_i + U_j)} \right\}^{\frac{1}{n}} \qquad (9.1)$$

式（9.1）中，U_i、U_j（i，$j = 1$，2，$\cdots$，n，$i \neq j$）是各子系统的评价函数；$C \in [0, 1]$，当 $C = 0$ 时，表明各子系统之间处于无关状态；当 $C = 1$ 时，表明各子系统之间达到最佳耦合状态。

该模型特点：通过分析各个系统之间的耦合度，从宏观上可以探索各系统间相互作用与影响的强弱。该模型应用非常广泛，马德君等[①]、唐未兵等[②]、吴俣[③]采用此模型分别对城镇化与农业现代化、城镇化和金融产业、城镇化与旅游产业等系统的协调性进行了评价。

（二）隶属函数协调度模型

该模型以模糊数学理论为基础，假定在一定的差异水平下，各子系统的实际状态与所要求的协调发展状态的偏差一致。通过先计算子系统相对协调系数，则可计算复合系统的协调系数，公式为：

静态协调度模型为：

$$C_s((i, j)) = \frac{\min\{C_s(i/j), C_s(j/i)\}}{\max\{C_s(i/j), C_s(j/i)\}} \qquad (9.2)$$

式（9.1）中，$C_s(i/j)$ 为第 i 个系统对第 j 个系统的协调系数，$C_s(j/i)$ 为第 j 个系统对第 i 个系统的协调系数，$C_s(i, j)$ 是 i 系统对 j 系统的静态协调度，是 i 系统的实际指标值 X_i 与 j 系统的实际指标值 y_j 之间的接近程度；反之，$C_s(j, i)$ 是 y_j 系统对 X_i 系统的静态协调度。

动态协调度模型为：

[①] 马德君、谢辛：《城镇化与农业现代化的耦合特征：解析西部地区》，载于《改革》2016 年第 5 期。

[②] 唐未兵、唐谭岭：《中部地区新型城镇化和金融支持耦合作用研究》，载于《中国软科学》2017 年第 3 期。

[③] 吴俣：《旅游产业与新型城镇化发展质量耦合协调关系研究》，东北财经大学博士学位论文，2017 年。

$$C_d(t) = \frac{1}{t}\sum_{i=0}^{t-1} C_s(t-i) \tag{9.3}$$

其中，$C_s \in [0, 1]$，$C_s(t-i)$ 为两个子系统在 1，$\cdots$，t 各个时刻的静态协调度；$C_d(t)$ 表示复合系统中两个子系统在 t 时间的动态协调度，假定任意 $t_1 < t_2$，若呈现 $C_d(t_1) \leqslant C_d(t_2)$ 关系，则视为两个系统在 1，$\cdots$，t 时段内处于动态协调状态；反之，则视为不协调状态。

该模型特点：能从多角度对受到多种因素制约的模糊性、复杂性系统进行最大限度的客观全面定量评价。该模型应用比较广泛，王维国[1]利用此模型评价了中国人口、社会、经济系统的协调状况。赵颖智[2]采用此模型评价了中国城镇化、工业化、农业现代化的协调发展状况。

（三）功效函数协调度模型

该模型以协同学理论基础，通过对慢序参量间的相互作用进行表征，化繁为简，从而测算出复合系统的有序度。计算公式如下：

子系统评价指标有序度模型：

$$\mu_j(h_{ji}) = \begin{cases} \dfrac{h_{ji}-\alpha_{ji}}{\beta_{ji}-\alpha_{ji}}, & i \in (1, k) \\[2ex] \dfrac{\beta_{ji}-h_{ji}}{\beta_{ji}-\alpha_{ji}}, & i \in (k+1, n) \end{cases} \tag{9.4}$$

$\mu_j(h_{ji}) \in [0, 1]$，该值越大，表示序参量有序度越高，序参分量对系统有序程度的贡献度越大。使用几何平均法 $\mu_j(h_{ji})$ 进行集成，测量子系统有序度：

$$\mu_j(h_j) = \sqrt[n]{\prod_{i=1}^{n}\mu_j(h_{ji})} \tag{9.5}$$

$\mu_j(h_j) \in [0, 1]$，该值越大，表明子系统的有序度越大。

复合系统协调度的测量以动态视角将子系统的有序度进行重新测度，假设子系统在初始时刻时，其有序度为：$\mu_j^0(h_j)$，$j=1, 2, \cdots, k$；子系统在时刻 t_1 时，有序度为：$\mu_j^1(h_j)$，$j=1, 2, \cdots, k$，t_0-t_1 则将时间段的复合系统协调度定义为 cm，其测算方法为：

---

① 王维国：《协调发展的理论与方法研究》，东北财经大学博士学位论文，1998 年。
② 赵颖智：《我国"三化"发展的内在关系与协调性研究》，武汉大学博士学位论文，2013 年。

$$cm = \theta \sqrt[n]{\left| \prod_{j=1}^{n} \left[\mu_j^1(h_j) - \mu_j^0(h_j) \right] \right|} \qquad (9.6)$$

式（9.6）中，$\theta = \dfrac{\min_j \left[\mu_j^1(h_j) - \mu_j^0(h_j) \neq 0 \right]}{\left| \min_j \left[\mu_j^1(h_j) - \mu_j^0(h_j) \neq 0 \right] \right|}$，复合系统总协同度 cm

的取值范围为 $[0, 1]$，其数值越大，表明复合系统协同发展的程度越高，反之则越低。

该模型特点：能有效地利用各种序参量的信息，反映出各系统中序参数的综合效应，因此能够较好地从整体上测度出子系统的协调度。但不能反映出各子系统之间的相互作用的协调程度和动态的演变趋势。通常被广泛应用于复杂系统协调度的测量，毕克新等[1]、张延平等[2]采用此模型，分别对产品创新与工艺创新、人才结构与产业结构、物流与经济等复杂系统的协调性进行了评价。

（四）数据包络协调度模型

该模型以线性规划理论为基础，利用数据包络法（Data Envelopment Analysis，DEA）的相对效率值对系统投入产出效应进行描述，DEA 的相对效率值越高，则表明系统的协调性越好。计算公式如下：

$$C(1, 2, \cdots, k) = \frac{\sum_{i=1}^{k} C(i/\bar{i}) C(\bar{i})}{\sum_{i=1}^{k} C(\bar{i})}, \quad k = 2, 3, \cdots, m \qquad (9.7)$$

式（9.7）中，

$$C(i/\bar{i}) = \frac{\min \left[C_h(i/\bar{i}), \ C_h(\bar{i}/i) \right]}{\max \left[C_h(i/\bar{i}), \ C_h(\bar{i}/i) \right]} \qquad (9.8)$$

式（9.8）中，m 为子系统个数，$\bar{i}$ 表示除第 i 个子系统外的其他任意 $k-1$ 个子系统的集合，$C(\bar{i})$ 表示这 $k-1$ 个子系统间的协调效度，$C_h(i/\bar{i})$ 表示第 i 子系统对其他 $k-1$ 子系统协调效度，$C_h(\bar{i}/i)$ 表示第 i 个子系统外的 $k-1$ 个子系统对第 i 个子系统的协调效度。

---

[1] 毕克新、孙德花：《基于复合系统协调度模型的制造业企业产品创新与工艺创新协同发展实证研究》，载于《中国软科学》2010 年第 9 期。

[2] 张延平、李明生：《我国区域人才结构优化与产业结构升级的协调适配度评价研究》，载于《中国软科学》2011 年第 3 期。

该模型特点：模型隐含的假设为系统理想协调时，系统投入产出高效。输入输出指标不计量纲，也不用事先确定指标权重，避免了主观赋权所带来的结果不客观，常被应用于多系统协调性评价，如柯健等[①]、孙立成等[②]利用此模型，评价了全国各地区经济、资源、环境协调发展状况。

（五）灰色关联协调度模型

该模型以灰色系统理论为基础，将复杂系统视为一个灰色系统，描述命令参数的灰色理论的有序度，通过计算相关系数及关联强度，获取系统之间的协调度。

第一步，计算关联系数与关联度。灰色关联系数计算公式为：

$$\xi_{ij}(t) = \frac{\Delta\min + \rho\Delta\max}{\Delta_{ij}(t) + \rho\Delta\max} \tag{9.9}$$

式（9.9）中 $\Delta_{ij}(t)$ 表示时间 t 时关联指标的差值绝对值，ρ 为引入的分辨系数，使关联系数之间的差异更加显著。$\xi_{ij}(t)$ 代表时间 t 时刻的系统间关联系数，其值越大，表明系统之间的关联性越强，反之则越弱。

关联系数只表明在某时刻系统之间的关联程度，不能直观地反映系统间的关联程度，因此，通过求 n 个关联系数的平均值，可获得系统之间的关联强度。

$$r_{ij} = \frac{1}{n}\sum_{i=1}^{n}\xi_{ij}(t) \tag{9.10}$$

式（9.10）中 $\xi_{ij}(t)$ 表示关联系数，n 表示关联系数总量。

第二步，计算协调度。计算比较数列和参考数列在时间 t 的关联系数后，便可计算出两个系统间的协调度。

$$C(t) = \frac{1}{m \times n}\sum_{i=1}^{m}\sum_{j=1}^{n}\xi_{ij}(t) \tag{9.11}$$

式（9.11）中，$C(t)$ 表示两个系统之间的协调度，其值越大，则表示协调度越高，反之亦然。

该模型特点：模型考虑了时间因素的影响，且能动态反映系统间的协调发展状态，但它不能反映系统内部的协调度状态，常应用于复杂系统协调评

---

① 柯健、李超：《基于 DEA 聚类分析的中国各地区资源、环境与经济协调发展研究》，载于《中国软科学》2005 年第 2 期。

② 孙立成、周德群、胡荣华：《区域 FEEEP 系统协调发展研究——基于 DEA 方法的实证分析》，载于《财经研究》2008 年第 2 期。

价。如孙见荆①、王小燕等②利用此模型，分别对经济与社会、经济与环境、物流与经济等复杂系统的协调性进行了评价。

综上可见，各种协调度模型由于理论基础不同，各具优缺点，适用性也有所差别，但是它们之间也存在一些共同本质特征：

（1）各种协调度模型都隐含着各自的系统理想协调状态的假设，当系统处于理想协调状态时，系统及其子系统所具有的属性、理想协调状态是协调评价的标准和协调度模型构建的依据。

（2）围绕系统理想状态，选取相应的评价变量及其理想值构建相应的评价模型，其最终目的都是为了使评价结果能更准确真实地反映出系统实际状态与理想协调状态的差异。

（3）协调度模型所测出的协调度实际上是一个相对值，其反映系统实际状态与理想协调状态的距离 $\overline{S}_t(A_t, A'_t)$、$\overline{S}'_t(X_t, X'_t)$，协调度是该距离的函数，协调度模型可以定义为：$C_t = C\left|\overline{S}_t(A_t, A'_t)\right|$ 或 $C_t = C\left|\overline{S}'_t(X_t, X'_t)\right|$。

二、协调度评价模型构建

为了更科学准确地测度新型城镇与产业结构演进间的协调度，本书借鉴上述五种协调度模型的共同理念，围绕系统理想状态，根据系统实际状态与理想协调状态的差异，选取相应的评价变量及其理想值，构建系统内部协调度评价模型和复合系统协调度评价模型。

（一）新型城镇化与产业结构演进两子系统内部协调度评价模型

本书在参考刘华兵③、李春生④、汤铃等⑤等的研究基础上，基于欧氏距离原理，通过对模型的改进构建距离协调度模型，用以测度新型城镇化与产

---

① 孙见荆：《科技、经济和社会协调发展模型研究》，载于《中国管理科学》1996 年第 2 期。

② 王小燕、周建波：《城市品牌经济与市场环境的耦合状态评价——以广东城市为例的灰色关联分析》，载于《管理学报》2012 年第 1 期。

③ 刘华兵：《基于"原始"+"现代"的省域城镇化协调发展研究》，重庆大学博士学位论文，2015 年。

④ 李春生：《我国产业结构演进与城镇化协调发展研究》，首都经济贸易大学博士学位论文，2016 年。

⑤ 汤铃、李建平、余乐安、覃东海：《基于距离协调度模型的系统协调发展定量评价方法》，载于《系统工程理论与实践》2010 年第 4 期。

业结构演进两子系统内部协调度。

协调度的本质是反映系统实际状态与理想状态和谐一致的程度。因此，可以根据欧氏距离原理构建距离协调度评价模型。欧氏距离常用来度量评价变量的实际值与理想值的偏差。为了消除量纲不一致，使评价结果具有可比性，则可将欧氏距离值除以 $\sqrt{\sum\limits_{i=1}^{m} s_i^2}$。其中，$s_i = \max\limits_{t}\{|x_{it} - x'_{it}|\}$ 或 $s_i = \max\limits_{t}\{|a_{it} - a'_{it}|\}$，$s_i$ 为各评价变量实际值与理想值的最大距离，则可得到测度系统实际状态与理想状态距离的公式：

$$\overline{S'_t} = \sqrt{\sum\limits_{t=1}^{m}(x_{it} - x'_{it})^2 / \sum\limits_{i=1}^{m} S_i^2} \text{ 或 } \overline{S_t} = \sqrt{\sum\limits_{t=1}^{m}(a_{it} - a'_{it})^2 / \sum\limits_{i=1}^{m} S_i^2}$$

$$(9.12)$$

式（9.12）中，x_{it} 为变量的实际值，x'_{it} 为变量的理想值，$\overline{S'_t}$ 的值越大则表示系统的实际状态偏离理想协调状态越远，系统的协调效应越低；为使计算结果值大小所表示意义与其他多数模型相一致，则可构造距离协调度模型如下：

$$CD_t = (\sqrt{1 - \overline{S'_t}})^k \text{ 或 } C_t = (\sqrt{1 - \overline{S_t}})^k \quad (9.13)$$

式（9.13）中，k 为协调系数，$k \geq 2$，且当系统数为 2 时，一般取 $k = 2$。$CD_t \in [0, 1]$，CD_t 的值越大，则表示系统的协调性越好；反之，其值越小，表示系统的协调性越差。

（二）新型城镇化与产业结构演进复合系统协调度评价模型

本书在参考李晶等[①]、宋建波等[②]、曾福生等[③]、周振等[④]、魏敏等[⑤]等研究基础上，基于变异系数原理，通过对模型的改进构建离差系数协调度模型，用以测度新型城镇化与产业结构演进复合系统协调度。

---

① 李晶、庄连平、舒书静：《城市化质量与产业结构协调发展度的测算》，载于《统计与决策》2014 年第 19 期。

② 宋建波、武春友：《城市化与生态环境协调发展评价研究——以长江三角洲城市群为例》，载于《中国软科学》2010 年第 2 期。

③ 曾福生、高鸣：《中国农业现代化、工业化和城镇化协调发展及其影响因素分析——基于现代农业视角》，载于《中国农村经济》2013 年第 1 期。

④ 周振、孔祥智：《中国"四化"协调发展格局及其影响因素研究——基于农业现代化视角》，载于《中国软科学》2015 年第 10 期。

⑤ 魏敏、胡振华：《湖南新型城镇化与产业结构演变协调发展测度研究》，载于《科研管理》2019 年第 11 期。

离差系数又称为离散系数、变异系数，常用于测度数据之间的离散趋势。离差系数协调度模型是基于离差系数原理，通过评价变量的实际值与理想值的离差系数最小化而构建出的协调评价模型。

模型假设：当各子系统的实际发展状态一致且接近系统综合发展水平时，整个系统将处于理想协调状态。系统的协调程度由实际发展状态与理想协调状态的离差系数反映，离差系数越小时，系统离散度越小，协调程度越高；反之，则系统越分散无序，协调程度则越低。

假设有一个复合系统由 m 个子系统组成，$f(x_{it}) \in X$ 为 t 时期子系统 i 的发展度。引入离差系数 $C_{vt} = \dfrac{S_t}{\dfrac{1}{m}\sum\limits_{i=1}^{m} f(x_{it})}$，其中，$S_t = $

$\sqrt{\dfrac{1}{m-1}\sum\limits_{i=1}^{m}\left[f(x_{it}) - \dfrac{1}{m}\sum\limits_{i=1}^{m} f(x_{it})\right]^2}$ 为 t 时期各子系统发展度的标准差，则可推导出：

$$C_{vt} = \sqrt{m\left[1 - \frac{1}{c_m^2}\sum_{i \neq j} f(x_{it})f(x_{jt}) / \left(\sum_{i=1}^{n} f(x_{it})/m\right)^2\right]}$$

$$= \sqrt{m(1 - \sqrt[k]{cd_t})} \tag{9.14}$$

其中，cd_t 为该模型定义的协调度，则可推出离差系数最小化协调度模型：

$$cd_t = \left[\frac{1}{C_m^2}\sum_{i \neq j} f(x_{it})f(x_{jt}) / \left(\sum_{i=1}^{n} f(x_{it})/m\right)^2\right]^k \tag{9.15}$$

公式中，$i \in I = \{1, 2, \cdots, m\}$ 为子系统下标；m 为子系统数目；$j \in J = \{1, 2, \cdots, l\}$ 为指标下标，l 为指标数目；$t \in T = \{1, 2, \cdots, n\}$ 为时期下标，n 为时间长度或时间期数；k 为调节系数，且 $k \geq 2$。cd_t 为协调度，反应系统整体功能匹配度，也即系统整体协调系数。$0 \leq cd_t \leq 1$，当 cd_t 值越小时，表示系统越不协调，cd_t 值越大时，表示系统越协调。

当子系统 $m = 2$ 时，协调度模型可以定义为：

$$cd_t = \left[f(x_{1,t})f(x_{2,t}) / \left[\frac{1}{2}(f(x_{1,t}) + f(x_{2,t}))\right]^2\right]^k \tag{9.16}$$

该模型规定，协调度 cd_t 越大，则系统越协调。由公式（9.16）和离差系数公式可知，在一定的综合发展水平 $\dfrac{1}{m}\sum\limits_{i=1}^{m} f(x_{it})$ 下，如果子系统发展度

$f(x_{it})$ 越接近其综合发展水平 $\dfrac{1}{m}\sum\limits_{i=1}^{m}f(x_{it})$，离差系数 C_{vt} 越小，协调度 cd_t 越大，则判定系统越协调。

（三）协调度等级划分及评价标准

由于系统时刻处于"协调—不协调—再协调"的动态发展之中，而并不是只有协调和不协调两种状态，协调的系统可能是低级别的系统，不协调的系统也有可能是高级别的系统。因此，处于同一区间的协调状态，也有可能是低级协调、中级协调、高级协调等不同等级。为了更好地区别协调与不协调的程度，在参考王淑佳等[①]等相关研究基础上，本书将新型城镇化与产业结构演进的协调度划分为以下 10 个等级（见表 9 – 1）。

表 9 – 1   协调度等级划分及评价标准

协调度	协调等级	协调度	协调等级
0.00≤0.10	极度失调	0.50≤0.60	勉强协调
0.10≤0.20	严重失调	0.60≤0.70	初级协调
0.20≤0.30	中度失调	0.70≤0.80	中级协调
0.30≤0.40	轻度失调	0.80≤0.90	良好协调
0.40≤0.50	濒临失调	0.90≤1.00	优质协调

三、协调发展度评价模型构建

（一）新型城镇化与产业结构演进两子系统内部、子系统间协调发展度评价模型

本书基于协调度模型，通过对模型的改进构建协调发展度模型，用以从动态视角测度新型城镇化与产业结构演进复合系统协调发展测度。

协调度可以较好地反映系统之间或系统内部各子系统或各要素之间的和谐关系，但是，由于系统或要素交错、动态和不平衡的特性，协调度在有些情况下很难反映出系统或要素间作用的整体功效与协同效应，如当两系统协调度相同时，有可能处于高水平协调，也有可能是低水平协调。因此，为了

---

① 王淑佳、任亮、孔伟、唐淑慧：《京津冀区域生态环境—经济—新型城镇化协调发展研究》，载于《华东经济管理》2018 年第 10 期。

更好地反映出系统之间协调发展程度的高低，可将协调度和系统综合发展度进行综合，构建协调发展度评价模型。

协调发展度（Coordinated Development Degree，CDD）亦称为协调发展系数，它是指系统或要素间的协调状况（即协调度）以及其所处的总体发展程度或水平（即发展度）的综合度量，它反映了在协调的有益约束和规定下，系统或要素间总体协调发展程度或水平的高低。协调发展度与协调度相比稳定性更高，适用范围更广，可用于不同地区之间、同一地区不同时期协调发展状况的定量评价。

根据协调发展度模型思想，可以建立协调发展度推导步骤：

第一步，基于欧氏距离原理或离差系数原理，建立两系统之间协调度计算模型式（9.13）或式（9.15）。

第二步，在此基础上引入总功能度（即总发展度），采用线性加权法，建立总发展度模型：

$$T_n = \sum_{i=1}^{n} \beta_i f(x_i) = \beta_1 f(x_1) + \beta_2 f(x_2) + \cdots + \beta_n f(x_n) \qquad (9.17)$$

式（9.17）中，$\alpha > 0$，$\beta > 0$，$\delta > 0$ 为系统发展度系数，且 $\alpha + \beta + \cdots + \delta = 1$，分别表示子系统发展度中所占的权重；$T_n$ 表示复合系统在 n 时刻的总发展度。

第三步，基于协同理论思想，运用几何平均法则，可推出两个系统或要素之间的协调发展度计算模型：

$$CDD_i \times CDD_i = CD_i \times T_n \qquad (9.18)$$

第四步，将由距离协调度模型计算的子系统内部协调度式（9.13）代入式（9.18），则可推出子系统内部协调发展度模型：

$$CDD_n = \sqrt{CD_n \times T_n} = \sqrt{\left(\sqrt{1 - \overline{S_t}}\right)^k \times \left[\alpha f(x_1) + \beta f(x_2) + \cdots + \delta f(x_n)\right]}$$

$$(9.19)$$

第五步，将由离差系数协调度模型计算的子系统间协调度式（9.15）代入式（9.18），则可推出子系统间协调发展度模型，即复合系统协调发展度模型：

$$CDD_n = \sqrt{CD_n \times T_n}$$

$$= \sqrt{\left[\frac{f(x_1) \times f(x_2) \times \cdots \times f(x_n)}{\left(\frac{f(x_1) + f(x_2) + \cdots + f(x_n)}{n}\right)^n}\right]^k \times \left[\alpha f(x_1) + \beta f(x_2) + \cdots + \delta f(x_n)\right]}$$

$$(9.20)$$

式（9.20）中，T_n 为 n 个系统的综合发展度，反映系统整体效益和水平；α、β、δ 为各系统的待定系数，且 $\alpha + \beta + \cdots + \delta = 1$，如果每个系统同等重要，则 $\alpha = \beta = \delta = 1/n$；$CDD_n$ 为协调发展度，是综合发展度和协调度的统一，既能反映各系统的综合发展水平，又能衡量各系统之间的和谐匹配状态；$CDD_n \in |0,1|$，值越大表示系统间协调发展程度或水平越高，反之，则越低。

综上可见，协调发展度评价模型包含四个内涵：（1）子系统发展度，反映子系统发展水平；（2）子系统间协调度，即子系统间协调指数，反映子系统间功能匹配度；（3）复合系统总发展度，反映复合系统的总功能度，通过对子系统发展度进行线性加权平均求得；（4）复合系统协调发展度，由各子系统间相互关联的协同作用共同决定，反映系统功能匹配度和总功能度。

（二）协调发展度等级划分及评价标准

在参考协调度等级划分及评价标准的基础上，同样可以将新型城镇化与产业结构演进的协调发展度划分为以下 10 个等级（见表 9-2）。

表 9-2　　　　　　　协调发展度等级划分及评价标准

协调发展度	协调等级	协调发展度	协调等级
0.00≤0.10	极度失调	0.50≤0.60	勉强协调
0.10≤0.20	严重失调	0.60≤0.70	初级协调
0.20≤0.30	中度失调	0.70≤0.80	中级协调
0.30≤0.40	轻度失调	0.80≤0.90	良好协调
0.40≤0.50	濒临失调	0.90≤1.00	优质协调

第二节　中国新型城镇化与产业结构演进协调发展度时序评价

一、新型城镇化子系统内部协调发展度测度评价

测度步骤与结论：本节采用第七章构建的距离协调度模型式（7.13）测

度新型城镇化子系统内部协调度。将第8章测出的新型城镇化内部子系统发展度代入距离协调度模型式（9.13），利用 Eviews12.0 软件处理数据，则可计算出新型城镇化子系统内部协调度（见表9-3）。

由于协调度只能反映系统或要素之间的和谐关系，而很难反映系统或要素间作用的整体功效与协同效应。因此，需要将协调度和综合发展度进行综合，测度系统的协调发展度，则可以更好地反映系统之间协调发展程度的高低。

根据第七章构建的协调发展度模型式（7.19），将新型城镇化子系统内部协调度和其综合发展度代入该模型，则可计算出新型城镇化子系统内部协调发展度（见表9-3）。

表9-3　　　　　　　　2000~2019年中国新型城镇化子系统
内部协调度及协调发展度测度结论

年份	发展度	协调度	协调度等级	协调发展度	协调发展度等级
2000	0.1201	0.0247	极度失调	0.0545	极度失调
2001	0.1536	0.1003	严重失调	0.1241	严重失调
2002	0.1867	0.1773	严重失调	0.1819	严重失调
2003	0.1970	0.2054	中度失调	0.2011	中度失调
2004	0.2298	0.2651	中度失调	0.2468	中度失调
2005	0.2646	0.3290	轻度失调	0.2951	中度失调
2006	0.3001	0.3899	轻度失调	0.3421	轻度失调
2007	0.3398	0.4557	濒临失调	0.3935	轻度失调
2008	0.3821	0.5215	勉强协调	0.4464	濒临失调
2009	0.4270	0.5820	勉强协调	0.4985	濒临失调
2010	0.4754	0.6409	初级协调	0.5520	勉强协调
2011	0.4988	0.6846	初级协调	0.5844	勉强协调
2012	0.5507	0.7440	中级协调	0.6401	初级协调
2013	0.5929	0.7796	中级协调	0.6798	初级协调
2014	0.6339	0.8050	良好协调	0.7143	中级协调
2015	0.6707	0.8338	良好协调	0.7478	中级协调
2016	0.7138	0.8624	良好协调	0.7846	中级协调

续表

年份	发展度	协调度	协调度等级	协调发展度	协调发展度等级
2017	0.7630	0.8890	良好协调	0.8236	良好协调
2018	0.8052	0.8972	良好协调	0.8499	良好协调
2019	0.8364	0.8739	良好协调	0.8549	良好协调

　　为更加直观地发现新型城镇化子系统内部协调度及协调发展度的演变趋势，则可用 Excel 将表 9 - 3 数据可视化（见图 9 - 1）。

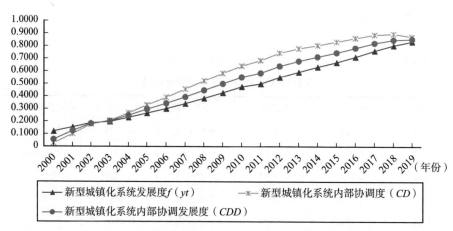

图 9 - 1　2000 ~ 2019 年中国新型城镇化系统内部协调度及协调发展度时序演变趋势

　　结论评价：分析表 9 - 3、图 9 - 1 可见，2000 ~ 2019 年中国新型城镇化子系统内部协调度及协调发展度具有以下特点。

　　一是系统内部协调度达到了良好协调等级，但是距离优质协调仍然还有一定距离。协调度反映的是两个或多个系统之间的和谐匹配状态，表明各系统的发展度与发展速度的一致性。从计算结果看，在 2003 年、2011 年、2016 年、2019 年期间，协调度出现了一定波动性。究其原因，主要是新型城镇化系统内部各子系统的发展度与发展速度存在一定不平衡性。

　　二是系统内部协调发展度达到了良好协调等级，但是距离优质协调发展仍然还有一定距离。协调发展度是指两个或多个系统之间的综合发展度与协调度的统一，既反映各系统之间的综合发展水平，也反映各系统间的协调程度。这说明新型城镇化系统内部各子系统之间结构关联度不够高，相互作用不够强，整个系统的功能还没有得到充分发挥。

三是系统内部协调发展度保持了较快增长，而且演进轨迹比较平稳。协调发展度的值在 20 年期间增长了 14.69 倍，平均增长速度达到 15.59%。经历了由"极度失调"到"良好协调"演进的 9 个阶段。受金融危机、房地产泡沫、经济下行等因素影响，协调发展度演进的轨迹在 2003 年、2011 年、2016 年、2019 年出现了微幅波动。

四是系统内部和谐匹配状态欠佳。其内部人口城镇化、环境城镇化、统筹城镇化子系统发展相对滞后，发展度较低，发展度与发展速度的一致性相对较弱，导致系统功能没有得到充分发挥，使系统内部协调度和协调发展度没有达到最佳等级。这些问题应该引起政府高度重视。

二、产业结构演进子系统内部协调发展度测度评价

测度步骤与结论：本节采用第七章构建的距离协调度模型式（7.13）测度产业结构演进子系统内部协调度。将第八章测出的产业结构演进内部子系统发展度（见表 8-4）代入距离协调度模型式（7.13），利用 Eviews12.0 软件处理数据，则可计算出产业结构演进子系统内部协调度（见表 9-4）。

由于协调度只能反映系统或要素之间的和谐关系，而很难反映系统或要素间作用的整体功效与协同效应，需要将协调度和综合发展度进行综合，测度系统的协调发展度，则可以更好地反映系统之间协调发展程度的高低。

根据第七章构建的协调发展度模型式（7.19），将产业结构演进子系统内部协调度（见表 9-4）和第八章其综合发展度（见表 8-5）代入该模型，则可计算出产业结构演进子系统内部协调发展度（见表 9-4）。

表 9-4 　　　　　　　　2000~2019 年中国产业结构演进子系统
内部协调度及协调发展度测度结论

年份	发展度	协调度	协调度等级	协调发展度	协调发展度等级
2000	0.0466	0.0004	极度失调	0.0041	极度失调
2001	0.0558	0.0193	极度失调	0.0328	极度失调
2002	0.0762	0.0613	极度失调	0.0684	极度失调
2003	0.1015	0.1144	严重失调	0.1077	严重失调

续表

年份	发展度	协调度	协调度等级	协调发展度	协调发展度等级
2004	0.1431	0.1973	严重失调	0.1680	严重失调
2005	0.1789	0.2660	中度失调	0.2181	中度失调
2006	0.2188	0.3375	轻度失调	0.2717	中度失调
2007	0.2737	0.4309	濒临失调	0.3434	轻度失调
2008	0.3306	0.5189	勉强协调	0.4142	濒临失调
2009	0.3667	0.5699	勉强协调	0.4571	濒临失调
2010	0.4345	0.6572	初级协调	0.5344	勉强协调
2011	0.5198	0.7496	中级协调	0.6242	初级协调
2012	0.5764	0.8036	良好协调	0.6805	初级协调
2013	0.6401	0.8571	良好协调	0.7407	中级协调
2014	0.6936	0.8956	良好协调	0.7881	中级协调
2015	0.7245	0.9182	优质协调	0.8156	良好协调
2016	0.7460	0.9298	优质协调	0.8328	良好协调
2017	0.7812	0.9454	优质协调	0.8594	良好协调
2018	0.8258	0.9635	优质协调	0.8920	良好协调
2019	0.8890	0.9813	优质协调	0.9340	优质协调

为方便更加直观地发现产业结构演进子系统内部协调度及协调发展度演变趋势，则可用 Excel 将表 9 - 4 数据可视化（见图 9 - 2）。

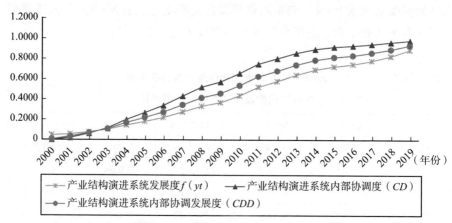

图 9 - 2　2000～2019 年中国产业结构演进系统内部协调度及协调发展度时序演变趋势

结论评价：分析表9-4、图9-2可见，2000~2019年中国产业结构演进子系统内部协调度及协调发展度具有以下特点：

一是系统内部协调度达到了优质协调等级。协调度反映的是两个或多个系统之间的和谐匹配状态，表明各系统的发展度与发展速度的一致性。从计算结果看，在2003年、2009年、2016年期间，协调度表现出一定程度不稳定性。究其原因，主要是产业结构演进系统内部各子系统的发展度与发展速度存在不平衡性。

二是系统内部协调发展度达到了优质协调等级。协调发展度是指两个或多个系统之间的综合发展度与协调度的统一，既反映各系统之间的综合发展水平，也反映各系统间的协调程度。这说明产业结构演进系统内部各子系统之间结构关联度较高，相互作用较强，从而使整个系统的功能得到了充分发挥。

三是系统内部协调发展度保持了较快增长，其演进轨迹比较平稳。协调发展度值在20年期间平均增长速度为32.99%。经历了由"极度失调"到"良好协调"演进的9个阶段。受金融危机、房地产泡沫、经济下行等因素影响，协调发展度演进的轨迹在2003年、2009年、2016年出现了微幅波动。

四是系统内部和谐匹配状态欠佳。其内部农业现代化、工业现代化子系统发展相对滞后；农业领域劳动生产率水平较低，工业领域高技术产业发展水平偏低，服务业领域新兴产业发展水平偏低；这两个子系统发展度与发展速度的一致性相对较弱。这些问题应该引起政府高度重视并采取相关措施解决。

三、新型城镇化与产业结构演进复合系统协调发展度测度评价

测度步骤与结论：本节采用第七章构建的离差系数协调度模型式(7.15)测度新型城镇化与产业结构演复合系统协调度。将第八章测出的新型城镇化系统综合发展度（见表8-3）和产业结构演进系统综合发展度（见表8-5）代入离差系数协调度模型式（9.15），利用Eviews12.0软件处理数据，则可计算出新型城镇化与产业结构演进复合系统协调度（见表9-5）。

由于协调度只能反映系统或要素之间的和谐关系，而很难反映出系统或要素间作用的整体功效与协同效应，需要将协调度和综合发展度进行综合，测度系统的协调发展度，则可以更好地反映出系统之间协调发展程度的高低。

根据第七章构建的协调发展度模型式（7.20），将新型城镇化与产业结构演进复合系统协调度和第八章测出的复合系统综合发展度（见表8-6）代入该模型，则可计算出新型城镇化与产业结构演进复合系统协调发展度（见表9-5）。

表9-5 　　　　　2000～2019年中国新型城镇化与产业结构演进
复合系统协调度及协调发展度测度结论

年份	发展度	协调度	协调度等级	协调发展度	协调发展度等级
2000	0.0833	0.6489	优质协调	0.2326	轻度失调
2001	0.1047	0.6109	优质协调	0.2529	轻度失调
2002	0.1315	0.6782	优质协调	0.2986	轻度失调
2003	0.1492	0.8058	优质协调	0.3468	轻度失调
2004	0.1864	0.8948	优质协调	0.4084	濒临失调
2005	0.2217	0.9266	优质协调	0.4533	濒临失调
2006	0.2595	0.9514	优质协调	0.4968	濒临失调
2007	0.3068	0.9769	优质协调	0.5474	勉强协调
2008	0.3564	0.9896	优质协调	0.5939	勉强协调
2009	0.3968	0.9885	优质协调	0.6263	初级协调
2010	0.4550	0.9960	优质协调	0.6731	初级协调
2011	0.5093	0.9992	优质协调	0.7133	中级协调
2012	0.5635	0.9990	优质协调	0.7503	中级协调
2013	0.6165	0.9971	优质协调	0.7840	中级协调
2014	0.6637	0.9960	优质协调	0.8131	良好协调
2015	0.6976	0.9970	优质协调	0.8340	良好协调
2016	0.7299	0.9990	优质协调	0.8539	良好协调
2017	0.7721	0.9997	优质协调	0.8786	良好协调
2018	0.8155	0.9997	优质协调	0.9029	良好协调
2019	0.8627	0.9981	优质协调	0.9279	优质协调

为方便更加直观地发现新型城镇化与产业结构演进复合系统协调度及协调发展度演变趋势，则可用Excel将表9-5数据可视化（见图9-3）。

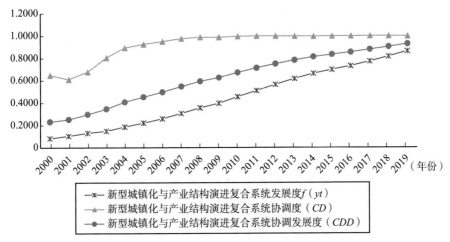

图 9 – 3　2000～2019 年中国新型城镇化与产业结构演进
复合系统协调度及协调发展度时序演变趋势

结论评价：分析表 9 – 5、图 9 – 3 可见，2000～2019 年中国新型城镇化与产业结构演进复合系统协调度及协调发展度具有以下特点：

一是复合系统协调度达到了优质协调等级。协调度反映的是两个或多个系统之间的和谐匹配状态，表明各系统的发展度与发展速度的一致性。从计算结果看，复合系统协调度保持在较高水平，演变轨迹比较平稳。

二是复合系统协调发展度达到了优质协调等级。协调发展度是指两个或多个系统之间的综合发展度与协调度的统一，既反映各系统之间的综合发展水平，也反映各系统间的协调程度。这说明新型城镇化系统与产业结构演进系统之间结构关联度较高，相互作用较强，从而使整个系统的功能得到了充分发挥。

三是复合系统协调发展度保持了较快增长，而且演进轨迹比较平稳。协调发展度的值在 20 年期间增长了 2.99 倍，平均增长速度为 7.55%。经历了由"轻度失调"到"优质协调"演进的 7 个阶段。受金融危机、房地产泡沫、经济下行等因素影响，新型城镇化与产业结构演进的发展水平与发展速度出现了一定不平衡，导致复合系统协调发展度演进的轨迹在 2003 年、2009年、2016 年出现了微幅波动。

四是复合系统内部和谐匹配状态欠佳。新型城镇化系统内部人口城镇化、环境城镇化、统筹城镇化子系统发展相对滞后，发展度偏低，发展度与发展速度的一致性相对较弱，导致系统内部协调度和协调发展度没有达到最佳等级。产业结构演进系统内部农业现代化、工业现代化子系统发展相对滞后，子系统发展度与发展速度的一致性相对较弱；农业领域劳动生产率发展水平、工业领域高技术产业发展水平、服务业领域新兴产业发展水平均偏低。这些问题应该引起区域政府的高度重视并采取相关措施解决。

第三节　中国新型城镇化与产业结构演进协调发展度区域评价

一、四大区域新型城镇化子系统内部协调发展度测度评价

（一）四大区域新型城镇化子系统内部协调度测度评价

测度步骤与结论：本节采用第七章构建的距离协调度模型式（7.13）测度东北、东部、中部、西部四大区域新型城镇化子系统内部协调度。

将第八章测出的四大区域新型城镇化内部子系统发展度（见表8-7）代入距离协调度模型式（9.13），利用 Eviews12.0 软件处理数据，则可计算出四大区域新型城镇化子系统内部协调度（见表9-6）。

表 9-6　2000~2019 年中国四大区域新型城镇化子系统内部协调度测度结论

年份	东北地区		东部地区		中部地区		西部地区	
	协调度	协调等级	协调度	协调等级	协调度	协调等级	协调度	协调等级
2000	0.0160	极度失调	0.0489	极度失调	0.0172	极度失调	0.0402	极度失调
2001	0.1214	严重失调	0.0916	极度失调	0.1268	严重失调	0.1154	严重失调
2002	0.1955	严重失调	0.1876	严重失调	0.1816	严重失调	0.1875	严重失调
2003	0.2472	中度失调	0.2110	中度失调	0.2071	中度失调	0.2129	中度失调
2004	0.2991	中度失调	0.2957	中度失调	0.2535	中度失调	0.2578	中度失调
2005	0.3546	轻度失调	0.3735	轻度失调	0.3145	轻度失调	0.3107	轻度失调
2006	0.4225	濒临失调	0.4369	濒临失调	0.3867	轻度失调	0.3606	轻度失调

续表

年份	东北地区		东部地区		中部地区		西部地区	
	协调度	协调等级	协调度	协调等级	协调度	协调等级	协调度	协调等级
2007	0.4980	濒临失调	0.4898	濒临失调	0.4757	濒临失调	0.4210	濒临失调
2008	0.5765	勉强协调	0.5585	勉强协调	0.5349	勉强协调	0.4818	濒临失调
2009	0.6567	初级协调	0.6113	初级协调	0.5936	勉强协调	0.5414	勉强协调
2010	0.7297	中级协调	0.6694	初级协调	0.6452	初级协调	0.5983	勉强协调
2011	0.7376	中级协调	0.7143	中级协调	0.6888	初级协调	0.6472	初级协调
2012	0.7906	中级协调	0.7643	中级协调	0.7538	中级协调	0.7099	中级协调
2013	0.8397	良好协调	0.7934	中级协调	0.7829	中级协调	0.7501	中级协调
2014	0.8665	良好协调	0.8194	良好协调	0.8044	良好协调	0.7776	中级协调
2015	0.8764	良好协调	0.8418	良好协调	0.8352	良好协调	0.8178	良好协调
2016	0.8878	良好协调	0.8671	良好协调	0.8704	良好协调	0.8495	良好协调
2017	0.8981	良好协调	0.8980	良好协调	0.8976	良好协调	0.8759	良好协调
2018	0.9014	优质协调	0.9018	优质协调	0.9145	优质协调	0.8843	良好协调
2019	0.8617	良好协调	0.8813	良好协调	0.8899	良好协调	0.8627	良好协调

　　为更加直观地发现四大区域新型城镇化子系统内部协调度演变趋势，则可用 Excel 将表 9 - 6 数据可视化（见图 9 - 4）。

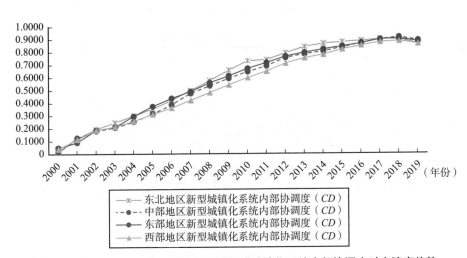

图 9 - 4　2000~2019 年中国四大区域新型城镇化系统内部协调度时序演变趋势

结论评价：分析表9-6、图9-4可见，2000~2019年中国四大区域新型城镇化子系统内部协调度具有以下特点：

一是协调度不均衡，均已达到良好协调等级。协调度水平较高的为东部地区（0.8813）、中部地区（0.8899），略低的是西部地区（0.8627）、东北地区（0.8617）。

二是协调度保持了较快增长，但增长速度各异。增长速度较快的是东北地区（23.33%）、中部地区（23.08%），其次为西部地区（17.52%）、东部地区（16.44%）。

三是协调度演进轨迹平稳性不一致。东部地区与中部地区相对较平稳，东北地区与西部地区表现出一定程度的波动性，究其原因，主要是各地区新型城镇化内部各子系统发展水平与发展速度存在不平衡，各子系统之间的和谐匹配状态欠佳。

（二）四大区域新型城镇化子系统内部协调发展度测度评价

测度步骤与结论：本节采用第七章构建的协调发展度模型式（7.19）测度东北、东部、中部、西部四大区域新型城镇化子系统内部协调发展度。

将四大区域新型城镇化子系统内部协调度（见表9-6）和第八章测出的其综合发展度（见表8-7）代入该模型式（7.19），利用Eviews12.0处理数据，则可计算出四大区域新型城镇化子系统内部协调发展度（见表9-7）。

表9-7　　　　　2000~2019年中国四大区域新型城镇化
子系统内部协调发展度测度结论

年份	东北地区		东部地区		中部地区		西部地区	
	协调发展度	协调等级	协调发展度	协调等级	协调发展度	协调等级	协调发展度	协调等级
2000	0.0398	极度失调	0.0814	极度失调	0.0401	极度失调	0.0711	极度失调
2001	0.1357	严重失调	0.1176	严重失调	0.1368	严重失调	0.1355	严重失调
2002	0.1871	严重失调	0.1890	严重失调	0.1746	严重失调	0.1911	严重失调
2003	0.2231	中度失调	0.2074	中度失调	0.1899	严重失调	0.2071	中度失调
2004	0.2661	中度失调	0.2722	中度失调	0.2247	中度失调	0.2414	中度失调
2005	0.3091	轻度失调	0.3328	轻度失调	0.2702	中度失调	0.2804	中度失调
2006	0.3595	轻度失调	0.3825	轻度失调	0.3274	轻度失调	0.3184	轻度失调

续表

年份	东北地区		东部地区		中部地区		西部地区	
	协调发展度	协调等级	协调发展度	协调等级	协调发展度	协调等级	协调发展度	协调等级
2007	0.4194	濒临失调	0.4238	濒临失调	0.3988	轻度失调	0.3652	轻度失调
2008	0.4843	濒临失调	0.4793	濒临失调	0.4481	濒临失调	0.4135	濒临失调
2009	0.5520	勉强协调	0.5267	勉强协调	0.5005	勉强协调	0.4641	濒临失调
2010	0.6261	初级协调	0.5795	勉强协调	0.5483	勉强协调	0.5146	勉强协调
2011	0.6372	初级协调	0.6118	初级协调	0.5798	勉强协调	0.5517	勉强协调
2012	0.6964	初级协调	0.6603	初级协调	0.6414	初级协调	0.6082	初级协调
2013	0.7547	中级协调	0.6923	初级协调	0.6775	初级协调	0.6512	初级协调
2014	0.7858	中级协调	0.7258	中级协调	0.7116	中级协调	0.6881	初级协调
2015	0.7936	中级协调	0.7558	中级协调	0.7488	中级协调	0.7300	中级协调
2016	0.8112	良好协调	0.7902	中级协调	0.7955	中级协调	0.7684	中级协调
2017	0.8315	良好协调	0.8345	良好协调	0.8370	良好协调	0.8062	良好协调
2018	0.8495	良好协调	0.8545	良好协调	0.8780	良好协调	0.8324	良好协调
2019	0.8374	良好协调	0.8590	良好协调	0.8843	良好协调	0.8411	良好协调

为更加直观地发现新型城镇化子系统内部协调度及协调发展度演变趋势，则可用 Excel 将表 9 – 7 数据可视化（见图 9 – 5）。

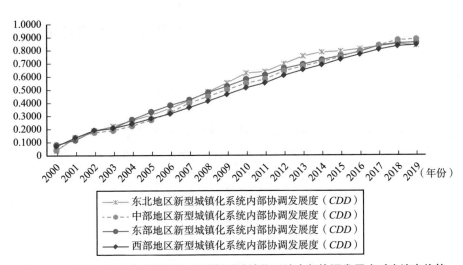

图 9 – 5　2000 ~ 2019 年中国四大区域新型城镇化系统内部协调发展度时序演变趋势

结论评价：分析表 9 - 7、图 9 - 5 可见，2000 ~ 2019 年中国四大区域新型城镇化子系统内部协调发展度具有以下特点：

一是协调发展度不均衡，均已达到良好协调等级，但距离优质协调还有一定距离。协调发展度较高的为东部地区（0.8590）、中部地区（0.8843），略低的是西部地区（0.8411）、东北地区（0.8374）。协调发展度呈现由东部向中部再向西部递减趋势。

二是协调发展度增长速度各异。增长速度较快的是东北地区（14.82%）、中部地区（15.02%），其次东部地区（11.66%）、西部地区（12.19%）。

三是协调发展度演进轨迹平稳性不一致。东部地区与中部地区相对较平稳，东北地区与西部地区表现出一定程度的波动性，究其原因，主要是受金融危机、房地产泡沫、经济下行等因素影响，各地区新型城镇化内部各子系统发展水平与发展速度出现不平衡性。

四是系统内部和谐匹配状态存在差异。东北地区经济城镇化、统筹城镇化发展滞后，东部地区空间城镇化、统筹城镇化发展滞后，中部地区环境城镇化、统筹城镇化发展滞后，西部地区环境城镇化、统筹城镇化发展滞后。这些子系统发展度较低，发展度与发展速度的一致性相对较弱，导致系统功能没有得到充分发挥，使系统内部协调发展度没有达到最佳等级。这些问题应该引起政府高度重视。

二、四大区域产业结构演进子系统内部协调发展度测度评价

（一）四大区域产业结构演进子系统内部协调度测度评价

测度步骤与结论：本节采用第七章距离协调度模型式（7.13）测度东北、东部、中部、西部四大区域产业结构演进子系统内部协调度。

将第八章测出的四大区域产业结构演进内部子系统发展度（见表 8 - 8）代入距离协调度模型式（9.13），利用 Eviews12.0 软件处理数据，则可计算出四大区域产业结构演进子系统内部协调度（见表 9 - 8）。

表 9 – 8 　　　　　　2000～2019 年中国四大区域产业结构
演进子系统内部协调度测度结论

年份	东北地区		东部地区		中部地区		西部地区	
	协调度	协调等级	协调度	协调等级	协调度	协调等级	协调度	协调等级
2000	0.0333	极度失调	0.0010	极度失调	0.0077	极度失调	0.0011	极度失调
2001	0.0456	极度失调	0.0399	极度失调	0.0298	极度失调	0.0022	极度失调
2002	0.0460	极度失调	0.0936	极度失调	0.0732	极度失调	0.0434	极度失调
2003	0.0457	极度失调	0.1484	严重失调	0.1403	严重失调	0.1004	严重失调
2004	0.1606	严重失调	0.2352	中度失调	0.2280	中度失调	0.1678	严重失调
2005	0.2635	中度失调	0.3139	轻度失调	0.2981	中度失调	0.2167	中度失调
2006	0.3439	轻度失调	0.3867	轻度失调	0.3692	轻度失调	0.2836	中度失调
2007	0.4608	濒临失调	0.4840	濒临失调	0.4612	濒临失调	0.3660	轻度失调
2008	0.5560	勉强协调	0.5678	勉强协调	0.5399	勉强协调	0.4589	濒临失调
2009	0.6149	初级协调	0.6086	初级协调	0.5990	勉强协调	0.5123	勉强协调
2010	0.7121	中级协调	0.6999	初级协调	0.6864	初级协调	0.5890	勉强协调
2011	0.8379	良好协调	0.7791	中级协调	0.7649	中级协调	0.6882	初级协调
2012	0.8964	良好协调	0.8254	良好协调	0.8205	良好协调	0.7458	中级协调
2013	0.9458	优质协调	0.8722	良好协调	0.8579	良好协调	0.8137	良好协调
2014	0.9684	优质协调	0.9052	优质协调	0.8906	良好协调	0.8652	良好协调
2015	0.9646	优质协调	0.9262	优质协调	0.9157	优质协调	0.8960	良好协调
2016	0.9218	优质协调	0.9382	优质协调	0.9326	优质协调	0.9187	优质协调
2017	0.9087	优质协调	0.9508	优质协调	0.9506	优质协调	0.9381	优质协调
2018	0.8439	良好协调	0.9583	优质协调	0.9789	优质协调	0.9711	优质协调
2019	0.8459	良好协调	0.9694	优质协调	0.9930	优质协调	0.9921	优质协调

　　为更加直观地发现四大区域新型城镇化子系统内部协调度演变趋势，则可用 Excel 将表 9 – 8 数据可视化（见图 9 – 6）。

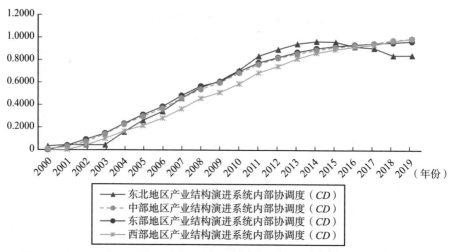

图 9 - 6　2000 ~ 2019 年中国四大区域产业结构演进系统内部协调度时序演变趋势

结论评价：分析表 9 - 8、图 9 - 6 可见，2000 ~ 2019 年中国四大区域产业结构演进子系统内部协调度具有以下特点。

一是协调度不均衡，均已达到良好协调以上等级。协调度水平较高的为中部（0.9930）、西部（0.9921）、东部（0.9694）地区均已达到优质协调等级，略低的是东北地区（0.8459）为良好等级。

二是协调度保持了较快增长，但增长速度各异。增长速度较快的是东部地区（43.61%）、西部地区（42.93%），其次为中部地区（29.10%）、东北地区（18.55%）。

三是协调度演进轨迹平稳性不一致。东部地区与中部地区相对较平稳，东北地区与西部地区表现出一定程度的波动性，究其原因，主要是各地区产业结构演进内部各子系统发展水平与发展速度存在不平衡，各子系统之间的和谐匹配状态欠佳。

（二）四大区域产业结构演进子系统内部协调发展度测度评价

测度步骤与结论：本节采用第七章构建的协调发展度模型式（7.19）测度东北、东部、中部、西部四大区域产业结构演进子系统内部协调发展度。

将四大区域产业结构演进子系统内部协调度（见表 9 - 8）和第八章测出的其综合发展度（见表 8 - 8）代入该模型式（7.19），利用 Eviews12.0 处理数据，则可计算出四大区域产业结构演进子系统内部协调发展度（见表 9 - 9）。

表 9 - 9   **2000～2019 年中国四大区域产业结构演进**
子系统内部协调发展度测度结论

年份	东北地区		东部地区		中部地区		西部地区	
	协调发展度	协调等级	协调发展度	协调等级	协调发展度	协调等级	协调发展度	协调等级
2000	0.0462	极度失调	0.0063	极度失调	0.0165	极度失调	0.0078	极度失调
2001	0.0571	极度失调	0.0482	极度失调	0.0371	极度失调	0.0110	极度失调
2002	0.0580	极度失调	0.0888	极度失调	0.0703	极度失调	0.0570	极度失调
2003	0.0590	极度失调	0.1284	严重失调	0.1183	严重失调	0.1006	严重失调
2004	0.1462	严重失调	0.1916	严重失调	0.1810	严重失调	0.1502	严重失调
2005	0.2219	中度失调	0.2502	中度失调	0.2327	中度失调	0.1852	严重失调
2006	0.2824	中度失调	0.3059	轻度失调	0.2865	中度失调	0.2347	中度失调
2007	0.3734	轻度失调	0.3833	轻度失调	0.3586	轻度失调	0.2957	中度失调
2008	0.4516	濒临失调	0.4534	濒临失调	0.4231	濒临失调	0.3679	轻度失调
2009	0.5027	勉强协调	0.4887	濒临失调	0.4740	濒临失调	0.4111	濒临失调
2010	0.5936	勉强协调	0.5729	勉强协调	0.5537	勉强协调	0.4760	濒临协调
2011	0.7260	中级协调	0.6535	初级协调	0.6332	初级协调	0.5667	勉强协调
2012	0.7934	中级协调	0.7041	中级协调	0.6947	初级协调	0.6220	初级协调
2013	0.8631	良好协调	0.7584	中级协调	0.7384	中级协调	0.6925	初级协调
2014	0.8989	良好协调	0.8000	良好协调	0.7795	中级协调	0.7515	中级协调
2015	0.8938	良好协调	0.8266	良好协调	0.8100	良好协调	0.7871	中级协调
2016	0.8352	良好协调	0.8470	良好协调	0.8342	良好协调	0.8177	良好协调
2017	0.8305	良好协调	0.8741	良好协调	0.8677	良好协调	0.8458	良好协调
2018	0.7492	中级协调	0.8937	良好协调	0.9201	优质协调	0.9033	优质协调
2019	0.7586	中级协调	0.9248	优质协调	0.9604	优质协调	0.9589	优质协调

为方便更加直观地发现新型城镇化子系统内部协调度及协调发展度演变趋势，则可用 Excel 将表 9 - 9 数据可视化（见图 9 - 7）。

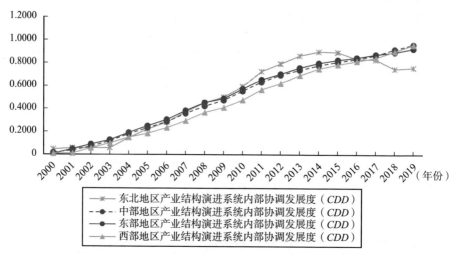

图9-7 2000~2019年中国四大区域新型城镇化系统内部协调发展度时序演变趋势

结论评价：分析表9-9、图9-7可见，2000~2019年中国四大区域产业结构演进子系统内部协调发展度具有以下特点：

一是协调发展度不均衡，协调等级存在较大差异。协调发展度较高的为东部地区（0.9248）、中部地区（0.9604）、西部地区（0.9589），均已达到优质协调等级，较低的是东北地区（0.7586），近年由良好协调回落至中级协调等级。

二是协调发展度增长速度存在差异。增长速度较快的是东部地区（30.05%）、西部地区（28.85%），其次为中部地区（23.85%），最慢的是东北地区（15.86%）。

三是协调发展度演进轨迹平稳性不一致。东部地区与中部地区相对较平稳，东北地区与西部地区在2003年、2009年、2016年、2018年表现出一定程度的波动性，究其原因，主要是受金融危机、房地产泡沫、经济下行等因素影响，各地区产业结构演进内部各子系统发展水平与发展速度出现不平衡性。

四是系统内部和谐匹配状态存在差异。东北地区工业现代化发展明显滞后，东部地区农业现代化明显滞后，中部地区工业现代化明显滞后，西部地区工业现代化明显滞后。这些子系统发展度较低，发展度与发展速度的一致性相对较弱，导致系统功能没有得到充分发挥，使系统内部协调发展度没有达到最佳等级。这些问题应该引起政府高度重视。

三、四大区域新型城镇化与产业结构演进复合系统协调发展度评价

（一）四大区域新型城镇化与产业结构演进复合系统协调度测度评价

测度步骤与结论：本节采用第七章构建的离差系数协调度模型式（9.15）测度东北、东部、中部、西部四大区域新型城镇化与产业结构演进复合系统协调度。

将第八章测出的新型城镇化子系统综合发展水平值（见表8-7）和产业结构演进子系统综合发展水平值（见表8-8）代入离差系数协调度模型（7.15），利用Eviews12.0软件处理数据，则可计算出四大区域新型城镇化与产业结构演进复合系统协调度（表9-10）。

表9-10　　　2000~2019年中国四大区域新型城镇化与产业
结构演进复合系统协调度测度结论

年份	东北地区		东部地区		中部地区		西部地区	
	协调度	协调等级	协调度	协调等级	协调度	协调等级	协调度	协调等级
2000	0.9125	优质协调	0.4879	濒临失调	0.6306	初级协调	0.7049	中级协调
2001	0.7580	中级协调	0.6462	初级协调	0.5281	勉强协调	0.5769	勉强协调
2002	0.6789	初级协调	0.7226	中级协调	0.6696	初级协调	0.6425	初级协调
2003	0.6344	初级协调	0.8340	良好协调	0.8581	良好协调	0.7897	中级协调
2004	0.8490	良好协调	0.8949	良好协调	0.9482	优质协调	0.8753	良好协调
2005	0.9355	优质协调	0.9248	优质协调	0.9705	优质协调	0.8968	良好协调
2006	0.9625	优质协调	0.9488	优质协调	0.9761	优质协调	0.9342	优质协调
2007	0.9881	优质协调	0.9824	优质协调	0.9836	优质协调	0.9611	优质协调
2008	0.9946	优质协调	0.9919	优质协调	0.9923	优质协调	0.9830	优质协调
2009	0.9927	优质协调	0.9895	优质协调	0.9931	优质协调	0.9827	优质协调
2010	0.9966	优质协调	0.9977	优质协调	0.9991	优质协调	0.9902	优质协调
2011	0.9911	优质协调	0.9990	优质协调	0.9975	优质协调	1.0000	优质协调
2012	0.9909	优质协调	0.9987	优质协调	0.9972	优质协调	1.0000	优质协调

续表

年份	东北地区		东部地区		中部地区		西部地区	
	协调度	协调等级	协调度	协调等级	协调度	协调等级	协调度	协调等级
2013	0.9889	优质协调	0.9962	优质协调	0.9967	优质协调	0.9991	优质协调
2014	0.9876	优质协调	0.9955	优质协调	0.9968	优质协调	0.9976	优质协调
2015	0.9900	优质协调	0.9965	优质协调	0.9979	优质协调	0.9982	优质协调
2016	0.9998	优质协调	0.9982	优质协调	0.9997	优质协调	0.9989	优质协调
2017	0.9999	优质协调	0.9994	优质协调	0.9999	优质协调	0.9996	优质协调
2018	0.9830	优质协调	0.9996	优质协调	0.9997	优质协调	0.9976	优质协调
2019	0.9841	优质协调	0.9986	优质协调	0.9985	优质协调	0.9925	优质协调

为方便更加直观地发现四大区域新型城镇化子系统内部协调度演变趋势，则可用 Excel 将表9-10数据可视化（见图9-8）。

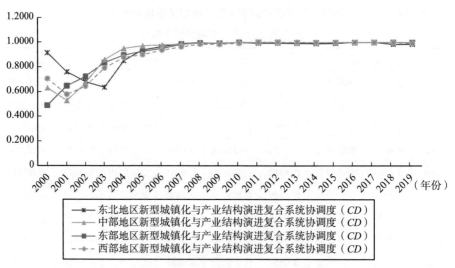

图9-8　2000~2019年中国四大区域新型城镇化与产业结构演进复合系统协调度时序演变趋势

结论评价：分析表9-10、图9-8可见，2000~2019年中国四大区域新型城镇化与产业结构演进复合系统协调度具有以下特点：

一是协调度存在一定差异，但均已达到优质协调等级。协调度水平最高的为东部地区（0.9986），其次是中部地区（0.9985）、西部地区（0.9925），略低的是东北地区（0.9841）。

二是协调度增长速度各异。增长速度较快的是东部地区（4.11%），其次是中部地区（2.86%）、西部地区（2.09%），最低的是东北地区（0.80%）。

三是协调度演进轨迹平稳性不一致。东部地区与中部地区相对较平稳，东北地区与西部地区表现出一定程度的波动性，究其原因，主要是各地区新型城镇化与产业结构演进子系统发展水平与发展速度存在不平衡性，两子系统之间的和谐匹配状态欠佳。

（二）四大区域新型城镇化与产业结构演进复合系统协调发展度测度评价

测度步骤与结论：本节采用第七章构建的协调发展度模型式（7.20）测度东北、东部、中部、西部四大区域新型城镇化与产业结构演进复合系统协调发展度。

将四大区域新型城镇化与产业结构演进复合系统协调度和第八章其综合发展度（见表8-9）代入模型式（7.20），利用Eviews12.0处理数据，则可计算出四大区域新型城镇化与产业结构演进复合系统协调发展度（见表9-11）。

表9-11　　　　2000～2019年中国四大区域新型城镇化与产业
结构演进复合系统协调发展度测度结论

年份	东北地区		东部地区		中部地区		西部地区	
	协调发展度	协调等级	协调发展度	协调等级	协调发展度	协调等级	协调发展度	协调等级
2000	0.2725	中度失调	0.2067	中度失调	0.2014	中度失调	0.2517	中度失调
2001	0.2908	中度失调	0.2601	中度失调	0.2263	中度失调	0.2482	中度失调
2002	0.2926	中度失调	0.3150	轻度失调	0.2808	中度失调	0.2943	中度失调
2003	0.2967	中度失调	0.3624	轻度失调	0.3428	轻度失调	0.3455	轻度失调
2004	0.3962	轻度失调	0.4265	濒临失调	0.4031	濒临失调	0.3972	轻度失调
2005	0.4619	濒临失调	0.4789	濒临失调	0.4481	濒临失调	0.4296	濒临失调
2006	0.5088	勉强协调	0.5232	勉强协调	0.4938	濒临失调	0.4712	濒临失调
2007	0.5692	勉强协调	0.5738	勉强协调	0.5491	勉强协调	0.5168	勉强协调
2008	0.6203	初级协调	0.6193	初级协调	0.5923	勉强协调	0.5652	勉强协调

续表

年份	东北地区		东部地区		中部地区		西部地区	
	协调发展度	协调等级	协调发展度	协调等级	协调发展度	协调等级	协调发展度	协调等级
2009	0.6589	初级协调	0.6470	初级协调	0.6291	初级协调	0.5980	勉强协调
2010	0.7171	中级协调	0.6958	初级协调	0.6752	初级协调	0.6400	初级协调
2011	0.7645	中级协调	0.7318	中级协调	0.7105	中级协调	0.6844	初级协调
2012	0.8074	良好协调	0.7647	中级协调	0.7519	中级协调	0.7211	中级协调
2013	0.8514	良好协调	0.7933	中级协调	0.7804	中级协调	0.7595	中级协调
2014	0.8740	良好协调	0.8197	良好协调	0.8085	良好协调	0.7933	中级协调
2015	0.8750	良好协调	0.8401	良好协调	0.8322	良好协调	0.8187	良好协调
2016	0.8653	良好协调	0.8608	良好协调	0.8581	良好协调	0.8430	良好协调
2017	0.8743	良好协调	0.8883	良好协调	0.8867	良好协调	0.8672	良好协调
2018	0.8488	良好协调	0.9062	优质协调	0.9239	优质协调	0.9000	优质协调
2019	0.8575	良好协调	0.9266	优质协调	0.9500	优质协调	0.9311	优质协调

为更加直观地发现新型城镇化子系统内部协调度及协调发展度演变趋势，则可用 Excel 将表 9-11 数据可视化（见图 9-9）。

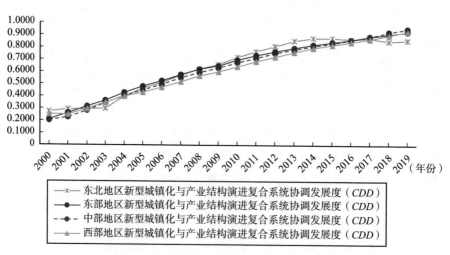

图 9-9　2000~2019 年中国四大区域新型城镇化与产业
结构演进复合系统协调发展度时序演变趋势

结论评价：分析表 9-11、图 9-9 可见，2000~2019 年中国四大区域新型城镇化与产业结构演进复合系统协调发展度具有以下特点：

一是协调发展度不均衡，协调等级存在一定差异。协调发展度较高的为东部地区（0.9266）、中部地区（0.9500）、西部地区（0.9311），均已达到优质协调等级，较低的是东北地区（0.8575），达到了良好协调等级。

二是协调发展度增长速度存在差异。增长速度较快的是东部地区（8.42%）、中部地区（8.68%），其次是西部地区（7.24%），最慢的是东北地区（6.49%）。

三是协调发展度演进轨迹平稳性不一致。东部地区与中部地区相对较平稳，东北地区与西部地区在 2003 年、2009 年、2016 年、2018 年表现出一定程度的波动性，究其原因，主要是受金融危机、房地产泡沫、经济下行等因素影响，各地区新型城镇化与产业结构演进两子系统发展水平与发展速度出现不平衡。

四是系统内部和谐匹配状态存在差异。东北地区产业结构演进明显滞后于新型城镇化；东部地区、中部地区、西部地区新型城镇化明显滞后于产业结构演进。这些子系统发展度较低，发展度与发展速度的一致性相对较弱，导致系统功能没有得到充分发挥，使系统内部协调发展度没有达到最佳等级。这些问题应该引起政府高度重视。

综上可见，从横向四大区域测度的新型城镇化与产业结构演进复合系统的协调发展度和从纵向测度的全国整体发展状况基本一致，同时与四大区域发展的实际非常吻合。

第四节　本章小结

本章旨在对中国新型城镇化与产业结构演进复合系统协调发展度进行综合评价，并探究二者协调发展存在的问题。

首先，通过对已有协调度模型评述与借鉴，构建了系统内部、复合系统协调度评价模型及协调发展度评价模型。其次，从纵向和横向视角，采用距离协调度模型和协调发展度模型，测度评价了中国新型城镇化与产业结构演进两子系统内部协调度和协调发展度；采用离差系数协调度模型和协调发展度模型，测度评价了中国新型城镇化与产业结构演进复合系统协调度和协调发展度。最后，构建 FMOLS 回归和分位数回归模型，测度分析了对新型城镇化与产业结构演进协调发展的影响因素。

纵向实证发现：2000～2019 年中国新型城镇化子系统内部协调度、协调发展度均达到良好协调等级，但尚未达到优质协调，表明各子系统的发展度与发展速度的协同性偏低，系统内部和谐匹配状态欠佳。2000～2019 年中国产业结构演进子系统内部协调度、协调发展度均达到优质协调等级，表明各子系统的发展度与发展速度的协同性较高，系统内部和谐匹配状态较好。2000～2019 年中国新型城镇化与产业结构演进复合系统内部协调度、协调发展度均达到优质协调等级，表明复合系统中两子系统的发展度与发展速度的协同性较高，系统内部和谐匹配状态较好。这说明新型城镇化与产业结构演进两者总体上实现了和谐互动和协调发展。

横向实证发现：2000～2019 年中国四大区域新型城镇化子系统内部协调度、协调发展度均已达到良好协调等级。东北地区产业结构演进子系统内部协调度、协调发展度分别达到良好协调、中级协调等级，东部、中部、西部地区产业结构演进子系统内部协调度、协调发展度均已达到优质协调等级。东北地区新型城镇化与产业结构演进复合系统内部协调度、协调发展度分别达到优质协调、良好协调等级，东部、中部、西部地区新型城镇化与产业结构演进复合系统内部协调度、协调发展度均已达到优质协调等级。同时四大区域新型城镇化与产业结构演进两子系统内部、复合系统的协调度和协调发展度均存在明显区域差异性，呈现由东部向中部再向西部和东北部递减的趋势。

综合实证发现，中国新型城镇化与产业结构演进两子系统内部仍然存在一些问题与不足。新型城镇化系统内部人口城镇化、环境城镇化、统筹城镇化子系统以及产业结构演进系统内部农业现代化、工业现代化子系统发展度与发展速度的一致性较弱。这种现象在西部和东北地区尤为明显，这些问题应该引起政府高度重视并采取相关措施解决。

第十章

新型城镇化与产业结构演进的
协调发展影响因素

第一节　新型城镇化与产业结构
演进的互动影响因素

在市场经济体制中，新型城镇化与产业结构演进的互动作用受到诸多因素的影响。根据影响因素来源的不同，可以将其分为内部因素和外部因素。内部因素包括对生产要素配置起关键作用的消费与投资需求、资源与要素供给等因素；外部因素包括对生产要素配置产生重要影响的政府作用、对外经济贸易和生态环境等因素。总体而言，影响二者互动发展的因素主要包括消费与投资需求、资源与要素供给、技术进步、政府作用、对外经济贸易和生态环境等。

一、消费与投资需求

消费与投资需求因素是影响新型城镇化与产业结构演进互动发展的引力因素，需求因素一般分为消费需求和投资需求。在经济全球化背景下，消费需求又分为国内、国际两大消费需求，投资需求也可分为国内、国际两大投资需求。国际消费需求一般通过货物贸易和服务贸易来实现，国际投资需求则通过外商投资来实现。下面主要分析国内的消费需求和投资需求影响因素。

从消费需求看，消费需求一般包括个人消费需求、中间消费需求和最终消费需求等。消费需求变化会引起新型城镇功能和空间结构改变，市民生活、生产消费需求变化会引发城镇生活用品市场、生产用品市场、公共产品市场、房地产市场等空间变化；消费需求对产业结构演进影响更为直接，消费结构变化会直接引发相关产业领域产品结构变化，进而导致相关产业链的生产结构的变动，最终导致产业结构的调整。

从投资需求看，投资需求一般包括固定资产投资需求和流动资产投资需求。投资需求通过固定资产和流动资产的投入会推动新型城镇基础设施、公共服务设施建设以及城镇房地产业发展；同时，投资需求在不同产业部门的分布会直接影响产业结构的变动，投资需求变化会引起各产业企业生产所需要的设施设备、原材料、物流运输等生产和运营条件变化，企业通过新技术研发、新产品开发的投资影响产业的关联方式和产品的需求状态。

消费需求与投资需求具有内在关联性。随着新型城镇人口增加、收入水平提高和生活方式改变，会引起消费需求总量和结构变化。需求变化又会刺激产业企业扩大再生产和开发新产品，无论是扩大再生产还是新产品研发都需要增加投资，从而引发投资需求数量和方向变动。在投资效应和需求收入弹性作用下，会引发各种生产要素在产业之间和城乡之间的流动，最终引起产业结构的变动和新型城镇化的发展。

二、资源与要素供给

资源与要素供给因素是影响新型城镇化与产业结构演进互动发展的基础因素，既影响城镇的区位选择和空间结构，也影响产业结构演进的要素配置。供给因素一般包括区位条件、资源供给、劳动力供应、资金供应等因素，广义的供给因素也包括技术进步。

区位条件和资源供给是区域新型城镇化与产业结构演进互动发展的基本条件。区位条件直接影响城镇区位的选择，一般而言，现代城镇往往产生于区位条件优越、道路交通发达、资源和要素流动集聚方便的区域；区位条件也会直接影响区域产业的布局发展，产业集聚往往会选择交通发达和资源密集的区域进行布局。资源供给充裕的国家或地区往往利用其比较优势，形成资源开发型产业结构；资源供给匮乏的国家或地区主要依托劳动力或技术优势参与国际分工，形成资源加工型产业结构。

劳动力供给和资金供给作为生产函数的基本变量，是企业生产的关键要素，也是直接影响城镇化与产业结构演进互动发展的决定因素。劳动力即人口要素是企业生产中最重要的要素，劳动力的职业素养、先进理念、知识水平和劳动技能等素质，会直接影响一个国家或地区主导产业的选择；劳动力结构的变动则直接影响产业结构的变动。资金投入的总量与规模、方向与比例、速度与结构，会直接影响一个国家或地区产业结构的形成与发展。一般而言，资金投入的规模、水平与产业结构的状况和程度有直接关系。

各种供给因素之间是相互联系、相互作用的，构成一个国家或地区的供给结构体系，它反映一个经济体的要素整体情况和比较优势，同时体现其社会分工状况。在市场经济条件下，供给结构应适应需求结构变动的要求而随之变化发展，使各种资源和要素得到充分开发和有效利用。因此，供给结构的变动会直接影响产业结构的状况和水平，并通过产业结构演变促进城镇化的发展。

三、技术进步

技术进步因素是影响城镇化与产业结构演进互动发展的决定性因素，从严格意义而言，技术进步也属于供给因素。但是与其他供给因素相比，技术进步的影响更加显著。从历史看，技术进步推动了几次产业革命的爆发，同时也推进了城镇化与产业结构演进的几次快速发展。因此，可以将技术进步视为影响城镇化与产业结构演进互动发展的一个独立因素。

技术进步直接决定产业结构演进的状况与水平，首先，技术进步推进了新产品和新的生产部门的产生和发展。新兴产业通过产品替换效应则会淘汰一些落后产业，从而推动产业之间的新旧更替，最终实现产业结构的演变升级。技术进步影响产业结构演进的具体表现为国民经济中主导产业的变换，推动区域主导产业由劳动密集型向资金密集型发展，再从资金密集型向技术密集型和知识密集型发展。其次，技术进步能够推动企业生产的方式、方法和流程发生变化。技术进步会推动企业管理的模型进行变革和创新，从而使企业生产和运营成本降低，使企业劳动生产率提高，最终影响产业结构演变。但是，技术进步对不同产业的影响并不均衡。一般而言，由于第二、三产业的劳动生产率较高且能获得较高的利润，生产要素则会从劳动生产率较低的第一产业向劳动生产率相对较高的第二、三产业流动集聚，这种流动效应带动了产业结构的演变升级。

在人类几次科技革命的推动下，技术进步得到迅猛发展，新兴技术不断涌现并得到快速推广与应用，促进了第二、三产业劳动生产率的迅速提高，使许多国家第二、三产业在国民经济中所占比重不断上升。与此同时，第二、三产业的大发展又加速了城镇产业的集聚和扩散，推进了城镇化迅速发展。

四、政府作用

新型城镇化与产业结构演进的互动发展，如果仅仅依靠市场机制的作用自发运行，往往容易出现偏差和问题，因为市场有时也存在失灵情况。从发达国家的实践来看，城镇化与产业结构演进的互动发展，离不开政府作用的发挥，政府在其中承担了制度与政策支持的重要作用。

从制度经济视角看，健全的制度安排能够有效激励经济活动的发生与效果。制度安排能够积极影响城镇化与产业结构演进的互动发展，户籍制度、金融制度、财税制度、土地制度等都会对资源和生产要素投入的方向和比例产生积极影响，从而影响城镇化与产业结构演进的互动发展。

从政策影响视角看，政府的城镇化政策、产业政策、人才流动政策、对外开放政策具有最直接的作用。城镇化政策是政府制定的关于城镇化发展的规划或推进的相关方案、措施或政策等，它对资源和要素在城乡之间、城市之间、产业之间、国际之间流动的方向和比例具有重要引导作用，进而影响城镇发展的数量、规模、结构、功能及发展速度和水平。政府产业政策的首要作用是确定并推动主导产业发展，通过制定适宜的产业结构政策，推动区域主导产业优先发展，使其发挥对产业结构升级的引领作用。因此，在制定政府产业政策时，需要根据产业结构演进的规律，准确把握产业结构演进的趋势和方向，适时地选择合理的主导产业，并制定扶持发展的相关政策，则能推进产业结构向着合理化的方向发展。人才流动政策既影响城镇发展规模和创新活动的开展，也影响产业内部技术创新和产品升级。对外开放政策直接影响城镇的对外交流、招商引资等国际经济关系，也会影响产业的进出口贸易和产业结构的变化。

五、对外经济贸易

对外经济贸易因素主要包括国际贸易和国际投资，在市场经济条件下，对外开放程度会影响一个国家或地区的产业结构演变。这种影响在推动区域产业结构演进的同时，会促使国际间生产要素的流动和集聚，吸纳国外的资本投入、先进设备、先进技术等生产要素和跨国公司向区域集聚，促进城镇化快速发展。

从国际贸易看，随着经济全球化发展，国际贸易通过国际分工和比较优势原则带动城镇化与产业结构演进互动发展。各国由于资源要素和发展条件存在着较大的差异，会根据比较优势的原则参与国际分工。各国往往向国际市场出口本国优势产品，由此带动国内相关产业发展；同时，从国际市场进口外国优势产品，增加国内供给并满足国内市场需求。这种国际间的商品贸易和服务贸易的发展，会促进本国产业结构与国际市场需求结构和供给结构紧密联系，进而推动产业结构的演变。与此同时也会促进城镇的国际化发展。

从国际投资看，国际投资是影响城镇化与产业结构演进互动发展的重要因素。国际投资包括国外资本的输入和本国资本的输出两种形式，这两种形式都会引起国内产业结构的变化。比较而言，外国直接投资对一个国家或地区产业结构的影响更为明显。通常外资企业的产品品种及质量比较优势非常明显，而且对本国产品结构会产生直接冲击，通过影响需求结构带动供给结构及产业结构的变化；同时，外资企业的产品供给会影响本国中间产品及最终产品的供求关系，进而间接影响国内产业结构的演变；此外，外资企业的技术创新往往比较活跃，在一定条件下还会产生知识外溢效应和示范效应，发挥技术进步对产业结构的作用，并影响城镇化的发展。

六、生态环境

生态环境因素主要包括大气污染、水体污染、土壤污染、噪声污染、废物污染、能源污染等因素。新型城镇化是一个人口聚集、产业结构变化、城镇用地扩张、消费模式改变的过程，它会对环境产生重大的影响，造成诸如大气污染、水污染、固体噪声污染等一系列的环境问题。同时，新型城镇化是产业聚集的过程，也是经济发展和资源消耗的过程，城镇生产生活方式比农村生产生活方式将消耗更多的资源和能源，排放更多的废物和污染物，面对城镇更小的环境容量，严重的环境污染可能会使经济社会发展走向倒退或前功尽弃。因此，生态环境约束对新型城镇化与产业结构演进会产生重要影响。

生态环境与新型城镇化相互影响、相互制约，良好的生态环境对区域经济社会会产生长期综合正效益。生态环境建设直接决定生态城镇建设，不仅涉及城镇的自然生态系统，也涉及城镇的人工环境系统、经济系统和社会系统，新型城镇化是一个以人的行为为主导、自然环境系统为依托、资源流动为命脉、社会体制为经络的"社会—经济—自然"的复合系统。城镇的人口发展、资源消耗和生态环境形成一个动态变化有机体，只有在生态环境可承载力的支撑下城镇才可以获得可持续发展，否则会影响城镇的产业集聚效应、资源流动极化效应、经济增长扩散效应。最终影响城镇功能、结构、规模和质量可持续发展。

生态环境与产业结构演进存在密切正相关系。从长远来看，良好的生态环境能够促进产业结构、能源结构的优化，发展生态型特色产业和资源能源高效利用产业，推进工业绿色转型升级，培育和壮大优势企业，促进新兴产业和新增长点，助推工业新旧动能转换，推动工业经济实现高质量发展。而产业结构升级使生产技术得到改进，可以减少污染和废弃物排放，降低环境污染和生态破坏。相反，环境污染对产业结构演进产生反作用，直接影响产品质量和附加值的提升，制约产业改造升级，还会影响产业乘数效应的发挥。

第二节 基于 FMOLS 回归的协调发展影响因素实证

一、变量数据选取与 FMOLS 回归模型构建

（一）变量数据选取

为了更科学准确地分析新型城镇化与产业结构演进协调发展的影响因素，根据选取评价指标的独立性、代表性和可度量性原则，本节选取如下被解释变量和解释变量。

1. 被解释变量

被解释变量为协调发展度（CDD），选取所测度出的 2000~2019 年中国的 31 个省份新型城镇化与产业结构演进复合系统协调发展度数据，协调发展度越大，说明新型城镇化与产业结构演进两系统协调程度越高，反之越低。

2. 解释标量

解释标量选取：（1）消费水平（*Con*），该指标选取城镇居民人均消费支出来衡量，反映一个城镇的居民生活消费水平；（2）投资水平（*Inv*），该指标选取城镇固定资产投资来衡量，反映一个城镇的建设投资水平；（3）要素供给（*Pop*），该指标选取城镇人口密度来衡量，反映一个城镇的人口流动集聚水平；（4）技术进步（*Tec*），该指标选取城镇拥有授权专利数衡量，反映区域产业技术创新水平；（5）政府作用（*Gov*），该指标选取第三产业增加值衡量，反映区域政府对城镇与产业发展的推动作用；（6）开放水平（*Ope*），该指标选取城镇进出口总额衡量，反映城镇与产业开放水平；（7）生态水平（*Env*），该指标选取城镇建成区绿化覆盖率衡量，反映城镇环境生态水平。

解释变量原始数据为 31 个省份 2000～2019 年的面板数据，原数数据均来自 2000～2020 年《中国统计年鉴》及 31 个省份统计年鉴。利用Eviews12.0 处理数据，各变量统计描述结果见表 10-1。

表 10-1　　　　　　　　主要变量统计描述结果

变量	样本	最小值	最大值	平均数	标准偏差
CDD	620	0. 0000	0. 9753	0. 6081	0. 2426
Con	620	0. 3624	4. 8272	1. 3878	0. 8024
Inv	620	50. 1592	61 293. 3413	9 287. 4368	11 284. 9170
Pop	620	26. 0000	6 307. 4000	2 321. 0690	1 354. 0978
Tec	620	0. 0007	52. 7390	2. 7130	5. 6081
Gov	620	54. 3700	59 773. 3800	6 776. 7435	8426. 4521
Ope	620	0. 9291	10 915. 8144	865. 6944	1 716. 0564
Env	620	0. 2000	81. 1000	35. 9260	7. 7556

（二）FMOLS 回归模型构建

根据以上变量，在参考超群马等（Chao Q. M. et al.）[①]、谭娜等（Tan

---

① Qunma Chao, Longliu Jiang, Shuairen Yi, Jiang Yong, "The Impact of Economic Growth, FDI and Energy Intensity on China's Manufacturing Industry's CO₂ Emissions: An Empirical Study Based on the Fixed-Effect Panel Quantile Regression Model", *Energies*, vol. 12, no. 24 (December 2019), pp: 1-16.

N. et al.)[1]、尹航（Yin H. et al）[2]、巴鲁尼克等（Barunik J. et al.)[3] 文献上，构建新型城镇化与产业结构演进协调发展的影响因素模型，如下：

$$CDD_{it} = \beta_0 + \beta_1 \log Con_{it} + \beta_2 \log Inv_{it} + \beta_3 \log Pop_{it} + \beta_4 \log Tec_{it}$$
$$+ \beta_5 \log Gov_{it} + \beta_6 \log Ope_{it} + \beta_7 \log Env_{it} + \varepsilon_{it} \quad (10.1)$$

模型中，$\log Cdd_{it}$ 为协调发展度，$\log Con$ 为消费水平，$\log Inv$ 为投资水平，$\log Pop$ 为要素供给，$\log Tec$ 为技术进步，$\log Gov$ 为政府作用，$\log Ope$ 代表开放水平，$\log Env$ 为生态水平，i 代表地区，t 代表时间，ε 为模型的随机误差。

首先，采用 FMOLS 回归方法对影响因素模型式（10.1）进行估计，它描述了各个因素对新型城镇化与产业结构演进协调发展的均值影响，但其无法分析各个因素在不同协调发展水平上的差异，而分位数回归方法则可以弥补这一缺陷，因此，在 FMOLS 回归估计基础上，本书引入分位数回归方法。

二、单位根与面板协整检验

为验证传统面板数据模型结果，并与面板分位数回归模型进行有效对比，本节先对变量进行 FMOLS 回归估计。

在进行回归估计之前，面板模型需对各变量的平稳性进行检验，以避免出现伪回归。本节采用 LLC 检验、Fisher – ADF 检验和 Fisher – PP 检验 3 种方法进行检验，利用 Eviews12.0 得出的结果显示（见表 10 – 2），协调发展度、生态水平、开放水平在水平检验下能拒绝有单位根的原假设，而其他变量在水平检验下则均没有通过显著性检验，说明其存在单位根；在一阶差分检验下，仍然有协调发展度、政府作用、投资水平 3 个变量没有通过显著性检验；但在二阶差分检验下，各变量在 1% 的水平下均通过了显著性检验，能拒绝有单位根的原假设，表明其均为一阶单整。

① Na Tan, Wei Wang, Jiaohui Yang, Liang Chang, "Financial Competitiveness, Financial Openness and Bilateral Foreign Direct Investment", *Emerging Markets Finance and Trade*, vol. 55, no. 14（November 2019,（6），pp: 3350 – 3368.

② Yin Hang, Wenjun Xue, "The asymmetric effects of monetary policy on the business cycle: Evidence from the panel smoothed quantile regression model", *Economics Letters*, vol. 195, January 2020, pp: 1 – 4.

③ Jozef Barunik, Frantisek Cech, "Measurement of common risks in tails: A panel quantile regression model for financial returns", *Journal of Financial Markets*, no. 4, June 2020, pp: 1 – 24.

表 10 – 2　　　　　　　　　　　单位根检验结果

变量	LLC 检验	Fisher – ADF 检验	Fisher – PP 检验	检验结论
CDD	– 9. 44336 ***	117. 71 ***	243. 692 ***	平稳
lnCon	– 4. 39519 ***	74. 6436	43. 3754	不平稳
lnInv	– 14. 6708 ***	151. 17 ***	118. 994 ***	平稳
lnPop	– 25. 217 ***	98. 4261 ***	106. 802 ***	平稳
lnTec	– 6. 05115 ***	109. 669 ***	120. 276 ***	平稳
lnGov	– 6. 29282	72. 7869	94. 12	不平稳
lnOpe	– 16. 023 ***	112. 904 ***	122. 99 ***	平稳
lnEnv	– 5. 13973 ***	91. 3405 ***	96. 7787 ***	平稳
ΔCDD	– 8. 14406 ***	223. 271 ***	272. 02 ***	平稳
ΔlnCon	– 14. 6729 ***	243. 244 ***	285. 7 ***	平稳
ΔlnInv	– 7. 36356 ***	122. 203 ***	181. 696 ***	平稳
ΔlnPop	– 22. 9557 ***	349. 889 ***	445. 827 ***	平稳
ΔlnTec	– 12. 7702 ***	226. 303 ***	311. 23 ***	平稳
ΔlnGov	– 11. 8251 ***	170. 01 ***	188. 161 ***	平稳
ΔlnOpe	– 18. 2503 ***	284. 78 ***	410. 359 ***	平稳
ΔlnEnv	– 17. 3752 ***	292. 253 ***	367. 267 ***	平稳

注："Δ"表示对变量作一阶差分；*、**、*** 分别表示在 10%、5% 和 1% 的水平下统计检验显著。

根据单位根检验显示，模型涉及的序列为一阶单整，可以进行协整检验。本书主要依据 Kao 检验和 Pedroni 检验中的 Panel DF – Stat 及 Group ADF – Stat 两个统计量的检验结果，其余 3 个统计量仅做参考。由表 10 – 3 可知，Kao 检验中的 ADF 的 P 值、Pedroni 检验中的 Panel DF – Stat 的 P 值、Group ADF – Stat 的 P 值均在 1% 的水平下显著，拒绝不存在协整关系的原假设。因此，可以判定协调发展度、消费水平、投资水平、要素供给、技术进步、政府作用、开放水平、生态水平之间存在协整关系。

表10－3　　　　　　　　　　　协整检验结果

检验方法	统计量名	统计量值
Kao 检验	ADF	− 9. 3873 ***
Pedroni 检验	Panel v − Stat	− 1. 2988
	Panel PP − Stat	− 5. 9881 ***
	Panel DF − Stat	− 6. 2345 ***
	Group PP − Stat	− 14. 2140 ***
	Group ADF − Stat	− 7. 1237 ***

注：*、**、*** 分别表示在10%、5%和1%的水平下拒绝不存在协整关系的原假设。

三、FMOLS 回归结果分析

利用 Eviews12. 0 软件对变量进行 FMOLS 回归，则可得出估计结果：

$$CDD = 0.303014305842 \times LNCON + 0.0115855396253 \times LNENV$$
$$- 0.0400791434975 \times LNGOV + 0.126074293381 \times LNINV$$
$$- 0.012665558638 \times LNOPE + 0.0148351509134 \times LNPOP$$
$$- 0.0417626524645 \times LNTEC - 0.271772547899$$

从 FMOLS 回归估计结果（见表10－4）可见，各变量对新型城镇化与产业结构演进协调发展产生了不同影响：

消费水平（Con）、投资水平（Inv）、要素供给（Pop）变量对新型城镇化与产业结构演进协调发展的影响分别在1%、1%、10%水平上具有显著正相关关系；这三个变量每上升1个百分点，协调发展度便分别提高30.30个、12.61个、0.15个百分点；这意味着消费水平、投资水平、要素供给对协调发展具有促进作用，随着消费水平、投资水平、要素供给增长，会促进现有协调发展度提升，从而促进新型城镇化与产业结构演进高质量协调发展。

生态水平（Env）变量对新型城镇化与产业结构演进协调发展具有正相关关系，但不显著，其没有通过 t 检验。政府作用（Gov）、开放水平（Ope）、技术进步（Tec）变量对新型城镇化与产业结构演进协调发展的影响分别在10%、10%、1%水平上显著负相关；这三个变量每上升1个百分点，协调发

表 10 - 4

FMOLS 和面板分位数回归结果

解释变量	FMOLS回归	分位数回归								
		$i=0.1$	$i=0.2$	$i=0.3$	$i=0.4$	$i=0.5$	$i=0.6$	$i=0.7$	$i=0.8$	$i=0.9$
LnCon	0.3030*** (21.1674)	0.3358*** (26.1109)	0.3193*** (31.8537)	0.3099*** (45.2926)	0.3008*** (45.9160)	0.2927*** (42.7184)	0.2962*** (32.6997)	0.2929*** (28.9373)	0.2618*** (17.0152)	0.2504*** (22.1175)
LnEnv	0.0116 (0.8443)	0.0024 (0.1874)	0.0040 (0.8923)	0.0111*** (2.4242)	0.0126*** (3.4752)	0.0155*** (4.0963)	0.0177*** (3.6923)	0.0258*** (6.9682)	0.0284*** (8.8171)	0.0138 (0.4188)
LnGov	-0.0401* (-1.7084)	-0.0459*** (-2.8551)	-0.0478*** (-3.0048)	-0.0535*** (-3.5607)	-0.0565*** (-4.6556)	-0.0400*** (3.0534)	-0.0334*** (-2.6614)	-0.0359*** (-2.9092)	-0.0087 (-0.4960)	-0.0043 (-0.2851)
LnInv	0.1261*** (10.0446)	0.1442*** (15.1929)	0.1389*** (15.7655)	0.1334*** (23.3137)	0.1291*** (25.1953)	0.1202*** (21.0898)	0.1149*** (17.1370)	0.1049*** (15.6556)	0.0905*** (10.9275)	0.0872** (11.5847)
LnOpe	-0.0127* (-1.7958)	-0.0048 (-0.8049)	-0.0002 (-0.0436)	-0.0032 (-0.7721)	-0.0024 (-0.6681)	-0.0030 (-0.8765)	-0.0096** (-2.2699)	-0.0169*** (-3.7811)	-0.0309*** (-5.2793)	-0.0416*** (-7.2000)
LnPop	0.0148* (1.8627)	0.0336*** (2.6356)	0.0264*** (2.7139)	0.0244*** (3.4600)	0.0190*** (4.8751)	0.0184*** (4.0649)	0.0159*** (2.8511)	0.0070 (1.2495)	0.0076 (1.2110)	0.0106** (2.1124)
LnTec	-0.0418*** (-3.6133)	-0.0480*** (-6.2475)	-0.0480*** (-7.1122)	-0.0406*** (-5.3365)	-0.0360*** (-5.5586)	-0.0409*** (-5.2997)	-0.0378*** (-4.8328)	-0.0261*** (-3.4934)	-0.0187*** (-3.0146)	-0.0089 (-1.4025)
Constant	-0.2718* (-1.7282)	-0.6149*** (-3.8244)	-0.4968*** (-4.0392)	-0.3711*** (-2.9271)	-0.2615*** (-2.9227)	-0.3103*** (-2.9903)	-0.2618** (-2.4824)	-0.0563 (-0.5523)	-0.0641 (-0.7086)	0.0388 (0.3178)

注：*、**、***分别表示在10%、5%和1%的水平下统计检验显著，括号内为 t 统计值。

展度便分别下降 0.04、0.01、4.18 个百分点；这表明政府作用、开放水平、技术进步变量在短期内对协调发展具有阻碍作用，会不同程度地影响协调发展平衡性，促进建立新的动态协调发展状态。

综上可见，基于面板数据的 FMOLS 回归分析，从平均程度上考察了各个变量对新型城镇化与产业结构演进协调发展的影响，回归分析结果比较笼统，无法更深入地分析各个变量在不同协调发展水平下对协调发展程度的影响。利用 FMOLS 对面板数据进行回归，隐藏了各个变量与协调发展的真实关系，可能低估或者高估处于不同协调发展水平相关要素的影响。因此，需要采用分位数回归方法进一步分析各变量对协调发展的影响。

第三节　基于分位数回归的协调发展影响因素实证

一、分位数回归模型构建

分位数回归方法假定被解释变量 Y 条件分布的分位数是解释变量 X 的线性函数，从而构造被解释变量的分位数回归，得到解释变量对被解释变量分为数的影响。分位数回归方法的优点：该方法不同于 FMOL 回归估计，其可以更好地分析被解释变量在不同分位点上与各解释变量之间的关系，能更细致全面地刻画相应变量的条件分布，为研究者提供更多精确的重要信息。

为考察不同分位点上新型城镇化与产业结构演进协调发展的影响因素，在参考张蕾等、黄乃静等、阮素梅等、许启发等的文献基础上，本节建立分位数回归模型：

$$Quant_\theta\left(Y_{it}|X_{it}\right) = \beta^\theta X_{it} \tag{10.2}$$

式（10.2）中，X_{it} 为解释变量，β^θ 为系数向量，$Quant_\theta(Y_{it}|X_{it})$ 表示 Y 在给定 X 的情况下与分位点 θ（$0<\theta<1$）对应的条件分位数。与 θ 对应的系数向量 β^θ 可以通过最小化绝对离差（LAD）得到，即：

$$\beta^\theta = argmin\left\{\sum_{i,Y_i\geq X_i\beta}\theta|Y_i-X_i\beta| + \sum_{i,Y_i<X_i\beta}(1-\theta)|Y_i-X_i\beta|\right\} \tag{10.3}$$

二、分位数回归结果分析

本节引入面板分位数回归方法，利用 Eviews12.0 软件，为深入考察各个变量系数的影响趋势，选取 0.1~0.9 十个分位点，则可计算出在不同分位点处各个变量对协调发展的影响系数（见表 10-4）。

根据表 10-4，为更直观考察各个变量系数的影响趋势，则可利用 Excel 对数据可视化，见图 10-1。

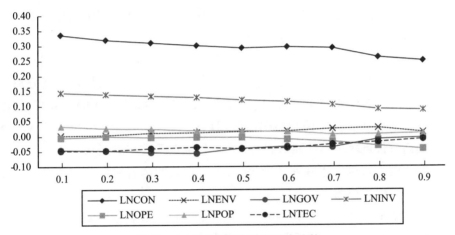

图 10-1 分位数回归系数演变趋势

分析表 10-4、图 10-1 可见，分位数回归结果显示与 FMOLS 回归结果差异显著，不同分位数下回归结果也不同，新型城镇化与产业结构演进协调发展并不像 FMOLS 回归结果那么单一，而是在不同的分位点下有不同的依赖形式。

消费水平（Con）在 0.1~0.9 分位点上通过了显著性检验，且显著为正，在各分位点变量系数不同。投资水平每上升 1 个百分点，协调发展度分别提高 33.58、31.93、30.99、30.08、29.27、29.62、29.29、26.18、25.04 个百分点，说明投资水平对不同协调发展度具有不同促进作用。变量系数从低分位点向高分位点呈现总体减弱趋势，0.9 分位点系数相对于 0.1 分位点系数的下降幅度为 0.09，下降速度为 3.60%，这表明随着协调发展度提高，消费水平对其促进作用会缓慢减弱。

生态水平（Env）在 0.3~0.8 分位点上通过了显著性检验，且显著为正，在各分位点系数不同。生态水平每上升 1 个百分点，协调发展度分别提高 1.11、1.26、1.55、1.77、2.58、2.84 个百分点，说明生态水平对不同协调发展度具有不同促进作用。变量系数从低分位点向高分位点呈现总体增大趋势，0.9 分位点系数比 0.1 分位点系数增长幅度为 0.01，生态水平对其促进作用逐渐提高。

政府作用（*Gov*）在 0.1~0.7 分位点上通过了显著性检验，且在各分位点对协调发展度的影响均显著为负，表明政府作用对不同协调发展度具有不同拟制作用。变量系数从分位点 0.1~0.4 时，拟制作用增强，在分位点 0.4~0.7 时，拟制作用急剧减弱。这表明随着协调发展度提高，政府作用对其影响会由负向逐渐转为正向影响，且意味着政府作用对新型城镇化与产业结构演进协调发展的影响具有一定滞后期。

投资水平（*Inv*）在 0.1~0.9 分位点上通过了显著性检验，且显著为正，在各分位点变量系数不同。投资水平每上升 1 个百分点，协调发展度分别提高 14.42、13.89、13.34、12.91、12.02、11.49、10.49、9.05、8.72 个百分点，说明投资水平对不同协调发展度具有不同促进作用。变量系数从低分位点向高分位点呈现总体减弱趋势，0.9 分位点系数相对于 0.1 分位点系数的下降幅度为 0.06，下降速度为 39.53%，这表明随着协调发展度提高，投资水平对其促进作用会缓慢减弱。

开放水平（*Ope*）在 0.6~0.9 分位点上通过了显著性检验，且在各分位点对协调发展度的影响均显著为负，表明开放水平对不同协调发展度具有不同抑制作用。变量系数从低分位点向高分位点呈现总体减弱趋势，表明随着协调发展度提高，开放水平对其负向影响会逐渐转增大。这意味着开放水平对新型城镇化与产业结构演进协调发展的影响具有一定滞后期。

要素供给（*Pop*）在 0.1~0.6 及 0.9 分位点上通过了显著性检验，且显著为正，说明要素供给对不同协调发展度具有不同促进作用。变量系数从低分位点向高分位点呈现总体减弱趋势，0.9 分位点系数相对于 0.1 分位点系数的下降幅度为 0.02，这意表明随着协调发展度提高，要素供给对其促进作用会缓慢减弱。

技术进步（*Tec*）在 0.1~0.8 分位点上通过了显著性检验，且在各分位点对协调发展度的影响均显著为负，表明技术进步对不同协调发展度具有不同抑制作用。变量系数从低分位点向高分位点呈现总体减弱趋势，这表明随着协调发展度提高，技术进步对其影响会由负逐渐转为正向影响，且意味着技术进步对新型城镇化与产业结构演进协调发展的影响具有一定滞后期。

综上可见，消费水平、生态水平、投资水平、要素供给在 0.1~0.9 各分位点上对新型城镇化与产业结构演进协调发展均具有显著正向影响；生态水平对协调发展的促进作用随着分位点的提高而逐渐增大，消费水平、投资水平、要素供给对协调发展的促进作用则是逐渐减弱。政府作用、开放水平、技术进步在 0.1~0.9 各分位点上对新型城镇化与产业结构演进协调发展均具有显著弱负向影响；政府作用、开放水平、技术进步从低分位点向高分位点的影响呈现总体减弱趋势，且政府作用、技术进步的影响会由弱负向影响逐渐转为正向影响。这表明政府作用、开放水平、技术进步这三个变量对新型城镇化与产业结构演进协调发展的影响具有一定滞后期。

第四节 本 章 小 结

本章旨在探索新型城镇化与产业结构演进协调发展的影响因素。新型城镇化与产业结构演进的互动发展受到诸多因素的影响，其中关键的影响因素可以概括为以下几种：消费与投资需求、资源与要素供给、技术进步、政府作用、对外经济贸易和生态环境。这些因素对新型城镇化与产业结构演进的互动发展具有不同的作用路径。

FMOLS 回归结果显示：对新型城镇化与产业结构演进协调发展具有较大影响的因素主要有消费水平、技术进步、政府作用、要素供给、投资水平、生态水平、开放水平 7 个因素，其中消费水平、生态水平、投资水平、要素供给与协调发展均呈显著正相关，其他因素与协调发展均呈显著负相关。

分位数回归结果显示：消费水平、生态水平、投资水平、要素供给在 0.1~0.9 各分位点上对新型城镇化与产业结构演进协调发展均具有显著正向影响；生态水平对协调发展的促进作用随着分位点的提高而逐渐增大，消费水平、投资水平、要素供给对协调发展的促进作用则是逐渐减弱。政府作用、开放水平、技术进步在 0.1~0.9 的分位点上对新型城镇化与产业结构演进协调发展均具有显著弱负向影响；政府作用、开放水平、技术进步从低分位点向高分位点的影响呈现总体减弱趋势，且政府作用、技术进步的影响会由弱负向影响逐渐转为正向影响。这表明政府作用、开放水平、技术进步这三个变量对新型城镇化与产业结构演进协调发展的影响具有一定滞后期。

第十一章

新型城镇化与产业结构演进的
协调发展政策建议

针对前面几章的实证研究，本书发现中国新型城镇化与产业结构演进协调发展存在一些现实问题，本章针对性地提出了系列政策和措施。第一节提出要建立可持续协调发展机制；第二节提出要引导新型城镇化健康发展；第三节提出要加快产业结构演进升级。

第一节　建立可持续协调发展机制

一、建立技术自主创新机制，增强城镇与产业发展动力

技术进步是促进新型城镇化与产业结构演进互动发展的主要影响因素。长期以来，中国企业的自主创新能力不足，制约了产业结构的优化升级，也影响到城镇化的进一步发展。为此，要构建技术自主创新体系，努力提高企业的自主创新能力。

（一）政府要制定完善相关政策，为技术自主创新提供政策保障

政府应制定和完善鼓励技术创新的政策，对于创新型企业提供税收优惠、信贷支持等帮助；要加强对知识产权的保护力度，打击盗版、侵权的行为；完善收入分配政策，提高技术要素在收入分配中的比重。

（二）企业要加强技术研发投入，提高企业产品竞争实力

企业的竞争地位在很大程度上与其技术研发水平密切相关，企业要稳定

和增加研发资金的投入，为技术人才提供良好的工作平台和福利待遇，加强与高等院校和科研院所的技术合作。

（三）政府要主导产学研合作，加速科技研究成果转化

政府应提高国家的基础科学水平和基础研究能力，为技术研发奠定坚实的基础；鼓励高等院校和科研院所以企业和市场需求为导向，开展科学技术的应用研究；采取有效措施，促进科技成果的市场转化率。

二、健全生产要素流动机制，促进城镇与产业集聚发展

在市场经济条件下，新型城镇化与产业结构演进协调发展的基础是生产要素在行业之间和城乡之间的自由流动。实证发现，目前技术、劳动力、资金、土地等生产要素流动仍存在问题，因此，需要处理好市场与政府的关系，进一步健全生产要素流动机制。

（一）完善技术要素流动机制

要坚持市场化原则，倡导科技研究与企业和市场紧密结合，提高技术要素在收入分配中的比重，引导科研成果的市场转化；通过财政、金融支持，促进科技对现代农业和新型工业的支持力度；建立和完善科学技术研究的产业化运作模式，引导先进科技与生产领域有效衔接，建立有利于科技人员发挥绩效的管理体制与管理政策。

（二）完善劳动力要素流动机制

政府应完善和健全劳动力市场，充分发挥市场机制对劳动力资源的配置功能和作用，改革户籍管理制度，建立和完善教育培训制度、就业指导制度、廉租房制度和社会保障制度，消除影响农村剩余劳动力向城镇转移的制度和政策障碍，让劳动力平等参与就业市场的竞争，优化就业结构。

（三）完善资金要素流动机制

政府既要充分发挥市场的配置作用，促进资金合理流动，同时要加强对资金流动的引导和监管，防止资金盲目流动可能出现的风险；要改革财政、税收、金融制度，提高对战略性新兴产业的扶持力度，加强财政对现代农业

发展的支持，化解资金行业流动和区域流动的障碍，帮助中小企业解决贷款难的问题。

（四）完善土地要素流动机制

土地要素从空间上并不能流动，其流动性主要表现在产权方面。因此，政府要完善土地产权制度，明确其归属关系；积极探索农村土地经营权的流转，加强对城镇土地用途变更的监管，实行严格保护耕地的政策，有效利用和保护土地资源。

三、建立区域协同发展机制，促进区域城镇与产业同步发展

新型城镇化与产业结构演进的协调发展，要求不同区域之间根据比较优势形成分工明确、相互协作的产业布局。只有实现区域协同发展，才能统筹各种资源、发挥各自的优势，既有利于促进城镇的同步发展并缩小地区差异，也有利于形成城市群和优化产业结构。因此，要建立区域协同发展机制。

（一）消除体制障碍，加强市场联系

在不同区域之间存在信息、技术、商品、劳务等方面的密切联系。在健全的市场机制作用下，不同地区的生产要素相互流动和配置能够形成市场化的分工体系。因此，要避免产生地方保护主义，消除阻碍资源和要素流动的制度和政策的障碍，加强区域间的市场联系和分工协作，促进生产要素的流动和转移。

（二）转变政府职能，发挥政府作用

地方政府应该转变角色和职能，减少对经济运行的干预，避免低水平重复建设和恶性竞争；加强区域协作，制定有利于发挥各自比较优势的区域整体产业规划，明确地区间的产业分工和布局，实现优势互补、错位发展。

（三）加强区域协调，推动资源共享

政府应在不同地区之间建立官方的沟通对话机制，推进区域间快速交通、网络通信等基础设施建设，建立资源共享平台，推进技术、资金、教育、医疗、社会保障等公共服务领域的优势互补和资源共享，促进经济、科技、文

化等领域的交流与合作。

（四）优化区域产业布局，推进产业的梯度转移

在不同区域和城镇之间形成合理分工、互相促进的产业布局结构，既有利于促进产业结构的优化升级，又能推进城市群的发育。东部地区应该积极推进产业结构转型升级，适当将一些劳动密集型产业向中西部转移；中西部地区应该在市场机制的基础上积极做好产业的承接和转移工作，保证产业转移的稳定性。

第二节　引导新型城镇化健康发展

一、推进农民工市民化，提高人口城镇化质量

在城镇化进程中，劳动力和人口的迁移具有一定的规律，只有使得农民工向城镇迁移的收益明显大于其付出的成本时，才能有效地促进农民工的市民化。实证发现，目前中国的人口城镇化水平同发达国家相比还比较低，农村还有数以亿计的剩余人口需要向城镇转移，而人口转移速度却已经变缓。因此，必须采取多项政策、制度和措施来综合推进。

（一）政府要建立完善的政策和制度体系，大力推进农民工市民化进程

除了改革户籍管理制度外，还要完善就业指导制度，加强政府对农民工就业信息和就业服务的帮助；完善社会保障制度，让农民工能够享受到与市民相同的社会保障；完善廉租房制度，为农民工提供住房等基本的生活保障；完善农民工子女享受均等教育制度，消除农民工融入城镇的体制和机制障碍。

（二）提升农民工的自身素质，提高人口城镇化的质量

要积极开展对农民工的职业教育和技术培训，提高他们的市民观念、道德水平、法律意识和工作技能等综合素质，促进农民工能够在城镇找到相对稳定且薪酬较高的职业，让其成为真实身份的市民。

二、促进土地利用集约化，优化空间城镇化质量

实证发现，目前由于土地城镇化超过了人口城镇化，对农业用地和粮食安全造成了不利影响，也影响了城镇集聚效应的发挥。为此，应该促进土地利用集约化，优化空间城镇化质量。

（一）要强调城镇空间的综合开发和利用，制定好产业布局和住房建设相统一的规划

应该促进产业的集聚发展和人口居住的适当集中，保障居民工作、生活的空间适当紧凑，防止城镇空间的过度扩张而带来企业生产成本提高、生产效率下降和居民生活成本的提高。

（二）要加强土地的集约利用，发挥空间集聚效应

要严格保护耕地，降低城镇建设用地的扩张速度，提高土地使用效率，在现有的城镇空间范围内有效配置更多的企业和人口；要加大对交通基础设施的建设，通过高架桥梁和地下交通建设，形成立体的交通网络，减少城镇的交通拥挤。

三、引导房地产业健康发展，优化经济城镇化发展方向

经济城镇化的过程既是第二、第三产业向城镇集聚的过程，也是城镇的产业结构与空间结构的调整过程。要根据产业结构演变的需要，推进城镇规模的扩张和空间结构的调整。

（一）要科学设计城镇的中长期发展规划

中国人口众多，又处于城镇化快速发展阶段，人口集聚、企业集聚对城镇的承载力提出了巨大的挑战。因此，应该做好城镇建设的中长期规划，划分好企业生产与居民生活的功能区划，保证经济城镇化的有序推进。同时，针对不同规模城镇的发展方向应合理布局。规模较小的城镇，应该着重推进产业集聚，促进区域内规模效应和空间集聚效应的发挥，提升城镇的经济实力；规模较大的城镇，既要适当控制城镇的规模，也要调整好城镇的产业布

局，处理好工业企业与服务企业的发展定位和区域分布。

（二）充分发挥经济开发区与工业园区的作用

可以在依托经济开发区和工业园区的基础上，进行经济城镇化的调整和优化。要加强产业之间的分工与合作，有效整合资源和要素；根据第二、第三产业空间布局的不同要求，适当进行空间调整，推动服务企业依托核心商业区发展，引导工业企业选择合适的区位，以降低生产成本，提高效率和收益。

（三）合理引导城镇房地产业的健康发展

应该采取措施加强对房地产业规范经营的监管力度，将房地产价格稳定在合理的区间范围，使房地产价格上涨与经济增长速度和居民收入增长幅度相适应，使房地产业发展能改善居民的居住条件，带动相关产业的发展。房地产价格的上涨既受到市场供求关系的影响，也与宏观经济环境等因素有关，是各种因素综合作用的结果。要健全房地产业的市场化运作机制，推进房地产企业按照现代企业制度的要求来运营和管理，引导投资房产的资金向实体经济中小企业流动，要通过完善社会保障制度改变部分居民"以房养老"的观念。

四、加快公共设施建设，提高社会城镇化质量

社会城镇化建设包括道路、供水、供电、供气、公共交通等基础设施建设和治安、消防、教育、医疗、社会保障、环境保护等公共服务设施建设。这些项目的发展既关系到城镇的质量和水平，也对产业结构优化升级具有重要的支撑作用。

（一）应强化城镇基础设施建设的规划与管理

基础设施建设属于公共物品的投入，应该考虑到长远的社会效应。一段时期以来，中国城镇化进程中存在着为拉动经济增长而进行基础设施建设的不良倾向，而且在实际运行中缺乏统一明确的建设规划，难以形成各项城镇基础设施的配套效应和发挥整体的功能。因此，应该加强城市基础设施建设的规划，从发挥城镇的集聚功能和社会效益出发，确定统一明确的目标，并

强化其运行管理，发挥整体的功能和效果。

（二）要加强教育、医疗、社会保障等公共服务的投入

中国正处于快速城镇化进程中，每年有大量的农村剩余劳动力到城镇务工，给城镇的教育、医疗、社会保障等公共服务带来了较大的压力。因此，应该加强公共服务设施建设，特别是发展文化教育、医疗卫生和社会保障事业，确保进城务工人员的子女能够享受均等的教育资源，保障城镇人口的身体健康、基本权益和文化水平。

（三）推动体制与机制的改革，为社会城镇化注入活力

长期以来，城镇的公共服务供给存在着投资主体单一，管理体制不适应市场经济需要的情况。因此，在充分发挥财政支出的资金保障和政府部门行政管理作用的基础上，适当引入市场化机制，吸引一定的社会资本参与城镇基础设施和公共服务设施建设，发挥企业和社会组织在社会城镇化中的作用。

第三节　加快产业结构演进升级

一、加快推进农业现代化，提供城镇发展需要资源

农业稳定发展既是产业结构优化的基础，也是城镇化发展的前提条件。只有提高农业生产率，才能为城镇化提供充足的土地资源和农产品，同时加快农村剩余劳动力的转移。因此，必须加快推进农业生产现代化。

（一）转变农业发展方式，提高农业生产效率

加大农业投入力度，全面推进农业机械化和规模化经营，降低人工劳动消耗，提高劳动效率；积极推动传统农业向现代农业发展，推进农村土地经营权的流转，引导农业生产由家庭经营逐渐向专业化的租赁种植转变，促使分散的小块经营向适度的规模化经营发展，提高农业生产的效率。

（二）优化农业内部结构，提高农产品质量

随着城镇化的发展，城镇人口不断增加，对农产品的数量和质量提出了更高的要求。根据市场导向和比较优势原则，要大力发展以绿色、生态、安全为重点的现代农业产业体系；合理调整农业的生产结构和品质结构，重点发展特色农业、生态农业、绿色农业、休闲农业；通过改进农业生产加工工艺，提高农产品质量。

（三）推进农业产业化经营，提高农产品市场竞争力

完善配套的基础设施和相关服务，促进农业生产与城镇需求有效联结，提高农业综合生产能力、抗风险能力、市场竞争能力和可持续发展能力。培育一批具有较强竞争力和带动作用的龙头企业，形成一批具有一定规模和优势的农业产业带。

二、加快推进新型工业化，促进城镇发展动能提升

工业化为城镇化发展提供了重要的物质基础、技术条件和发展资金，实证发现，目前工业中新兴产业发展比较滞后，不能为城镇发展提供更多高端就业岗位，低端高耗能产业对资源和环境造成了严重影响。究其原因，主要是中国工业长期依靠粗放型发展模式，缺乏核心技术和自主创新能力，产品附加值较低，既造成了大量资源浪费，也严重影响了城镇环境。因此，积极推进新型工业化势在必行。

（一）引入新兴技术，大力发展新兴制造产业

要大力发展知识技术密集、资源消耗少、发展潜力大和综合效益高的新兴产业，推动产业升级与结构调整。要加大科研开发投入和创新型人才培养，建立产学研合作体系，促进科技成果快速高效转化。要构建与新兴产业相匹配的多元化投资体系，实现新兴产业与金融资本的良性互动。要整合优化城镇生产力空间布局，推动各种产业要素合理集聚，引导科技型中小企业向城镇集聚，逐步形成独具特色的新兴产业集群。

（二）加强技术改造，促进传统产业转型升级

传统制造业在未来较长时期内仍然是中国工业的主体和具有国际比较优势的特色产业，仍将具有较强增长潜力和发展空间。中国劳动力资源丰富，就业压力较大，因此，要改造和提升传统的劳动密集型产业，创造更多的就业岗位。要加快传统产业的创新步伐，通过实施技术创新和管理创新，提升产业发展的战略层次和附加值。要充分把握科学技术变化趋势，通过生产要素合理流动和优化组合，实现传统产业改造升级。

（三）积极推行绿色工业化，有效保护资源和环境

城镇化的发展需要良好的生态环境，中国工业生产的高污染和高能耗，既透支了资源和能源，也造成了环境的污染。为此，需要推行集约经济、循环经济生产方式，发展节能产业、环保产业，降低各种工业废物的排放，形成工业废物回收利用产业体系。

三、大力发展第三产业，促进城镇发展质量提升

第三产业具有吸纳劳动力密集就业的优势，对城镇功能的完善和质量水平的提升具有重要作用。目前，中国的第三产业与发达国家和大多数发展中国家相比，其在国民经济中的发展程度仍有不足。因此，需要大力发展第三产业，提升城镇化质量。

（一）加快发展生产性服务业

发展生产性服务业，既有利于改造和提升传统产业的质量和水平，也有利于推动城镇的人才集聚和创新发展。为此，要适应制造业转型升级需要，建设一批生产性服务业产业化基地，推动生产性服务业专业化、市场化和社会化发展，引导生产性服务业在制造业密集区域和中心城镇集聚，推动生产性服务业集群发展，特别是要加快科技、金融、物流、电子商务、大数据等服务产业发展，优化生产性服务产业结构。

（二）优化第三产业内部结构

积极培育和引导大中型第三产业企业的发展，扩大有市场潜力企业的规

模，提高企业竞争力。积极引导和扶植中小型服务企业向专业化方向发展，改变第三产业企业规模小、布局分散、经营方式陈旧的局面。

（三）加快发展生活性服务业

商贸、文化、体育、旅游、休闲、餐饮和社会服务业，既有利于带动居民消费水平升级和现代产业体系发展，也有利于提升城镇发展的文化品质。对于这类企业的发展，政府既要鼓励市场化运作，倡导公平竞争，也要加强监管，防止其发展中出现较多的信用缺失行为。

第四节　本章小结

本章旨在对中国新型城镇化与产业结构演进协调发展中存在的一些现实问题提出针对性的系列对策建议。

本书通过分析发现，中国新型城镇化与产业结构演进两子系统内部均存在一些现实问题，其中产业结构演进系统更为明显，产业结构演进系统内部发展度、协调度及协调发展度明显滞后于新型城镇化；各省域新型城镇化与产业结构演进两子系统内部及复合系统发展度、协调度及协调发展度都存在较大区域差异，西部和东北部地区明显滞后于东部地区。针对这些问题，需要采取相应政策和措施：

一是要建立可持续协调发展机制，包括建立技术自主创新机制，增强城镇与产业发展动力；健全生产要素流动机制，促进城镇与产业集聚发展；建立区域协同发展机制，促进区域城镇与产业同步发展。二是要引导新型城镇化健康发展，包括推进农民工市民化，提高人口城镇化质量；促进土地利用集约化，优化空间城镇化质量；引导房地产业健康发展，优化经济城镇化发展方向；加快公共设施建设，提高社会城镇化质量。三是要加快产业结构演进升级，包括加快推进农业现代化，提供城镇发展需要资源；加快推进新型工业化，促进城镇发展动能提升；大力发展第三产业，促进城镇发展质量提升。

第十二章

结论与展望

本章旨在总结本书研究的结论,第一节总结提炼本书研究的主要结论;第二节分析本书研究的不足之处;第三节针对研究不足之处提出未来研究展望。

第一节 研究结论

本书采用理论与实证相结合、定性和定量相结合的研究方法,在系统梳理相关文献和理论的基础上,探索了新型城镇化与产业结构演进的内涵特征与互动机理;分析了新型城镇化与产业结构演进的互动关系;构建了新型城镇化与产业结构演进的综合评价体系和评价方法;从纵向和横向视角测度评价了中国新型城镇化与产业结构演进两子系统内部、两子系统及复合系统的发展水平、协调度和协调发展度,并且针对性地提出了政策措施。本书得出以下主要结论。

一、新型城镇化与产业结构演进协调发展具有特殊内涵

通过经济理论和系统理论梳理,发现新型城镇化与产业结构演进是一个复杂的复合系统,复合系统中各子系统间遵循从"双向互动—有序互动—和谐互动"演进过程。概括出复合系统协调发展理论内涵:基本条件是双向互动;实现过程是有序发展;必要前提是和谐互动;表现形态是"失调—协调—高级协调"良性循环。由此构建了新型城镇化与产业结构演进的互动理论框架。在此基础上构建了一个较为全面的研究框架。因此,必须从两子系统内

部、两子系统及复合系统的发展度、协调度和协调发展度全面评价复合系统协调状况。

二、新型城镇化与产业结构演进存在内在的双向互动机理

新型城镇化与产业结构演进存在互动发展的影响因素和实现机理，新型城镇化通过要素集聚、要素供给、需求拉动、公共服务等效应推进产业结构演进升级；产业结构演进则通过要素流动、产业关联、产业转移等效应促进企业、人口、产业向城镇集聚，促进城镇化发展能力的增强，推动城镇结构功能完善和规模水平的提升。新型城镇化与三次产业间存在着双向互动作用路径，新型城镇化促进三次产业的发展升级，三次产业通过依次主导产业发展，推动新型城镇化发展。

三、国外城镇化与产业结构演进的互动发展存在可借鉴经验

从国际视角，考察了发达国家、发展中国家城镇化与产业结构演进互动发展的历程，分析发现国外城镇化与产业结构演进互动发展存在三种典型发展模式：一是欧洲国家模式；二是美洲国家模式；三是东亚国家模式。通过分别选取英国、德国、美国、巴西、日本、韩国作为这三种类型国家的代表，回顾总结对这些国家城镇化与产业结构的互动发展历程，提炼了发达国家和发展中国家的经验和教训，为中国新型城镇化与产业结构演进的互动发展提供了借鉴和启示。

四、中国新型城镇化与产业结构演进存在长期均衡关系

从时序关联视角，分析发现中国新型城镇化与产业结构演进已进入有序发展状态。从静态关联视角，采用皮尔逊相关系数模型，实证显示，21世纪以来中国新型城镇化与产业结构演进的关联性逐渐增强。从动态关联视角，采用VAR回归模型，实证显示中国新型城镇化与产业结构演进存在长期稳定的均衡关系，新型城镇化推动了三次产业的发展，三次产业演进又促进了新型城镇化的发展；新型城镇化对产业结构演进具有滞后性持久影响，产业结构演进对新型城镇化具有显著的持久影响。总体而言，21世纪以来中国新型

城镇化与产业结构演进存在长期稳定的关联互动关系。

五、新型城镇化与产业结构演进协调发展评价需要建立综合评价指标体系和综合赋权方法

以复杂系统理论为指导，基于新型城镇化内涵，采用主成分分析法筛选指标，从人口城镇化、经济城镇化、社会城镇化、生活城镇化、环境城镇化、空间城镇化、统筹城镇化7个维度，选取33个指标构建了新型城镇综合评价指标体系；基于产业结构演进内涵，从农业现代化、工业现代化、服务业现代化3个维度，选取9个指标构建了产业结构演进综合评价指标体系。采用熵值法、层次分析法和线性加权法对二级评价指标进行主客观综合赋权，采用主成分分析法和乘法合成法对一级评价指标进行综合赋权。

六、中国新型城镇化与产业结构演进两子系统内部、两子系统及复合系统发展水平均得到较快提高，但也存在一些问题

从纵向和横向视角，采用发展水平评价模型和综合发展水平评价模型测度。

纵向实证发现：2000～2019年中国新型城镇化与产业结构演进两子系统内部、两子系统及复合系统发展水平逐渐提高，达到了较高水平，符合城镇化和产业结构演进的一般理论。但两子系统内部和两子系统发展水平不均衡。新型城镇化子系统综合发展水平明显滞后，其内部人口城镇化、环境城镇化、统筹城镇化子系统发展相对滞后；产业结构演进子系统综合发展水平超前，但其内部农业现代化、工业现代化子系统发展相对滞后。

横向实证发现：四大区域新型城镇化与产业结构演进两子系统内部、两子系统及复合系统发展水平普遍较高，但是存在明显不均衡性。四大区域产业结构演进子系统发展水平普遍较高，而新型城镇化子系统发展水平普遍滞后，东北地区产业结构演进滞后于新型城镇化，东部、中部、西部地区新型城镇化滞后于产业结构演进。各子系统与复合系统发展水平均呈现东部地区最高，中部地区次之，西部和东北地区最低的演变趋势。应该引起省域政府的高度重视并采取相关措施尽快解决。

七、中国新型城镇化与产业结构演进两子系统内部、复合系统的协调度、协调发展度稳步上升，同时存在一些问题

构建系统内部协调度模型、复合系统协调度模型和协调发展度模型，从纵向和横向视角，测度评价了中国新型城镇化与产业结构演进两子系统内部、复合系统协调度和协调发展度；构建 FMOLS 回归和分位数回归模型，实证分析了新型城镇化与产业结构演进协调发展的影响因素。

纵向实证发现：2000～2019 年，中国新型城镇化子系统内部协调度、协调发展度均达到良好协调等级，表明各子系统的发展度与发展速度的协同性偏低，系统内部和谐匹配状态欠佳。中国产业结构演进子系统内部协调度、协调发展度均达到优质协调等级，表明各子系统的发展度与发展速度的协同性较高，系统内部和谐匹配状态较好。中国新型城镇化与产业结构演进复合系统内部协调度、协调发展度均达到优质协调等级，表明复合系统中两子系统的发展度与发展速度的协同性较高，系统内部和谐匹配状态较好。这说新型城镇化与产业结构演进两者总体上实现了和谐互动和协调发展。

横向实证发现：2000～2019 年中国四大区域新型城镇化子系统内部协调度、协调发展度均已达到良好协调等级。东北地区产业结构演进子系统内部协调度、协调发展度分别达到良好协调、中级协调等级，东部、中部、西部地区产业结构演进子系统内部协调度、协调发展度均已达到优质协调等级。东北地区新型城镇化与产业结构演进复合系统内部协调度、协调发展度分别达到优质协调、良好协调等级，东部、中部、西部地区新型城镇化与产业结构演进复合系统内部协调度、协调发展度均已达到优质协调等级。四大区域新型城镇化与产业结构演进两子系统内部、复合系统的协调度和协调发展度均存在明显区域差异性，呈现由东部向中部再向西部和东北部递减趋势。

分位数回归显示：消费水平、生态水平、投资水平、要素供给在各分位点上对协调发展均具有显著正向影响；政府作用、开放水平、技术进步在各分位点上对协调发展均具有弱负向影响，呈现由负向逐渐转为正向影响趋势。

八、实证发现中国新型城镇化与产业结构演进两子系统内部仍然存在一些问题与不足

综合实证发现：东北地区产业结构演进滞后于新型城镇化，东部、中部、西部地区新型城镇化滞后于产业结构演进。东北地区新型城镇化系统内部人口城镇化、经济城镇化、环境城镇化、统筹城镇化相对滞后，空间城镇化超前人口城镇化；产业结构演进系统内部工业现代化、服务业现代化相对滞后。东部地区新型城镇化系统内部环境城镇化、统筹城镇化相对滞后，产业结构演进系统内部农业现代化、工业现代化相对滞后；中西部地区新型城镇化系统内部人口城镇化、环境城镇化、统筹城镇化相对滞后，空间城镇化超前人口城镇化，且产业结构演进系统内部农业现代化、工业现代化相对滞后。这些问题应该引起区域政府的高度重视并采取相关措施尽快解决。

九、推进中国新型城镇化与产业结构演进协调发展需要出台一系列新举措

针对以上存在的问题，需要采取相应政策和措施：一是要建立可持续协调发展机制，包括建立技术自主创新机制，增强城镇与产业发展动力；健全生产要素流动机制，促进城镇与产业集聚发展；建立区域协同发展机制，促进区域城镇与产业同步发展。二是要引导新型城镇化健康发展，包括推进农民工市民化，提高人口城镇化质量；促进土地利用集约化，优化空间城镇化质量；引导房地产业健康发展，优化经济城镇化发展方向；加快公共设施建设，提高社会城镇化质量。三是要加快产业结构演进升级，包括加快推进农业现代化，提供城镇发展需要资源；加快推进新型工业化，促进城镇发展动能提升；大力发展第三产业，促进城镇发展质量提升。

第二节　研究不足

新型城镇化与产业结构演进的协调发展是一项非常复杂的系统工程，涉及的内容与影响因素非常复杂，本书虽然建立了一个较为完整的分析框架，

但是由于受到作者水平和诸多现实条件的限制，因此，仍然存在一些不足之处。

一、部分数据的准确性有待考量

新型城镇化与产业结构演进的评价指标体系涉及许多方面，指标体系存在复杂性和多样性，有些指标原始数据的获取在实际中相当困难，尽管采取了一些方法处理，但是有些所补缺失值难免失真。

二、缺乏对造成区域差异原因的深度分析

由于各省统计资料的口径并不一致，统计数据存在一定差异或短缺，这给数据收集与处理带来了较大困难。因此，在对各省新型城镇化与产业结构演进两子系统的发展水平、协调度及协调发展度进行评价时，受数据缺失和篇幅局限，没有对造成区域差异的原因做更深层次的分析。

三、缺乏对产业转移、产业集群和城市群联系分析

在分析产业结构演进对城镇化的影响时，虽然提到了产业转移、产业集群和城市群的发展观点，但是由于在统计年鉴中难以获取相关数据，因此，本书没有对三者之间的关系做深入分析。

第三节 研究展望

中国新型城镇化与产业结构演进协调发展是一个具有中国特色的研究命题，具有重要的理论价值和现实意义，未来有待开展进一步研究。

一、区域新型城镇化与产业结构演进协调性差异研究

中国 31 个省份的区位条件不同，具体情况差异性较大。为了促进各省新型城镇化与产业结构演进协调的均衡发展，对造成区域差异性的深层次原因

及影响因素有待更深入的研究。

二、城市集群化与产业结构演进协调发展研究

城市群的发展与产业转移、产业集群化存在密切关系，为推进中国新型城镇化发展，有必要加快促进城镇的集群发展，形成更多集群化的中型城市带或城市群。因此，需要开展产业转移和产业集群化与推进新型城镇化协调发展的深层次研究。

三、城镇化与产业结构演进协调发展国际比较研究

城镇化与产业结构演进的协调问题是各国政府高度关注的经济与社会问题，西方许多发达国家由于其城市和产业发展起步较早，较好地促进了城镇化与产业结构演进的协调发展，同时也吸取了较好的发展经验。因此，开展城镇化与产业结构演进协调发展的国际比较研究具有重要的研究价值。

参考文献

[1] [美] 艾伦·J. 斯科特著，董树宝、张宁译：《城市文化经济学》，中国人民大学出版社 2010 年版。

[2] 安虎森、陈明：《工业化、城市化进程与我国城市化推进的路径选择》，载于《南开经济研究》2005 年第 1 期。

[3] 敖丽红、韩远、贺翔：《中国新型城镇化发展与供给侧结构性改革的路径研究》，载于《中国软科学》2016 年第 11 期。

[4] 白贵、张静伟：《内蒙古自治区新型城镇化质量评价研究》，载于《财经理论研究》2017 年第 3 期。

[5] 毕克新、孙德花：《基于复合系统协调度模型的制造业企业产品创新与工艺创新协同发展实证研究》，载于《中国软科学》2010 年第 9 期。

[6] 蔡刚、蔡平：《旅游产业与新型城镇化协调发展的实证分析》，载于《统计与决策》2018 年第 12 期。

[7] 曹广忠、刘涛：《中国省区城镇化的核心驱动力演变与过程模型》，载于《中国软科学》2010 年第 9 期。

[8] 曹文明、刘赢时、杨会全：《湖南新型城镇化质量综合评价研究》，载于《湖南社会科学》2018 年第 2 期。

[9] 陈春林：《人力资本驱动与中国城镇化发展研究》，复旦大学博士学位论文，2014 年。

[10] 陈丹妮：《中国城镇化对产业结构演进影响的研究》，武汉大学博士学位论文，2015 年。

[11] 陈健：《生产性服务业与我国城市化发展研究》，载于《统计与决策》2015 年第 2 期。

[12] 陈可嘉、臧永生、李成：《福建省产业结构演进对城市化的动态影响》，载于《城市问题》2012 年第 12 期。

[13] 陈立俊、王克强：《中国城市化发展与产业结构关系的实证分析》，

载于《中国人口·资源与环境》2010 年第 3 期。

[14] 陈立泰、刘艺：《中国产业结构变迁对城市化发展的影响——基于省级面板数据的实证研究》，载于《经济问题探索》2013 年第 8 期。

[15] 陈彦光：《中国人口转变、城市化和产业结构演变的对应关系》，载于《地理研究》2010 年第 12 期。

[16] 陈耀、周洪霞：《中国城镇化对经济增长的影响机理及其区域差异——基于省际面板数据的实证分析》，载于《当代经济管理》2014 年第 8 期。

[17] 陈玉爽、张昕彤：《吉林省城镇化与工业化的耦合分析》，载于《经济视角》2016 年第 4 期。

[18] 城市中国计划：《国家新型城镇化指标体系及若干问题研究》，人民日报出版社 2015 年版。

[19] 丛海彬、段巍、吴福象：《新型城镇化中的产城融合及其福利效应》，载于《中国工业经济》2017 年第 11 期。

[20] 戴永安、陈才：《东北地区城市化与产业结构演进的互动机制研究》，载于《东北大学学报》（社会科学版）2010 年第 6 期。

[21] 党兴华、赵璟、张迎旭：《城市群协调发展评价理论与方法研究》，载于《当代经济科学》2007 年第 6 期。

[22] 杜传忠、刘英基、郑丽：《基于系统耦合视角的中国工业化与城镇化协调发展研究》，载于《江淮论坛》2013 年第 1 期。

[23] 段炳德：《城镇化与产业结构变迁的相互影响：特征事实与发展逻辑》，载于《理论学刊》2017 年第 4 期。

[24] 范兆媛、周少甫：《新型城镇化对经济增长影响的研究——基于空间动态误差面板模型》，载于《数理统计与管理》2018 年第 1 期。

[25] 傅莹：《中国城市化与经济增长》，华中科技大学博士学位论文，2011 年。

[26] 干春晖、余典范：《城市化与产业结构战略性调整和升级》，载于《上海财经大学学报》2003 年第 4 期。

[27] 干春晖、郑若谷、余典范：《中国产业结构变迁对经济增长和波动的影响》，载于《经济研究》2011 年第 5 期。

[28] 高鸿鹰、武康平：《集聚效应、集聚效率与城市规模分布变化》，载于《统计研究》2007 年第 3 期。

［29］高杰、孙林岩、李满圆：《区间估计：AHP 指标筛选的一种方法》，载于《系统工程理论与实践》2005 年第 10 期。

［30］葛立成：《产业集聚与城市化的地域模式——以浙江省为例》，载于《中国工业经济》2004 年第 1 期。

［31］龚新蜀、张洪振、王艳、潘明明：《产业结构升级、城镇化与城乡收入差距研究》，载于《软科学》2018 年第 4 期。

［32］辜胜阻：《新型城镇化与经济转型》，科学出版社 2014 年版。

［33］谷慧玲：《工业集聚和城市化互动发展的国际经验及借鉴》，载于《宏观经济管理》2012 年第 7 期。

［34］郭爱君、陶银海：《新型城镇化与农业现代化协调发展的实证研究》，载于《西北大学学报》（哲学社会科学版）2016 年第 6 期。

［35］郭晓丹、张军、吴利学：《城市规模、生产率优势与资源配置》，载于《管理世界》2019 年第 4 期。

［36］国家城调总队课题组：《建立中国城市化质量评价体系及应用研究》，载于《统计研究》2005 年第 7 期。

［37］国家发展和改革委员会：《国家新型城镇化规划（2014～2020）》，人民出版社 2014 年版。

［38］何立春：《新型城镇化、战略性新兴产业与经济发展》，载于《财经问题研究》2015 年第 5 期。

［39］何文举：《湖南城市化及其影响因素实证研究》，湖南大学博士学位论文，2014 年。

［40］贺建风、吴慧：《科技创新和产业结构升级促进新型城镇化发展了吗?》，载于《当代经济科学》2016 年第 5 期。

［41］黄乃静、于明哲：《金融风险指标的比较分析——基于实体经济风险预测的视角》，载于《系统工程理论与实践》2020 年第 10 期。

［42］黄亚捷：《城镇化水平对产业结构调整影响研究》，载于《广东社会科学》2015 年第 6 期。

［43］黄宇慧：《我国城市化水平与经济发展关系的计量分析》，载于《财经问题研究》2006 年第 3 期。

［44］黄祖辉、邵峰、朋文欢：《推进工业化、城镇化和农业现代化协调发展》，载于《中国工业经济》2013 年第 1 期。

［45］简新华、黄锟：《中国城镇化水平和速度的实证分析与前景预测》，

载于《经济研究》2010 年第 3 期。

［46］江小涓、李辉：《服务业与中国经济：相关性和加快增长的潜力》，载于《经济研究》2004 年第 1 期。

［47］柯健、李超：《基于 DEA 聚类分析的中国各地区资源、环境与经济协调发展研究》，载于《中国软科学》2005 年第 2 期。

［48］蓝庆新、陈超凡：《新型城镇化推动产业结构升级了吗？——基于中国省级面板数据的空间计量研究》，载于《财经研究》2013 年第 12 期。

［49］蓝庆新、刘昭洁、彭一然：《中国新型城镇化质量评价指标体系构建及评价方法——基于 2003～2014 年 31 个省市的空间差异研究》，载于《南方经济》2017 年第 1 期。

［50］雷玉桃、郑梦琳、孙菁靖：《新型城镇化、产业结构调整与雾霾治理——基于 112 个环保重点城市的双重视角》，载于《工业技术经济》2019 年第 12 期。

［51］李春生：《我国产业结构演进与城镇化协调发展研究》，首都经济贸易大学博士学位论文，2016 年。

［52］李刚、魏佩瑶：《中国工业化与城镇化协调关系研究》，载于《经济问题探索》2013 年第 5 期。

［53］李金昌、程开明：《中国城市化与经济增长的动态计量分析》，载于《财经研究》2006 年第 9 期。

［54］李晶、庄连平、舒书静：《城市化质量与产业结构协调发展度的测算》，载于《统计与决策》2014 年第 19 期。

［55］李明秋、郎学彬：《城市化质量的内涵及其评价指标体系的构建》，载于《中国软科学》2010 年第 12 期。

［56］李晓华：《中国城镇化与工业化的协调关系研究：基于国际比较的视角》，载于《中国社会科学院研究生院学报》2016 年第 1 期。

［57］梁坤、杜靖川、吕宛青：《西南地区旅游产业与城镇化耦合协调度的时空特征分析》，载于《经济管理》2015 年第 12 期。

［58］梁雯、孙红、刘宏伟：《中国新型城镇化与物流协同发展问题研究——以长江经济带为例》，载于《现代财经》2018 年第 8 期。

［59］廖永伦：《基于农村就地城镇化视角的小城镇发展研究》，清华大学博士学位论文，2018 年。

［60］刘秉镰、王家庭：《中国工业化与城市化的协调发展研究——以珠

江三角洲为范例》，载于《南开经济研究》2004 年第 1 期。

[61] 刘华兵：《基于"原始"+"现代"的省域城镇化协调发展研究》，重庆大学博士学位论文，2015 年。

[62] 刘淑茹、魏晓晓：《新时代新型城镇化与产业结构协调发展测度》，载于《湖南社会科学》2019 年第 1 期。

[63] 刘修岩、秦蒙、李松林：《城市空间结构与劳动者工资收入》，载于《世界经济》2019 年第 4 期。

[64] 龙爱华、徐中民、程国栋：《河西走廊城市化与产业结构调整协调研究》，载于《中国软科学》2002 年第 7 期。

[65] 陆远权、杨丹：《三峡库区城镇化与产业结构协调度测度研究》，载于《科技管理研究》2008 年第 7 期。

[66] 吕丹、叶萌、杨琼：《新型城镇化质量评价指标体系综述与重构》，载于《财经问题研究》2014 年第 9 期。

[67] 罗松华：《基于以人为本中国新型城镇化道路研究》，武汉大学博士学位论文，2014 年。

[68] 马国勇、蔡玲松：《城镇化与产业集聚交互作用机理研究》，载于《哈尔滨工业大学学报》（社会科学版）2019 年第 5 期。

[69] 马德君、谢辛：《城镇化与农业现代化的耦合特征：解析西部地区》，载于《改革》2016 年第 5 期。

[70] 马鹏、李文秀、方文超：《城市化、集聚效应与第三产业发展》，载于《财经科学》2010 年第 8 期。

[71] 马兴杰、陈通：《城市化影响经济增长作用机制研究》，载于《现代管理科学》2009 年第 2 期。

[72] 马子量、郭志仪、马丁丑：《西部地区省域城市化动力机制研究》，载于《中国人口·资源与环境》2014 年第 6 期。

[73] 倪鹏飞、刘高军、宋漩涛：《中国城市竞争力聚类分析》，载于《中国工业经济》2003 年第 7 期。

[74] 倪泽晟、沈雨裳、申晨：《我国新型城镇化发展水平的综合测度及指标体系构建——基于 2005～2016 年 30 个省市自治区的空间差异研究》，载于《经济与管理》2019 年第 5 期。

[75] 牛婷、李斌、任保平：《我国城市化与产业结构及其优化的互动关系研究》，载于《统计与决策》2014 年第 1 期。

[76] 欧阳峣、生延超：《城市化水平与产业结构调整的内在互动机制》，载于《广州大学学报：社会科学版》2006 年第 5 期。

[77] 彭张林、张强、杨善林：《综合评价理论与方法研究综述》，载于《中国管理科学》2015 年第 11 期。

[78] 齐红倩、席旭文、高群媛：《中国城镇化发展水平测度及其经济增长效应的时变特征》，载于《经济学家》2015 年第 11 期。

[79] 钱陈、史晋川：《城市化、结构变动与农业发展——基于城乡两部门的动态一般均衡分析》，载于《经济学（季刊）》2007 年第 1 期。

[80] 钱丽、陈忠卫、肖仁桥：《中国区域工业化、城镇化与农业现代化耦合协调度及其影响因素研究》，载于《经济问题探索》2012 年第 11 期。

[81] 钱潇克、于乐荣：《长三角城市群新型城镇化与电子商务发展指数协同研究》，载于《统计与决策》2019 年第 14 期。

[82] 冉建宇、张建升：《中国城市化与服务业的协调发展研究》，载于《经济与管理》2011 年第 7 期。

[83] 阮素梅、张盟：《金融集聚与宏观投资——基于分位数回归和中介效应模型的实证分析》，载于《财贸研究》2020 年第 9 期。

[84] 善易策：《产业结构演进与城镇化互动发展研究》，武汉大学博士学位论文，2011 年。

[85] 宋加山、张鹏飞、邢娇娇、张勇：《产城融合视角下我国新型城镇化与新型工业化互动发展研究》，载于《科技进步与对策》2016 年第 17 期。

[86] 宋建波、武春友：《城市化与生态环境协调发展评价研究——以长江三角洲城市群为例》，载于《中国软科学》2010 年第 2 期。

[87] 苏雪串：《产业集群及其对城市化的影响》，载于《经济界》2003 年第 6 期。

[88] 孙见荆：《科技、经济和社会协调发展模型研究》，载于《中国管理科学》1996 年第 2 期。

[89] 孙立成、周德群、胡荣华：《区域 FEEEP 系统协调发展研究——基于 DEA 方法的实证分析》，载于《财经研究》2008 年第 2 期。

[90] 孙晓华、柴玲玲：《产业结构与城市化互动关系的实证检验》，载于《大连理工大学学报》（社会科学版）2012 年第 2 期。

[91] 孙叶飞、夏青、周敏：《新型城镇化发展与产业结构变迁的经济增长效应》，载于《数量经济技术经济研究》2016 年第 11 期。

［92］汤铃、李建平、余乐安、覃东海：《基于距离协调度模型的系统协调发展定量评价方法》，载于《系统工程理论与实践》2010 年第 4 期。

［93］唐未兵、唐谭岭：《中部地区新型城镇化和金融支持耦合作用研究》，载于《中国软科学》2017 年第 3 期。

［94］汪晓文、杜欣：《中国城镇化与农业现代化协调发展的测度》，载于《统计与决策》2015 年第 8 期。

［95］王臣英、吴亚琳、耿潇潇：《河北省区域物流与新型城镇化的协调发展研究》，载于《金融经济》2019 年第 4 期。

［96］王冬年、盛静、王欢：《新型城镇化质量评价指标体系构建及实证研究——以河北省为例》，载于《经济与管理》2016 年第 5 期。

［97］王芳、田明华、秦国伟：《新型城镇化与产业结构升级耦合、协调和优化》，载于《华东经济管理》2020 年第 3 期。

［98］王际宇、易丹辉、郭丽环：《中国新型城镇化指标体系构建与评价研究》，载于《现代管理科学》2015 年第 6 期。

［99］王娟、王建平：《甘肃省城镇化与产业结构耦合的量化分析》，载于《科技管理研究》2015 年第 11 期。

［100］王军生、张晓棠、宋元梁：《城市化与产业结构协调发展水平研究——以陕西省为例的实证分析》，载于《经济管理》2005 年第 22 期。

［101］王坤、黄震方、余凤龙、曹芳东：《中国城镇化对旅游经济影响的空间效应——基于空间面板计量模型的研究》，载于《旅游学刊》2016 年第 5 期。

［102］王世营、蔡军：《产业集群对中小城市空间形态的影响研究——以长江三角洲地区中小城市为例》，载于《城市规划》2006 年第 7 期。

［103］王淑佳、任亮、孔伟、唐淑慧：《京津冀区域生态环境—经济—新型城镇化协调发展研究》，载于《华东经济管理》2018 年第 10 期。

［104］王素斋：《科学发展观视域下中国新型城镇化发展模式研究》，南开大学博士学位论文，2014 年。

［105］王为东、陈丽珍、陈健：《生产性服务业集聚效应对我国城市化进程的影响研究——基于省级面板数据的实证分析》，载于《生态经济》2013 年第 9 期。

［106］王维国：《协调发展的理论与方法研究》，东北财经大学博士学位论文，1998 年。

[107] 王文萱：《湖南省新型城镇化与房地产业协调性测度分析》，载于《工程管理学报》2019年第2期。

[108] 王小鲁：《中国城市化路径与城市规模的经济学分析》，载于《经济研究》2010年第10期。

[109] 王小燕、周建波：《城市品牌经济与市场环境的耦合状态评价——以广东城市为例的灰色关联分析》，载于《管理学报》2012年第1期。

[110] 王晓红、胡艳君：《城市化与现代服务业发展关系的实证研究》，载于《生态经济》2015年第6期。

[111] 王晓玲、董绍增、张亮、赵雪迟：《黑龙江省产业转型升级与新型城镇化良性互动发展研究》，载于《宏观经济管理》2017年第1期。

[112] 王垚、年猛、王春华：《产业结构、最优规模与中国城市化路径选择》，载于《经济学（季刊）》2017年第2期。

[113] 魏敏、胡振华：《湖南新型城镇化与产业结构演变协调发展测度研究》，载于《科研管理》2019年第11期。

[114] 魏敏、胡振华：《区域新型城镇化与产业结构演变耦合协调性研究》，载于《中国科技论坛》2019年第10期。

[115] 文先明、王策、熊鹰、肖锦、谢伟俊：《湖南省新型城镇化与金融支持的耦合协调发展》，载于《经济地理》2019年第7期。

[116] 吴殿廷、杨春志、钱宏伟：《中国新型城镇化战略及其推进策略》，东南大学出版社2014年版。

[117] 吴丰林、方创琳、赵雅萍：《城市产业集聚动力机制与模式研究的PAF模型》，载于《地理研究》2011年第1期。

[118] 吴穹、仲伟周、张跃胜：《产业结构调整与中国新型城镇化》，载于《城市发展研究》2018年第1期。

[119] 吴雪玲、邓伟、谢芳婷、张继飞、杨勇：《四川省产业结构演变的城市化响应研究》，载于《地理科学》2013年第9期。

[120] 吴俣：《旅游产业与新型城镇化发展质量耦合协调关系研究》，东北财经大学博士学位论文，2017年。

[121] 吴振球、谢香、钟宁波：《基于VAR中国城市化、工业化对第三产业发展影响的实证研究》，载于《中央财经大学学报》2011年第4期。

[122] 夏翃：《中国城市化与经济发展关系研究》，首都经济贸易大学博士学位论文，2008年。

［123］夏南凯、程上：《城镇化质量的指数型评价体系研究——基于浙江省的实证》，载于《城市规划学刊》2014 年第 1 期。

［124］向春玲等：《中国特色城镇化重大理论与实现问题研究》，中共中央党校出版社 2015 年版。

［125］谢锐、陈严、韩峰、方嘉宇：《新型城镇化对城市生态环境质量的影响及时空效应》，载于《管理评论》2018 年第 1 期。

［126］新玉言：《国外城镇化比较研究与经验启示》，国家行政学院出版社 2014 年版。

［127］徐传谌、王鹏、崔悦、齐文浩：《城镇化水平、产业结构与经济增长——基于中国 2000～2015 年数据的实证研究》，载于《经济问题》2017 年第 6 期。

［128］徐海峰：《新型城镇化与流通业、旅游业耦合协调发展——基于协同理论的实证研究》，载于《商业研究》2019 年第 2 期。

［129］徐秋艳、房胜飞、马琳琳：《新型城镇化、产业结构升级与中国经济增长——基于空间溢出及门槛效应的实证研究》，载于《系统工程理论与实践》2019 年第 6 期。

［130］许成安、曾媛：《外部资本利用与我国的城市化发展》，载于《经济学动态》2006 年第 7 期。

［131］许启发、刘书婷、蒋翠侠：《基于 MIDAS 分位数回归的条件偏度组合投资决策》，载于《中国管理科学》2020 年第 3 期。

［132］杨浩、蒲海霞：《京津冀地区产业结构变化与城市化协调发展研究》，载于《城市发展研究》2018 年第 6 期。

［133］杨钧、罗能生：《新型城镇化对农村产业结构调整的影响研究》，载于《中国软科学》2017 年第 11 期。

［134］杨立勋、姜增明：《产业结构与城镇化匹配协调及其效率分析》，载于《经济问题探索》2013 年第 10 期。

［135］杨曦：《城市规模与城镇化、农民工市民化的经济效应——基于城市生产率与宜居度差异的定量分析》，载于《经济学》（季刊）2017 年第 4 期。

［136］杨艳琳、张恒：《全球视角下服务业与城市化互动关系研究——基于 22 个国家 1960～2013 年面板数据的实证分析》，载于《中国人口·资源与环境》2015 年第 11 期。

［137］杨主泉：《旅游业与新型城镇化协同发展机理研究》，载于《社会科学家》2018 年第 10 期。

［138］易善策：《产业结构演进与城镇化》，社会科学文献出版社 2013 年版。

［139］尹虹潘：《人口流动、"四化"协同与新型城镇化》，重庆大学博士学位论文，2016 年。

［140］于斌斌、申晨：《产业结构、空间结构与城镇化效率》，载于《统计研究》2020 年第 2 期。

［141］于荔苑、邢怀振、苏守波：《城乡收入差距、产业结构调整与城镇化关系研究》，载于《经济视角》2019 年第 4 期。

［142］余江、叶林：《中国新型城镇化发展水平的综合评价：构建、测度与比较》，载于《武汉大学学报》（哲学社会科学版）2018 年第 2 期。

［143］俞思静、徐维祥：《金融产业集聚与新型城镇化耦合协调关系时空分异研究——以江浙沪为例》，载于《华东经济管理》2017 年第 2 期。

［144］袁晓玲、贺斌、卢晓璐、陈美伶：《中国新型城镇化质量评估及空间异质性分析》，载于《城市发展研究》2017 年第 6 期。

［145］［德］约翰·冯·杜能著，吴衡康译：《孤立国同农业和国民经济的关系》，商务印书馆 1997 年版。

［146］岳文梅：《中国新型城镇化发展研究》，武汉大学博士学位论文，2013 年。

［147］曾福生、高鸣：《中国农业现代化、工业化和城镇化协调发展及其影响因素分析——基于现代农业视角》，载于《中国农村经济》2013 年第 1 期。

［148］曾淑婉、赵晶晶：《城市化对服务业发展的影响机理及其实证研究——基于中国省际数据的动态面板分析》，载于《中央财经大学学报》2012 年第 6 期。

［149］张爱华、黄小舟：《新型城镇化质量评价与空间聚集效应检验》，载于《统计与决策》2019 年第 17 期。

［150］张洪潮、王丹：《新型城镇化、产业结构调整与农村劳动力再就业》，载于《中国软科学》2016 年第 6 期。

［151］张蕾、曹渊、高鹏飞：《人民币汇率波动与中国股市的风险传染效应——基于惩罚分位数回归与网络模型》，载于《宏观经济》2020 年第

2 期。

　　［152］张连城:《中国经济增长路径与经济周期研究》,中国经济出版社
2012 年版。

　　［153］张明斗、孙振华:《城市化水平的综合测度及空间效应研究》,载
于《财经问题》2015 年第 10 期。

　　［154］张维维:《我国经济社会发展的动态监测、影响机理及实现路径
研究》,浙江大学博士学位论文,2014 年。

　　［155］张卫国、黄晓兰、郑月龙、汪小钗:《包容性城镇化与产业结构
的协调发展评价》,载于《经济与管理研究》2016 年第 2 期。

　　［156］张晓棠:《陕西省城市化与产业结构协调发展水平研究》,载于
《经济管理》2005 年第 1 期。

　　［157］张晓棠、宋元梁、荆心:《基于模糊评价法的城市化与产业结构
耦合研究——以陕西省为例》,载于《经济问题》2010 年第 1 期。

　　［158］张延平、李明生:《我国区域人才结构优化与产业结构升级的协
调适配度评价研究》,载于《中国软科学》2011 年第 3 期。

　　［159］张勇、蒲勇健、陈立泰:《城镇化与服务业集聚——基于系统耦
合互动的观点》,载于《中国工业经济》2013 年第 6 期。

　　［160］张自然、魏晓妹:《城市化水平与产业结构演化的国际比较》,载
于《北京工商大学学报》(社会科学版)2015 年第 2 期。

　　［161］赵方、袁超文:《中国城市化发展——基于空间均衡模型的研
究》,载于《经济学》(季刊)2017 年第 4 期。

　　［162］赵宏海:《安徽省城镇化与农业现代化协调发展研究》,安徽大学
博士学位论文,2013 年。

　　［163］赵磊、潘婷婷、方成、林爽:《旅游业与新型城镇化——基于系
统耦合协调视角》,载于《旅游学刊》2020 年第 1 期。

　　［164］赵瑞丽、尹翔硕、孙楚仁:《大城市的低加成率之谜:集聚效应
和竞争效应》,载于《世界经济》2019 年第 4 期。

　　［165］赵淑玲、曹康:《产业集群与城市化关系问题研究》,载于《河南
社会科学》2005 年第 2 期。

　　［166］赵颖文、吕火明:《新型城镇化与农业现代化耦合机理及协调关
系》,载于《首都经济贸易大学》2016 年第 3 期。

　　［167］赵颖智:《我国"三化"发展的内在关系与协调性研究》,武汉大

学博士学位论文，2013 年。

［168］赵颖智：《中国城镇化与农业现代化发展的协调度研究》，载于《宏观质量研究》2013 年第 3 期。

［169］郑立文、黄俊宇：《东北地区新型城镇化与产业结构耦合效应研究》，载于《税务与经济》2019 年第 5 期。

［170］郑文立、黄俊宇：《东北地区新型城镇化与产业结构耦合效应研究》，载于《税务与经济》2019 年第 5 期。

［171］中华人民共和国生态环境部：《2001～2019 年中国环境统计公报》，http：//www. mee. gov. cn。

［172］中华人民共和国统计局：《2001～2019 年中国统计年鉴》，http：//www. stats. gov. cn。

［173］中华人民共和国住房和城乡建设部：《2001～2019 年中国城乡建设统计年鉴》，http：//www. mohurd. gov. cn。

［174］周景阳：《城镇化发展的可持续性评价研究》，重庆大学博士学位论文，2015 年。

［175］周敏、丁春杰、高文：《新型城镇化对产业结构调整的影响效应研究》，载于《生态经济》2019 年第 2 期。

［176］周维富：《中国工业化与城市化协调发展论》，中国社会科学院大学博士学位论文，2002 年。

［177］周振、孔祥智：《中国"四化"协调发展格局及其影响因素研究——基于农业现代化视角》，载于《中国软科学》2015 年第 10 期。

［178］Alonso – Villar O. , Chamorro – Rivas J – M, Gonzalez – Cerdeira X, "Agglomeration economies and industrial location：city-level evidence", *Economic Geography*, vol. 4, no. 5（November 2004）, pp：565 – 582.

［179］Barton K. J. , *Urban Economics：Theory and Policy*, London：Macmillan Press, 1976, p：15.

［180］Berry B. J. , "Internal structure of the city", *Law and Contemporary Problems*, vol. 30, no. 1（January 1965）, pp：111 – 119.

［181］Bertinelli L. , Benteng Z. , "Does Urbanization Foster Human Capital Accumulation", *The Journal of Developing Areas*, vol. 41, no. 2（April 2008）, pp：171 – 182.

［182］Bertinelli Luisito, Black Duncan, "Urbanization and Growth", *Jour-*

nal of Urban Economics, vol. 56, no. 1 (June 2004), pp: 80 – 96.

[183] Bertinelli L., "Urbanisation, Urban Concentration and Economic Development", *Urban Studies*, vol. 44, no. 13 (December 2007), pp: 2499 – 2510.

[184] Black, Duncan and Henderson J. V., "A Theory of Urban Growth", *Journal of Political Economy*, vol. 107, no. 2 (April 1999), pp: 252 – 284.

[185] Carlino Gerald A., "Urban Density and the Rate of Invention", *Journal of Urban Economics*, vol. 57, no. 3 (June 2007), pp: 389 – 419.

[186] Castells M., The Informational City: Information Technology, Economic Restructuring and the Urban-regional Progress, Oxford U K & Cambridge USA: Blackwell, 1989.

[187] Chenery H., Elkington H., Sims C., "A Uniform Analysis of Development Pattern", *Harvard University Center for International Affairs. Economic Development Report*, Cambridge Mass, 1970, pp: 148 – 165.

[188] Chenery H. Robinson, S. and Syrquin, *Industrialization and Growth: A Comparative Study*, Oxford: Oxford University Press, 1986, pp: 360 – 366.

[189] Chenery H., Syrquin M., *The patterns of Development*: 1950 – 1970, London: Qxoford University press, 1975, p: 234.

[190] Clark C., *The conditions of Economic Progress*, London Macmillan, 1940.

[191] Clark P., *The Cambridge Urban History of Britain* (*volume* 2), Cambridge: Cambridge University Press, 2008, pp: 360 – 363.

[192] Daniels P. W., O'Connor K. B., Hutton T. A., "The planning Response to urban service sector growth: an international comparison", *Growth and Change*, vol. 22, no. 4 (October 1991), pp: 3 – 26.

[193] Davis J. C., Henderson J. V., "Evidence on the political economy of the urbanization process", *Journal of Urban Economics*, vol. 53, no. 1 (June 2003), pp: 98 – 125.

[194] Donald Davis, "The Spatial Economy: Cities, regions, and international trade", *Journal of International Economics*, vol. 57, no. 1 (June 2002), pp: 247 – 251.

[195] Enright M., *Geographic Concentration and Industrial Organization Un-*

published Ph. D. Dissertation, Harvard: Harvard University, 1990, pp: 23 – 34.

[196] Eric E. Lampard, "The History of cities in the Economically Advanced Areas", *Economic Development and Cultural Change*, vol. 3, no. 2. (January 1955), pp: 81 – 136.

[197] Farhana K. M., Rahman S. A., Rahman M., "Factors of migration in urban Bangladesh: An empirical study of poor migrants in Rajshahi city", *Bandladeshe Journal of Sociology*, vol. 9, no. 1 (January 2012), pp: 63 – 86.

[198] Fisher A. G. B, "The Significance of Stable Prices in a Progressive Economy", *The Economic Record*, vol. 10, no. 2 (March 1936), pp: 49 – 64.

[199] Friedman J. R., "Regional Development policy: a Case Study of Venezuela", *Urban Studies*, vol. 4, no. 3 (November 1966), pp: 309 – 311.

[200] Fujita, "On the Evolution of Hierarchical Urban systems", *European Economic Review*, vol. 43, no. 2 (January 1999), pp: 209 – 251.

[201] Gottman J., "Megalopolis or the Urbanization of the Northeastern Seaboard", *Economic Geography*, vol. 33, no. 3 (July 1957), pp: 189 – 200.

[202] Henderson J. V., Becker R., "Political economy of city sizes and formation", *Journal of Urban Economics*, vol. 48, no. 3 (November 2000), pp: 453 – 484.

[203] Henderson J. V., "The Effects of Urban Concentration on Economic Growth", *NBER Working Paper*, January 2002, No. 7503.

[204] Hermelin B., "The urbanization and suburbanization of the service economy", *Human Geography*, vol. 89, no. 1 (January 2007), pp: 59 – 74.

[205] Hermelin B, "The urbanization and suburbanization of the service economy: Producer services and specialization in Stockholm", *Geografiska Annaler*, *Series B: Human Geography*, vol. 89, no. 1 (January 2007), pp: 59 – 74.

[206] Hirschman A. O., "The strategy of economic development", *Economic*, vol. 27, no. 105 (February 1960), pp: 80 – 82.

[207] Hoffmann W. G., *Stage and Type of Industrialization*, Blackwell Publishers Ltd, 1931, P: 88.

[208] Howard Spodek, "Studies in Indian urban development. Edwin S. Mills and Charles M. Becker", *Economic Development and Cultural Change*, vol. 36, no. 4 (February 1988), pp: 829 – 834.

[209] Jayasuriya R. , Wodon Q. , "Measuring and explaining the impact of productive efficiency on economic development", *The World Bank Economic Review*, vol. 19, no. 1 (January 2005), pp: 121 - 140.

[210] Jozef Barunik, Frantisek Cech, "Measurement of common risks in tails: A panel quantile regression model for financial returns", *Journal of Financial Markets*, no. 4, June 2020, pp: 1 - 24.

[211] Kolko J. , *Urbanization, Agglomeration, and coagglomeration of service industries*, Chicago: University of Chicago Press, 2010, pp: 151 - 180.

[212] Krugman P. , "First nature, second nature, and metropolitan location", *Journal of Regional Science*, vol. 33, no. 2 (May 1993), pp: 129 - 144.

[213] Krumme G. and Hayter R. , *Implications of Corporate Strategies and Product Cycle Adjustments for Regional Employment Changes*, New York: John Wiley and Sons, 1975, pp: 325 - 356.

[214] Kuznets S. , *Economic Growth of Nations: Total Output and Production Structure*, Cambridge: Harvard University Press, 1971, pp. 654 - 657.

[215] Kuznets Simon, "Modern Economic Growth: Findings and reflections", *The American Economic Review*, vol. 63, no. 3 (June 1973), pp: 247 - 258.

[216] Lewis W. A. , "Economic Development with Unlimited Supplies of Labor", *Manchester School of Economics and Social Studies*, vol. 22, no. 2 (may 1954), pp. 141 - 145.

[217] Lewis W. A. , "Economic Development with Unlimited Supplies of Labor", *The Manchester School*, vol. 22, no. 2 (May 1954), pp: 139 - 191.

[218] List F. , *The National System of Political Economy*, Beijing: Commercial Press, 2020, pp. 97 - 253.

[219] Lucas, Robert E. , "On the Mechanics of Economic Development", *Journal of Monetary Economics*, vol. 22, no. 1 (July 1988), pp: 3 - 42.

[220] Maogang Tang, Zhen Li, Fengxia Hu, Baijun Wu, "How does land urbanization promote urban eco-efficiency? The mediating effect of industrial structure advancement", *Journal of Cleaner Production*, vol. 272, no. 9 (November 2020), pp: 1 - 10.

[221] Markusen J. R. , Venables A. J. , "Foreign direct investment as a cat-

alyst for industrial development：The challenge to Japan"，*European Economic Review*，*vol.* 43，no. 2 （June 1999），pp：335 – 356.

[222] Marshall Alfred，"Principles of Economics"，*The Economic Journal*，vol. 5，no. 20 （December 1895），pp：585 – 589.

[223] Martin P. ，Rogers C. A. ，"Industrial Location and Public Infrastructure"，*Journal of International Economics*，vol. 39，no. 3 （June 1995），pp：335 – 351.

[224] Meijers E. "From central place to network model：Theory and evidence of a paradigm change"，*Tijdschrift Voor Economische En Sociale Geografie*，2010，98 （2）：245 – 259.

[225] Messina J. ，"Institutions and service employment a panel study for OECD countries"，*Labour*，vol. 19，no. 2 （December 2005），pp：343 – 372.

[226] Michaels G. ，Rauch F. ，Redding S. J. ，"Urbanization and structural transformation"，*The Quarterly Journal of Economics*，vol. 127，no. 2 （May 2012），pp：535 – 586.

[227] Moir H. ，"Relationships between Urbanization Levels and the Industrial Structure of the Labor Force"，*Economic Development and Cultural Change*，vol. 25，no. 1 （October 1976），pp：123 – 135.

[228] Moomaw R. L. ，Shatter A. M. ，"Urbanization and economic development：A bias toward large cities"，*Journal of Urbanization*，vol. 40，no. 1 （July 1996），pp：13 – 37.

[229] Moreno L. ，"The urban process under financialised capitalism"，*City：Analysis of Urban Trends，Culture，Theory，Policy，Action*，vol. 18，no. 11 （May 2014），pp：244 – 268.

[230] Murata Y. ，"Rural-urban interdependence and industrialization"，*Journal of Development Economics*，vol. 68，no. 1 （June 2002），pp：1 – 34.

[231] Myrdal G. ，*Economic Theory and Under developed Regions*，London：Duck worth，1957，pp：278 – 280.

[232] Naoki Murakami，"Changes in Japanese industrial structure and urbanization：evidence from prefectural dat"，*Journal of the Asia Pacific Economy*，vol. 20，no. 3 （July 2015），pp：85 – 403.

[233] Na Tan，Wei Wang，Jiaohui Yang，Liang Chang，"Financial Com-

petitiveness, Financial Openness and Bilateral Foreign Direct Investment", *Emerging Markets Finance and Trade*, vol. 55, no. 14 (November 2019), (6), pp: 3350 – 3368.

[234] Nicholas Kaldor, James A. Mirrlees, "A New Model of Economic Growth", *The Review of Economic Studies*, Vol. 29, no. 3. (June 1962), pp: 174 – 192.

[235] Norgaard R. R. , *Economic Indivators of Resource Scarcity: a Critical Essary*, New York: Journal of Environment Economics and Management, 1990, pp. 19 – 25.

[236] Northam Ray M. , *Urban Geography*, New York: John Wiley and Sons, 1979, p: 54.

[237] Ohlin Bertil G. , *Interregional and International Trade*, Harvard University Press, 1933, pp: 530 – 536.

[238] Palen J. John, Berry Brian J. L. , "Urbanization and Counterurbanization", *Contemporary Sociology*, vol. 7, no. 6 (November 1978), pp: 752.

[239] Pandy S. M. , "Nature and Determinants of Urbanization in a Developing Economy: The Case of India", *Economic Development and Cultural Change*, vol. 25, no. 2 (January 1997): 265 – 278.

[240] Pan L. J. , Zhou Y. , "International factor mobility, environmental pollution and skilled-unskilled wage inequality in developing countries", *Economic Modelling*, vol. 33, no. 7 (July 2013), pp: 826 – 831.

[241] Perroux F. , "A note on the notion of growth pole", *Applied Economy*, vol. 1, no. 2 (April 1955), pp: 307 – 320.

[242] Petty W. , *Political Arithmetic*, London: Robert Clavel and Hen. Mortlock, 1690, pp: 650 – 661.

[243] Prebisch R. , *Economic Development in Latin America and Its Main Problems*, United Nations publications, 1950, pp: 1 – 59.

[244] Quigley J. M. , *Urbanization, Agglomeration and Economic Development*, Urbanization and growth, 2008, pp: 115 – 132.

[245] Qunma Chao, Longliu Jiang, Shuairen Yi, Jiang Yong, "The Impact of Economic Growth, FDI and Energy Intensity on China's Manufacturing Industry's CO_2 Emissions: An Empirical Study Based on the Fixed – Effect Panel

Quantile Regression Model", *Energies*, vol. 12, no. 24 (December 2019), pp: 1 – 16.

[246] Raymond Vernon, "International Investment and International Trade in the Product Cycle", *The Quarterly Journal of Economics*, vol. 80, no. 2 (May 1966), pp: 190 – 207.

[247] Reeitsu Kojima, "Introduction: Population Migration and Urbanization in Developing Countries", *The Developing Economies*, vol. 34, no. 4 (December1996), pp: 349 – 369.

[248] Rikard Forslid, Gianmarco I. P. Ottaviano, "Trade and agglomeration: An analytically solvable case", *Economica*, vol. 67, no. 267 (August 1999), pp: 2 – 8.

[249] Robert A. Carter, "Innovation in urban systems: the interrelationship between urban and national economic development", *Annals of Regional Science*, vol. 22, no. 3 (November1988), pp: 66 – 80.

[250] Singclmann J., "The Sectoral Transformation of the labor force in seven industrialized countries, 1920 – 1970", *The American Journal of Sociology*, vol. 83, no. 5 (May 1978), pp: 1224 – 1234.

[251] Smith A., *The Wealth of Nations*, the Great Britain: Harriman House, 2007, pp. 359 – 538.

[252] Taylor P. J., Derudder B. "World city network: A global urban analysis", *International Social Science Journal*, 2007, 31 (4): 641 – 642.

[253] Temple, Jonathan, "Structural Change and Europe's Golden Age", *CEPR Discussion Papers*, vol. 20, no. 1 (May 2001), pp: 1 – 519.

[254] Todaro M. P., "A Model of Labor Migration and Urban Unemployment in Less Developed Countries", *The American Economic Review*, vol. 59, no. 1 (1969), pp: 138 – 148.

[255] Wenping Zhao, Hui Wang, "The Research of the Coordinated Development of New Urbanization and Industrial Structure in Shandong Province", *Geographical Science Research*, vol. 8, no. 1 (February 2019), pp: 50 – 62.

[256] Xiangping Liu, Bin Zou, Huihui Feng, Ning Liu, Honghui Zhang, "Anthropogenic factors of PM2.5 distributions in China's major urban agglomerations: A spatial-temporal analysis", *Journal of Cleaner Production*, vol. 264,

no. 4 （August2020）, pp: 1 –16.

［257］ Xiangyang Cao, Bingzhong Zhou, Yishao Shi, Xiaowen Pei, "The Unbalanced Analysis of Economic Urbanization – A Case Study of Typical Cities in China", *ISPRS International Journal of Geo – Information*, vol. 13, no. 9 （March 2020）, pp: 1 –15.

［258］ Yeying Hong, "Study on the Relationship between Population Urbanization and Economic Growth, Industrial Structure: Taking Bijie City as an Example", 2016 International Seminar on Education, Innovation and Economic Management, *Atlantis Press*, vol. 6, no. 75 （November 2016）, pp: 111 –114.

［259］ Yin Hang, Wenjun Xue, "The asymmetric effects of monetary policy on the business cycle: Evidence from the panel smoothed quantile regression model", *Economics Letters*, vol. 195, January 2020, pp: 1 –4.

［260］ Yoshima Araki, Katsuhiro Haraguchi, Yumiko Arap, Takusei Umenap, "Socioeconomic factors and dental caries in developing countries a cross-national study", *Soc. Sci Med*, vol. 44, no. 2 （January 1997）, pp: 269 –272.

［261］ Yun Luo, Pengcheng Xiang, Yiming Wang, "Investigate the Relationship between Urbanization and Industrialization using a Coordination Model: A Case Study of China", *Sustainability*, vol. 12, no. 3 （January 2020）, pp: 916 –932.

［262］ Yuyi Song, Zejiong Zhou, "Study on the Coordination Relationship between New – Type Urbanization and Industrial Structure in South Anhui", *World Scientific Research Journal*, vol. 6, no. 6 （June 2020）, pp: 86 –94.